基礎から身につく大人の教養

教養としてのローマ史入門

出口治明
上野真弓

世界文化社

はじめに

「ローマの物語」を一度は書いてみたい、そう思っていました。上野真弓さんという最高の書き手を得て、夢が実現する運びとなりました。

上野さんと出会ったきっかけは書評でした。二〇一七年、僕は読売新聞の書評委員を務めていましたが、『カラヴァッジョの秘密』（コスタンティーノ・ドラッツィオ著）を見つけ、「おもしろい本だ」と書評しました。そして、訳者の上野さんから丁寧なお礼状をいただきました。

その後、僕は思いがけず大分県別府市の立命館アジア太平洋大学（APU）の学長に選任されました。別府市は上野さんの故郷です。一九八四年のローマ遊学以来、かの地に暮らしているという上野さんですが、毎年のように里帰りはしているとのこと。そこで次の機会に会って話をしました。歴史と美術が好きで、同じ興味を持っていることが分かり、意気投合しました。

僕が思いがけず病気を得たその一年後の二〇二二年二月、APU東京オフィスで会いました。その時、ローマの歴史の本を二人で創ろうという話になり、世界文化社の中野俊一さんを紹介されました。

それから一年、ローマ、東京、別府で知恵を出し合い（オンライン会議を含む）、一冊の本が出来上がりました。感無量です。僕の大好きなローマ、上野さんが愛してやまないローマ。三〇〇〇年の物語がここにあります。

立命館アジア太平洋大学学長
出口治明

人口の推移と人物伝でたどるローマ史

本書ではローマの誕生から現代までの歩みを追っています。約三〇〇〇年の歴史を一冊の本で語ることは無謀なことでしょうか？　私たちはこの挑戦に臨むために新たな視点でローマを見つめてみました。**ローマの盛衰を人口の推移という客観的な数字で示し、一四人の歴史上の人物でたどる通史とした**のです。

経済学者アンガス・マディソンによる西暦紀元後の世界各国の推定GDP、歴史家イアン・モリスによる歴史上の推定都市人口や社会発展指数を見ると、歴史上の都市は社会や経済活動のピーク時に人口が最大になっています。西洋の最初のピークは紀元一世紀から二世紀のローマ帝国の首都ローマで、人口は一〇〇万人でした。その後は東洋の時代となり、紀元七〇〇年には長安、一〇〇〇年には開封が一〇〇万都市となります。西洋でこの規模の都市が再び出現するのは一九世紀、産業革命の起こった連合王国のロンドンです。この数字だけで、古《いにしえ》のローマ帝国がどれほど繁栄していたかが分かるでしょう。

都市の盛衰は人口の推移に連動します。人口変遷を示すことで、ローマの盛衰を具体的にイメージできるようにしたのが、本書の第一の特徴です。そして、歴史は人間が作るという視点からローマを築いた一四人の歴史上の人物を選び、彼らが生きた時代を国際関係・政治・経済・社会・文化芸術を踏まえて描き、魅力的な人物伝でありながらも通史となるようにしました。これが第二の特徴です。

構成にあたってはローマの歴史を七つに分けました。序章ではローマ建国の伝説からカエサル登場までを描いていますが、共和政ローマ誕生の紀元前五〇九年に推定で約三万人だった人口が、カエサル登場の頃には四〇万人となるのが分かります。また、第一章以降、各章の冒頭に時代の概観を記述しています。

第1章はローマ帝国の成立、内乱期に帝政の礎を築いたユリウス・カエサル、ローマを平定し百万都市を築いた初代皇帝アウグストゥス、第2章は帝国が変遷していく様子、悪名高き皇帝ネロ、旅する皇帝ハドリアヌス、衰退が始まる時期の名君アウレリアヌスを描きました。第3章では、ローマの人口が三、四万人までに落ち込み荒《すさ》んでいく中世において、ローマ教会の教皇国家が成立していく過程を描き、イスラムの脅威を撃退した教皇レオ四世、個性的なボニファティウス八世を取り上げました。

第4章では、ローマを盛期ルネサンスの中心地とした立役者、教皇ユリウス二世、ラファエッロ、ミケランジェロ、第5章では、永遠の都を再建したバロックの巨匠ベルニーニ、対抗宗教改革におけるローマ教会勝利の象徴スウェーデン女王クリスティーナを描きました。ローマの人口は華麗なルネサンス期でも六万人を超えることはなく、美しいバロック都市となってようやく一〇万人に達した程度でした。

第6章では、小国家に分裂していたイタリアを統一してローマを首都に定めたヴィットリオ・エマヌエーレ二世、ファシズムの独裁者ムッソリーニを取り上げました。イタリア王国誕生時は二〇万人ほどの人口だったローマは、ムッソリーニ台頭時には七〇万人を超え、その後は急激に増加していきます。

このように人口の推移と歴史上の人物をつなげて、まったく新しいローマ史の入門書が生まれました。遠い時代の人たちを身近に感じながら楽しく学ぶ中で、現代に通じる何かをつかんでいただけることでしょう。なお、読者の皆さまの読みやすさを考慮して、ラテン語表記の古代ローマの人名は、舌を噛みそうな本来のU音ではなく、V音で記述しています。人口のデータの参考資料はグラフのページに記載しています。

さあ、それでは、過去と現在が交錯する「永遠の都ローマ」の旅へと出かけましょう。

人口推移のグラフは以下の資料を参考にして作成した。

A. Delpirou/E. Canepari/S. Parent/E. Rosso/M. Pagliano/Trad. L. Lanza/P. Vicentini, *ROMA in 100 MAPPE*, LEG Edizioni, 2019

Cerchai/Mainardis/Manodori/Matera/Zaccaria, *STORIA DI ROMA ANTICA*, Newton Compton Editori, 2014

M. Beard, *SPQR A History of Ancient Rome*, Reprint edition, 2016

I. Morris, *Why the West rules for now*, Profile Books, 2011

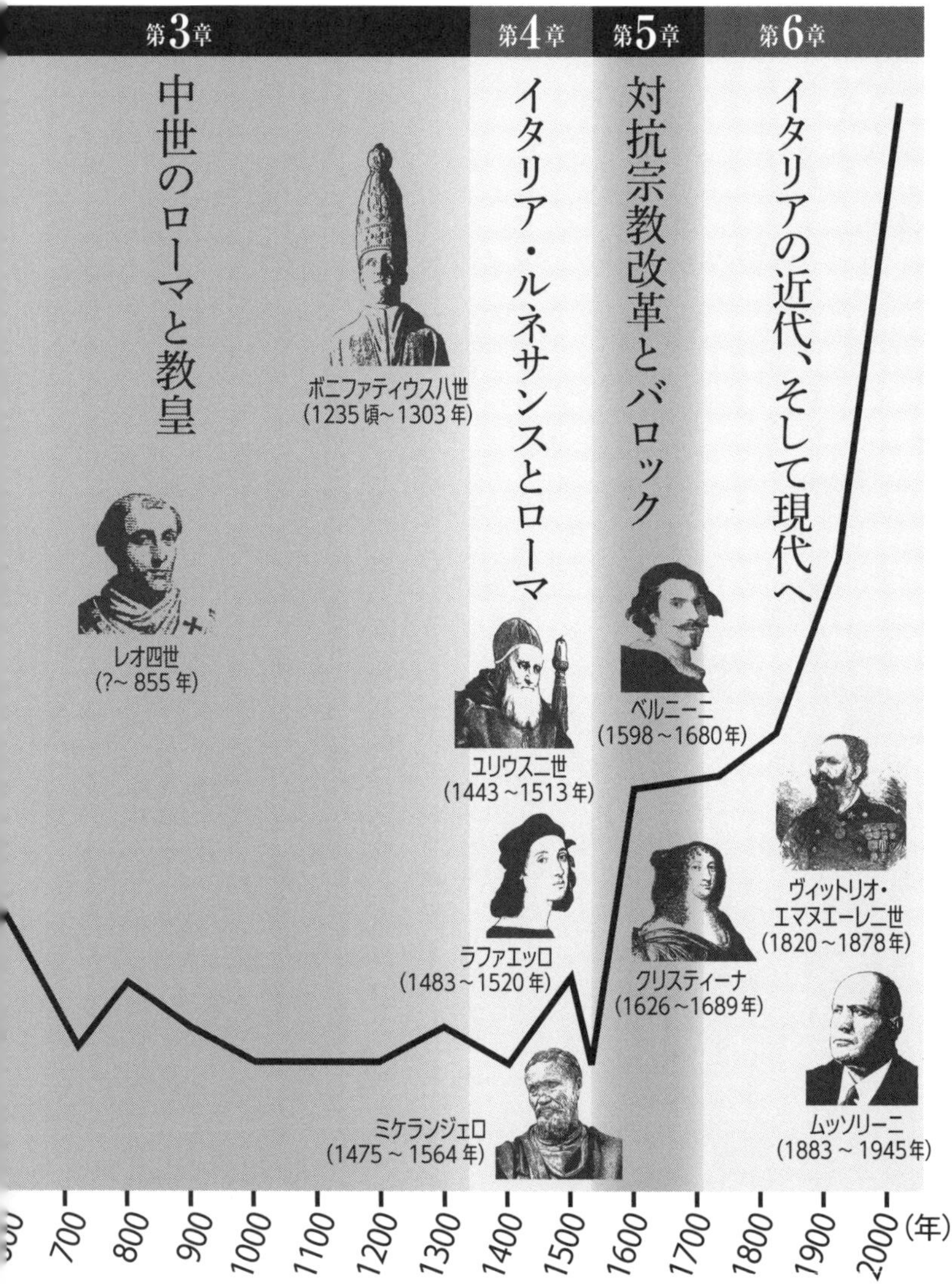

ローマの人口推移（推計値）と この本で取り上げた人物

※近代以前の人口の推計値は研究者によって異なる。ここではおおよその推移を図示した。

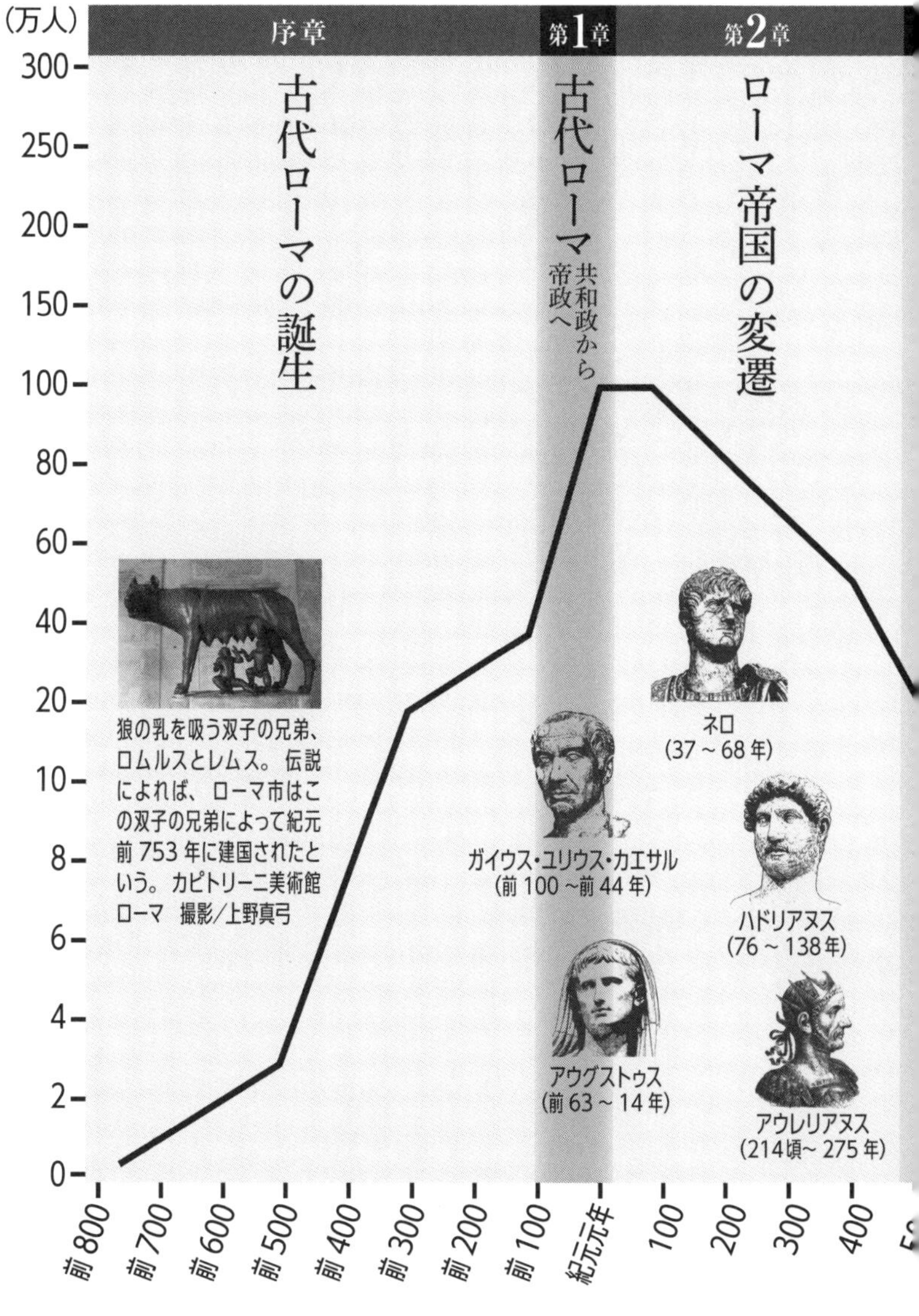

狼の乳を吸う双子の兄弟、ロムルスとレムス。伝説によれば、ローマ市はこの双子の兄弟によって紀元前753年に建国されたという。カピトリーニ美術館 ローマ　撮影／上野真弓

目次

第4章 イタリア・ルネサンスとローマ

序章

古代ローマの誕生

おおよその人口推移　3,000～40万人

前8世紀の建国時、3,000人程度だったローマの人口は、前6世紀の王政末期に3万人、前3世紀のイタリア半島統一時は20万人、前2～1世紀の共和政後期には40万人となる。王政、共和政、共和政の限界から内乱に入るローマ。

狼の乳を吸うロムルスとレムス

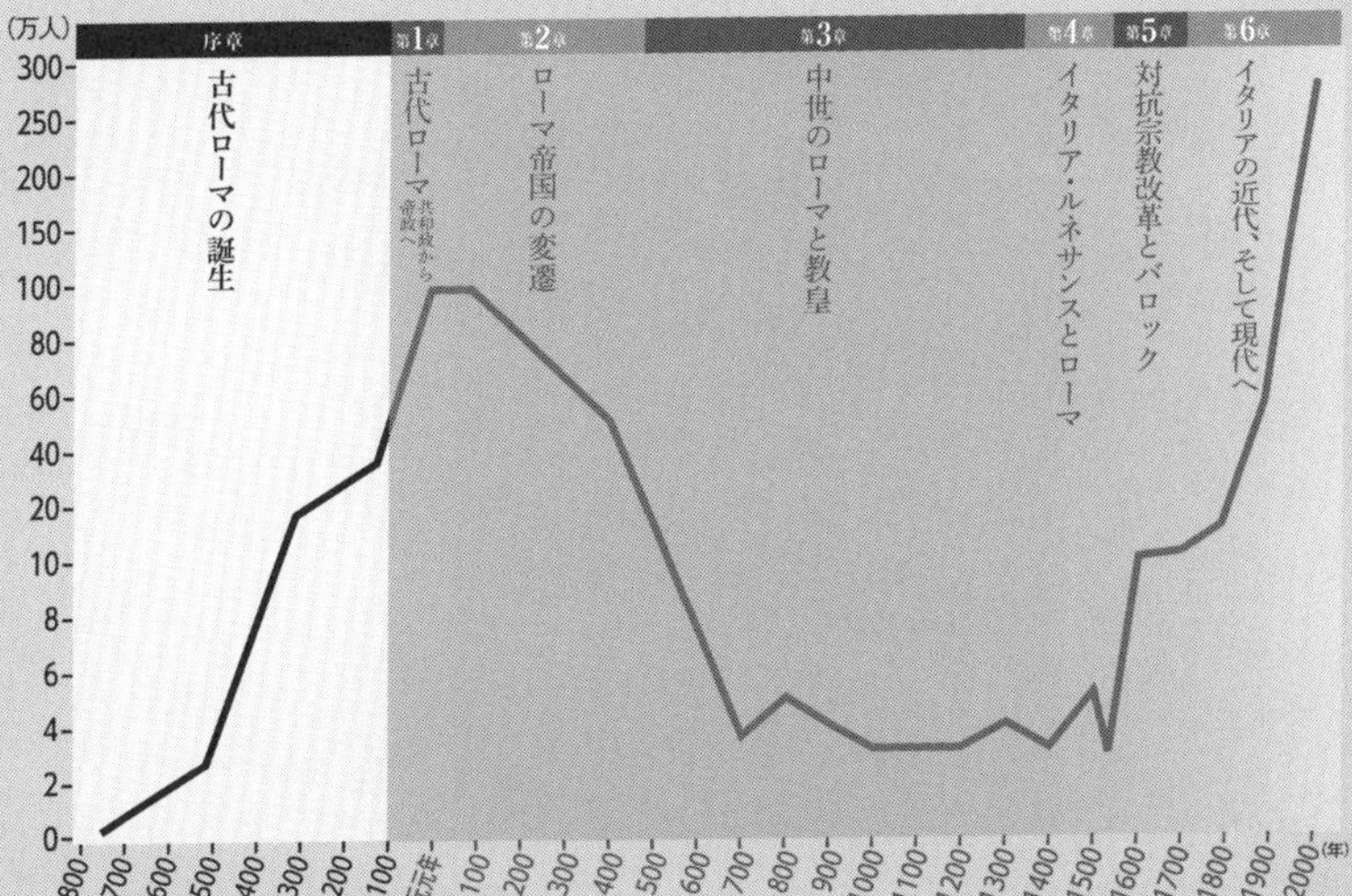

ローマ建国の伝説

幼い双子の兄弟がメス狼の乳を飲むブロンズ彫刻をご存じの方も多いでしょう。これはローマ建国の伝説を表したもので、現在もローマのシンボルとなっています。ちなみに東京の日比谷公園にも同じブロンズ像のレプリカがあります。一九三八年にイタリアから東京へ贈られたものです。

どこの国の建国伝説にも神々と交わる美しい物語があるものです。ローマの場合は、それがギリシア神話にまでつながっています。ヴェヌス（ヴィーナス）を母に持つトロイア王家の英雄アイネイアスが炎上する都から父と子を連れてイタリアへたどり着いたのがその始まりです。アイネイアスの息子アスカニウスが建国したアルバ・ロンガ（現在のカステル・ガンドルフォあたり）では、長い年月のあと王位をめぐって争いが起きます。陰謀の末、先王の娘が産んだ双子は籠に入れられテヴェレ川へ捨てられ、運よくパラティーノの丘の麓に流れ着き、そこでメス狼に乳をもらって育てられます。その後、羊飼いに拾われ、**ロムルス**と**レムス**と名づけられた二人は、近隣の羊飼いや農民たちと徒党を組んで屈強な集団を作ります。出自を知った時にはアルバ・ロンガを攻めて取り戻し、自分たちの育った場所に新しい国を作ることを選びます。ところが、国の中心を決める際に仲違《なかたが》いし、兄のロムルスは弟レムスを殺してしまうのです。そして紀元前七五三年四月二一日、ロムルスはパラティーノの丘にローマを建国します。

三〇〇〇人程度の集団で始まったローマは、犯罪者や逃亡奴隷も受け入れ、ほぼ男性ばかりの「ならず者集落」でした。結婚相手を求めて隣のサビニ人から女性を略奪し、戦闘が繰り返されますが、最終的にローマ人とサビニ人は一つの集団にまとまることになりました。こうしてローマは、テヴェレ川左岸の七つの丘、パラティーノ、カピトリーノ、アヴェンティーノ、チェリオ、クイリナーレ、ヴィミナーレ、エスクイリーノを中心に国を作っていくのです。

この物語はあくまでも伝説に過ぎません。けれども人は、伝説と分かっていても、このような建国神話に心の拠り所を見つけるものなのです。

王政から共和政へ

王政は世襲制をとらずに、ロムルスを含めて七代続きます。この王政時代も伝説の域を出ませんが、その中にはいくつかの真実も混ざっているようです。

ローマの王はサビニ人とラテン人が交互に務めることになっていましたが、五代目以降の三人はエトルリア人となります。これについては様々な憶測があって、ある時点でエトルリア人に支配されたのではないかとも考えられています。

当時、イタリア半島の南やシチリアにはギリシアが植民都市（マグナ・グラエキア）を次々に建設し始め、いっぽう中部地方、現在のトスカーナやウンブリアにはエトルリア人が丘の上に都市を築き、高度で洗練された文明を持っていました。同じエトルリアの都市同士で一つの国家を作らず、それぞれが自立していました。建築土木技術と金属加工技術に優れ、地中海地域で海上交易を盛んに行い、ギリシアとも深い交流がありました。

ローマは建国後も周辺地域と戦闘を続け、テヴェレ川河口の町オスティアも攻略しますが、それでもまだ大きな部族というスケールでした。ところがエトルリア人の王の時代に入ると、急速に都市化していきます。低湿地帯だった丘の間の平地にクロアカ・マキシマと呼ばれる下水溝を作って干拓し舗装します。この一大事業で、政治経済の中心フォロ・ロマーノや、貿易と商業の基点フォロ・ボアーリオ（現在の真実の口広場周辺）が生まれます。粗末な衣服はエトルリア風の華麗なトーガとマントに変わり、王冠と王笏《おうしゃく》の使用も始まりました。凱旋式や宴会や祝祭、剣闘士の見せ物、鳥占いや臓卜占《ぞうぼく》い（動物の内臓から神の予兆を読み取る占い）もエトルリア人から受け継いだものです。

前六世紀のタルクィニウス家の王たちの治世の間に、ローマの人口は三万人ほどに増えたと推測されています。北のエトルリア都市と同じ程度の都市国家といえる規模でした。

やがて王政が終わる時が来ます。エトルリア人最後の王の傲慢さに不満を持っていたローマ市民の怒りが爆発する事件が起こったのです。王の息子が貞淑な人妻ルクレティアを陵辱しました。彼女はそれを家族に話し、復讐を誓わせると、自害したのです。

そして**前五〇九年、共和政ローマが誕生します。**「S．P．Q．R．」という略号で表されるローマ国家は、元老院とローマ市民という意味のラテン語の頭文字をとったもので、国家の主権者を示しています。

ローマの共和政は、政治上の最高機関である元老院と一年任期のコンスル（執政官）が二名、非常時に半年間だけ独裁権を行使できるディクタトル（独裁官）からなり、官職はパトリキ（貴族）に独占されていました。貴族とは各部族の有力家系の人たちです。プレブス（平民）の多くは小規模な自作農で、戦争の際に重装歩兵として軍の中枢を担いますが、政治参加はできませんでした。

■貴族と平民の身分闘争

やがて貴族と平民の身分闘争が始まり、前四九四年に聖山《せいざん》事件が起こります。アヴェンティーノの丘にあったとされる聖なる山で平民が武装ストライキを起こしたのです。元老院は軍事力の減少を憂慮し、平民から選出する二名の護民官の設置を決め、ついで、平民のみで構成される平民会も設置しました。護民官の身体は不可侵とされ、元老院や執政官の決定に拒否権を発動することもできました。

前四五〇年にはローマ最古の法典「十二表法」が制定されます。民事訴訟法、家族法や相続法、所有権、不法行為などの慣習法を成文化したもので、これでようやく貴族に独占されていた法知識を平民も共有することができました。この五年後には貴族と平民間の婚姻も解禁され、官職も次第に平民に開放されていきます。前三六七年にはリキニウス法が成立し、定員二名の執政官のうち一名は平民から選出されることになりました。この画期的な法律の制定と貴族・平民間の和解を記念してフォロ・ロマーノには融和の女神を祀ったコンコルディア神殿が建立されました。前二八七年にはホルテンシウス法で平民会の議決が元老院の承認なしで国法となることも定められ、**貴族と平民の身分闘争は、両者が法的に平等となったことで、ひとまず終わりを告げますが、これが実現したことでノビレス（新貴族）が生まれます。**平民から執政官になると一代目はホモ・ノウス（新人）ですが、同じ家系から何人も元老院議員を出すと名門となります。大土地所有者であり、パトロヌス（保護者）として多くのクリエンテス（被保護者）もしたがえ、貴族となんら変わらない支配階級となっていきます。

侵略戦争とイタリア半島の統一

貴族と平民が身分闘争をしている間も、ローマは周辺都市を侵略し拡大を続けていました。前三九六年には、難攻不落といわれたエトルリアの都市国家ウェイイの攻略に成功しますが、そこに至るまで一〇年の歳月を要しています。この勝利は莫大な戦利品と多くの捕虜（奴隷）をもたらし、さらに領土も飛躍的に増えました。

しかし、勝利のあとには建国後初めての屈辱が待っていました。前三九〇年にケルト人によるローマの略奪が起こったのです。ローマ近郊、テヴェレ川の支流アッリア川での戦いでローマ軍は惨敗し、ケルト人は無防備となったローマで残虐の限りを尽くし、町を完全に破壊し、焼き払います。彼らが侵入できなかったのは、切り立った崖に囲まれ、ローマの主神ユピテルを祀った神殿のあるカピトリーノの丘だけでした。ここに一部のローマ市民が避難していましたが、丘の上からローマの惨状を見て、停戦交渉に入ることを決め、千ポンド（約四五三キロ）の金塊を支払うことで合意しました。この出来事は、外敵の侵略に対する恐れをローマ人の中に植えつけます。これが、攻撃は最大の防御という考えを持った理由かもしれません。

ローマが惨憺たる状況から立ち直るまで時間はかかりましたが、前三三八年にようやく周辺のラテン諸都市を服属させました。同じ頃、マケドニア王国のフィリッポス二世がギリシアの覇権を握ります。その四年後には息子のアレクサンドロスが東方遠征で快進撃を始めることになります。

アペニン山脈南東部に暮らすサムニウム人との戦争が始まると、前三一二年、アッピア街道が敷設されます。元老院は街道が敵に使われる恐れがあるため反対しましたが、軍隊の素早い移動、食糧や武器の補給のためには必要なものでした。なお、同時期にローマ初のアッピア水道も建設されました。サムニウム戦争は三次にまで及び、カウディウムの屈辱と呼ばれる敗北も喫しましたが、前二九〇年には勝利を収めます。そして前二七二年、ギリシアの植民都市ターラントを支配し、**ついにローマはイタリア半島を掌握したのでした。**この頃のローマの人口は約二〇万人となっています。

ポエニ戦争

前二六四年、**第一次ポエニ戦争**が勃発します。ポエニとはラテン語でフェニキア人を意味し、カルタゴ（現在のチュニジア北部）は、地中海貿易で繁栄していたフェニキア人の都市国家です。当時の地中海は、西をカルタゴ、東をギリシアが支配していました。豊かな穀倉地帯シチリアも西半分はカルタゴが領有していましたが、島の南東にあるシラクーサがカルタゴの支援でメッシーナを攻撃したため、救援要請を受けたローマが参戦して始まった戦争でした。

カルタゴとローマには軍事面で決定的な違いがありました。海洋民族であるカルタゴは地中海最強の海軍を擁していたのです。かたやローマは海上交易よりも農業中心の社会だったため、海軍を持っていませんでした。同盟市にガレー船を提供させますが、航海や海上での戦闘経験のないローマはまったく太刀打ちできません。けれども、その後ローマは座礁したカルタゴの軍船を分析して船の建造を始め、短期間で艦隊を作り上げることに成功します。経験不足のため苦戦は続きますが、海上で得意の陸上戦をとる戦法を思いつきます。軍船の先端にコルウスという渡し板を取りつけて敵船にぶつかり、板を橋にして敵船に乗り込んで戦ったのです。二〇年以上も続いた戦争でローマ海軍の経験値も上がっていき、最終決戦では勝利を収めます。ローマは多額の賠償金を手に入れてシチリアを属州としました。その後、サルデーニャ、コルシカも領有します。

それから二十数年が過ぎ、前二一八年に**第二次ポエニ戦争**が起こります。カルタゴの将軍**ハンニバル**が七万の兵と三七頭の象を引き連れてアルプスを越えてイタリアに侵入したのです。ローマが地中海の制海権を握っていたため海上からは侵攻できず、属領のイベリア半島から上ってきたのでした。この常識を超えた侵攻にローマは畏れおののきます。イタリア半島を南下し戦闘を続けるハンニバルに対して、ローマの将軍ファビウスは全面対決を避けて持久戦を選択しますが、その姿勢が臆病だと批判され、執政官ヴァッロが総司令官となり、前二一六年、有名な**カンナエの戦い**を迎えます。兵士の数ではローマ軍が優位にありましたが、ハンニバルの戦略は意表をつくものでした。ローマ軍は両端を騎兵で固めた横一直線の長方形の陣形を取りますが、ハンニバルは三角形に布陣します。そして猛進するローマ軍に押されているように見せかけて後退し、この間に騎兵、続いて歩兵がローマ軍の背後に回り込み完全包囲したのです。目の前の敵を倒すのに必死だったローマ軍が気づいた時にはすでに遅く、逃げ場のない壊滅状態となりました。この戦術は、現代でも各国の軍隊組織が学んでいるそうです。この日のローマ軍の戦死者は七万人、うち八〇人が元老院議員でした。

敗残兵を連れてローマに戻った敗戦将軍ヴァッロは責められることもなく迎えられます。ローマには敗戦将軍を受け入れる懐の深さがあったのでした。敗北から学ぶことも知っていました。ハンニバルは大勝してもローマを攻めませんでした。周辺都市をローマから離反させたあと、一気にローマをつぶすつもりだったのです。この時期にローマは四次にわたるマケドニア戦争も起こしています。また、カルタゴ側のシラクーサを攻撃した時、アルキメデスが亡くなりました。なお、前二一一年には独自の貨幣制度を整えています。

前二〇二年、一六年続いた第二次ポエニ戦争もついに終息の時を迎えます。ローマの若き将軍**スキピオ**とハンニバルが激突するカルタゴ近郊での決戦、**ザマの戦い**です。ここでスキピオはハンニバルの戦法から学んで構築した戦術を使って大勝します。戦後の講和条約でカルタゴは開戦前の領土の保有は認められますが、捕虜の返還、一〇隻を除く全軍船と象の没収、ローマの同意なしでの交戦不可、五〇年の分割払いによる一万タラントの賠償金、百人の人質の提供など過酷な条件を突きつけられました。スキピオはその名にアフリカを制した者という意味の「アフリカヌス」という尊称をつけ加えることになりました。

スキピオ・アフリカヌスは人格的にも優れた教養人で、英雄として絶対的な人気を誇っていましたが、ギリシア文化に傾倒していたため、ローマ伝統の質実剛健を重んじる保守的な政治家カトーに嫌われ、後年、失脚させられます。そこには嫉妬もあったことでしょう。

ギリシア文化は退廃を招くと考えていたカトーにとっては残念なことに、マケドニア戦争が終わると、ヘレニズム文化が一気にローマへ流入します。ギリシア風の建築、彫刻、絵画、哲学、文学、演劇のブームが起こり、オリエントの贅沢趣味も入り、ローマの生活様式は一変します。中でもスキピオ一族のサロンはスキピオ・サークルと呼ばれ、進歩的な考えを持つ貴族たちが集う場所として有名でした。

カルタゴは、二度もローマに敗れ、莫大な賠償金を抱えていたにもかかわらず、すばやい経済回復を果たします。脅威を感じたカトーは元老院で演説をする時には必ず「カルタゴを滅ぼすべきだ」といってしめくくりました。そしてカルタゴが、隣のヌミディア王国の度重なる武力侵犯に耐えられず、ローマとの約束を守らず交戦した時、ローマはこれを口実にして、前一四九年、**第三次ポエニ戦争**を始めます。

ローマ軍の総司令官は、第二次ポエニ戦争でハンニバルを破った英雄スキピオ・アフリカヌスの義理の甥、スキピオ・アエミリアヌスでした。同じスキピオ一族の将軍を区別するため、前者は大スキピオ、後者は小スキピオと呼ばれます。カルタゴ市民は絶望的な徹底抗戦をしますが、四年後、カルタゴは、町はおろか草木一本残さずに殲滅《せんめつ》されました。生き残った人々は一人残らず奴隷として売られ、旧農地には作物ができないように塩がまかれました。小スキピオは、炎上するカルタゴを眺めながら、「いつの日かローマも同じ運命をたどるだろう」と、つぶやいています。

前一四六年、コリントスも殲滅させ、**マケドニア戦争とポエニ戦争に勝利したローマは地中海世界を制覇し、大きな転換点を迎えます。帝国化への第一歩です。**巨額の賠償金や多数の奴隷を得ただけでなく、先進文化も吸収し、通商圏が広がり経済活動も活発化しました。さらに属州から多額の税金が入り、徴税請負人となったエクイテス（騎士階級）は富を蓄えるようになります。しかし、同時に共和政は危機に陥っていくのです。

■グラックス兄弟と内乱の一世紀の始まり

小農民層は軍の中枢を担う重装歩兵であることから、相次ぐ戦争で農地を耕せなくなりました。さらに属州から安価な穀物も大量に入ってきます。彼らは荒廃した農地を手放して都市部へ移ります。いっぽう、富裕層はそれらの農地を吸収し奴隷が耕作するラティフンディア（大土地所有制）を展開します。都市部に流れた小農民はプロレタ―リ（無産者）となり、自前で装備できないため兵役を免除されます。したがって、小農民層の没落はローマ軍の弱体化にもつながったのです。

この危機に際して、土地の再分配で小農民層を救済しようとしたのがグラックス兄弟でした。父は政治的にも軍事的にも多大な功績を残した大グラックス、母コルネリアはハンニバルを破った大スキピオの娘で、賢母の鑑とされています。グラックス家に集まる上流婦人たちが宝石で身を飾り自慢する中で、「あなたの宝石も見せて」といわれたコルネリアは、「これが私の宝石よ」といって、二人の息子を披露したのです。スキピオ家とグラックス家の進取と奉仕の精神、人柄のよさがまさにグラックス兄弟を生んだといえるでしょう。

前一三三年に護民官となった兄の**ティベリウス**は、富裕層が私有化していた公有地を小農民層に分け与える農地改革法案を民会に提出しました。元老院議員は大土地所有者ですから当然ながら大反対で、同僚護民官オクタヴィウスを買収して拒否権を発動させます。そこでティベリウスは得意の演説で世論を動かし、投票によって同僚を解任しました。元老院は強引な手段をとる独裁者だと反発します。彼はさらに農具購入資金も与えようと考えます。タイミングよく同年ペルガモン王国（現在のトルコ西部の都市）のアッタロス三世が亡くなり、王国をローマに寄贈すると遺言していたため、王国の財宝を資金にすることを提案します。元老院は越権行為だと非難します。翌年、ティベリウスは改革を実現するために一年任期の護民官の再任を求めて立候補しますが、選挙の当日、反対派によって三百人の支持者とともに撲殺されテヴェレ川に投げ捨てられるという、悲しい最期を迎えます。

九歳年下の弟**ガイウス**も理想に燃える政治家でした。兄の遺志を引き継ぐため、前一二三年と前一二二年に護民官となります。兄の失敗から無産者層の支持だけでは政治は動かせないと考え、国の助成で小麦の価格を安くして市民に提供する法案で、民衆の圧倒的支持を得ます。また、属州審問所の陪審員資格を騎士階級に与える法案で、騎士階級からも支持されます。こうして再任には成功しましたが、三度目は保守強硬派の陰謀で落選します。その年、執政官オピミウスがガイウスの法案のほとんどを無効にしていく中で民衆はガイウス擁護の騒動を起こします。些細なことからガイウス派が反対派の一人を殺害してしまい、元老院が元老院最終勧告を出す事態となりました。これは殺人許可証のようなものです。直ちにオピミウスは武装団を組織しガイウスの支持者三〇〇〇人余りを惨殺しました。そしてガイウスも自害に追い込まれるという悲惨な結末となったのでした。なお、前九一年に起こった同盟市戦争の鎮圧後、イタリア半島に住む自由民はすべて市民権を持つことになりました。これはガイウスが提示していた法案の一つでした。

グラックス兄弟の改革と挫折は、地中海世界の覇者ローマが抱え込んだ矛盾、すなわち貧富の差、軍制の限界、政治家の不正、統治の限界を噴出させた分水嶺といえるでしょう。ローマ内戦の一世紀はここに始まったのでした。

このあと登場するのが**マリウス**です。彼は平民から執政官となり軍制改革を行います。平民の徴兵をやめ、給与の支給、略奪の許可、土地の配分を条件に志願兵を集めました。これは失業問題と軍事力の低下を解決しましたが、兵士が私兵化し、軍の統制がなくなる結果となりました。ユグルタ戦争（前一一一～一〇五年の北アフリカのヌミディア王の反乱）に勝ち、前一〇一年のガリア人侵攻も撃退し、マリウスは大富豪となりますが、騎士階級の支持もあって平民派の中心となります。いっぽうで

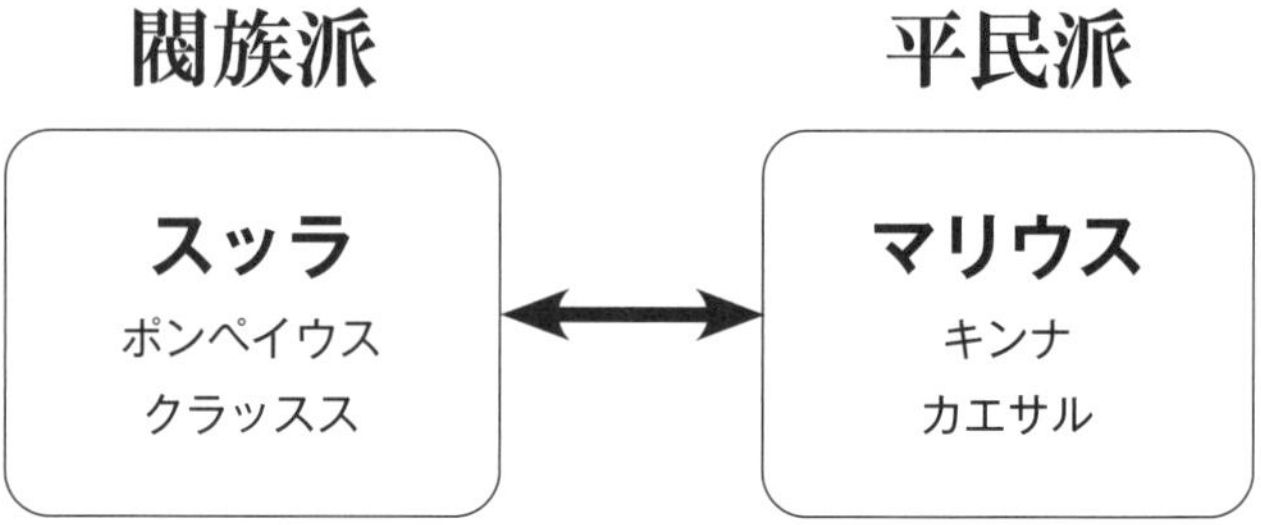

図1　閥族派と平民派

元老院の貴族たちは既得権を守るため閥族派として結束し、ユグルタ戦争でマリウスの副官だった**スッラ**を中心に置きます。

マリウスとスッラの権力闘争は血で血を洗う凄まじいものでした。首都占領、虐殺、報復の繰り返しで、どちらも恐怖政治という点では同じでした。前八七年に七度目の執政官となったマリウスは翌年あっけなく死去します。その後、マリウス派を一掃したスッラは前八二年にローマ初の無期限の独裁官となります。そしてグラックス兄弟以前の貴族支配に戻し、誰が殺してもいいという「処罰者リスト」を作り、粛清を開始します。独裁官制度を専制政治に使ったのはスッラが最初ではないでしょうか。スッラの閥族派からは**ポンペイウス**と**クラッスス**が台頭し、平民派には若き**カエサル**がいました（**図1**）。

この時期のローマの人口は四〇万人となっていました。

第1章 古代ローマ

共和政から帝政へ

おおよその人口推移　40万～100万人

前1世紀、カエサル登場時に人口40万人だったローマは、後継者アウグストゥスが帝政を確立したのち、人口100万人を擁する「世界の首都」へ。内乱の1世紀の権力闘争から平和と繁栄をもたらした帝政初期までのローマ。

ガイウス・ユリウス・カエサル
（前100～前44年）
天才政治家、偉大な軍人、優れた文筆家。大胆で弁がたち、人の心をつかむのがうまい。共和政ローマの限界を感じ、帝政への礎を築くが、道半ばで暗殺される。

アウグストゥス（前63～14年）
カエサルの養子で後継者。軍才はないが、意志が強く、偽善と慎重さと巧妙さで実質的帝政をしく。ローマの平和を実現するが、後継者選びに苦労する。

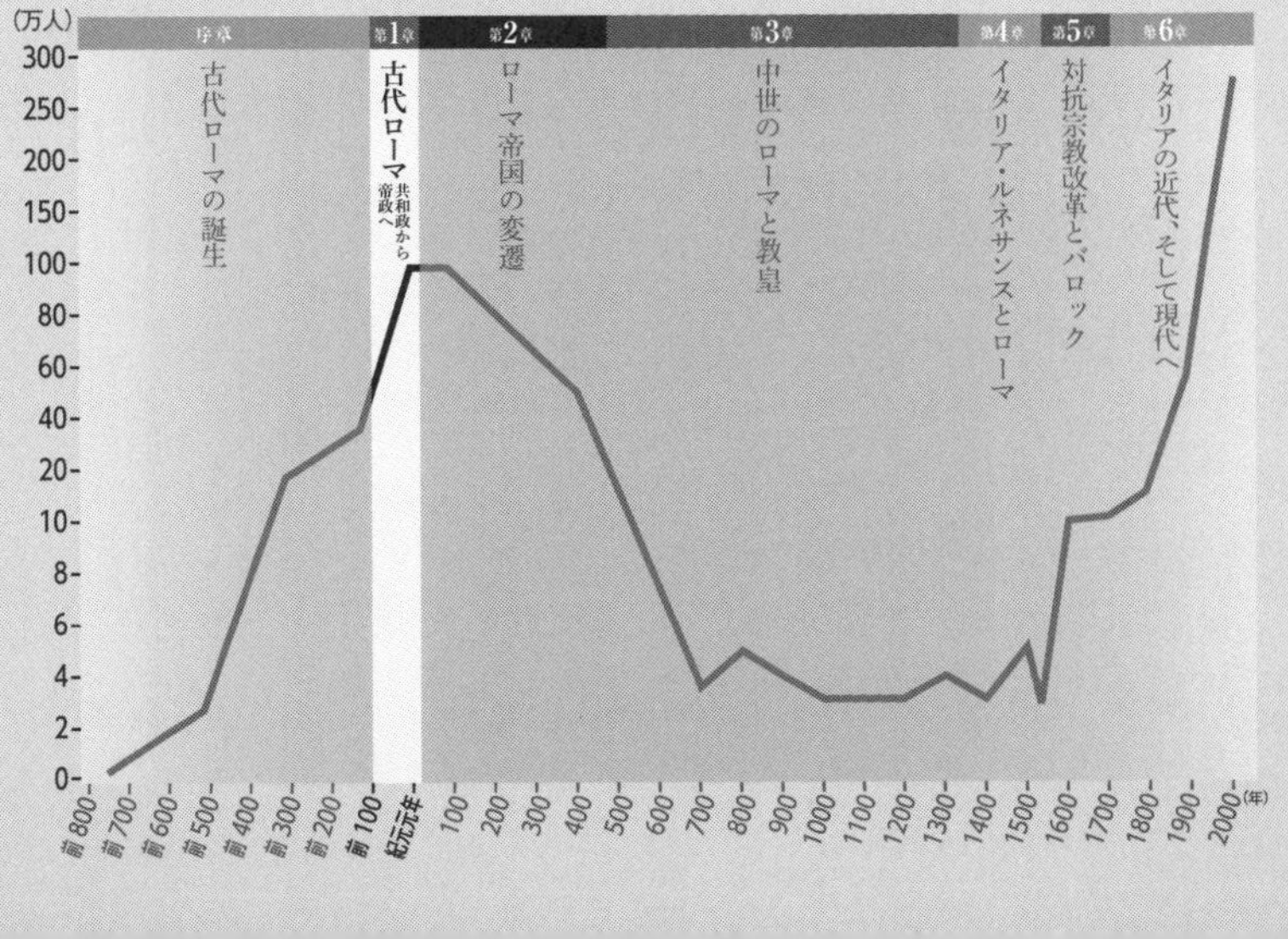

1 ガイウス・ユリウス・カエサル

若きカエサル

紀元前一〇〇年七月、平民派の英雄**マリウス**が執政官の年、**ガイウス・ユリウス・カエサル**は誕生します。奇しくも伯母**ユリア**はマリウスの妻でした。その頃のローマは、平民派と閥族派の血にまみれた抗争で、道端には首のない遺体が散乱し、略奪、暴行、放火が日常化していました。

ユリウス氏族はトロイアの英雄アイネイアスの末裔とされる由緒正しき家柄でした。アイネイアスの母はヴィーナスですから、この女神を一族の始祖として大切にしていました。このような高貴な家柄にもかかわらず、カエサル家にはそれに見合った経済力がなく、ローマの貧民街スブッラに居を構えていました。しかし、これはカエサルにはプラスとなったはずです。民衆の生活を肌で感じることができたのですから。

内戦で不安定な状況が続く中、マリウスが病死し、父も亡くなると、一六歳のカエサルは裕福な騎士階級の娘との婚約を破棄し、マリウスの右腕だった**キンナ**の娘**コルネリア**と結婚します。貴族の妻を持つことが前提のユピテル神殿の神官になるためでした。神聖な職務にはいくつかのタブーが

図2　カエサル系図

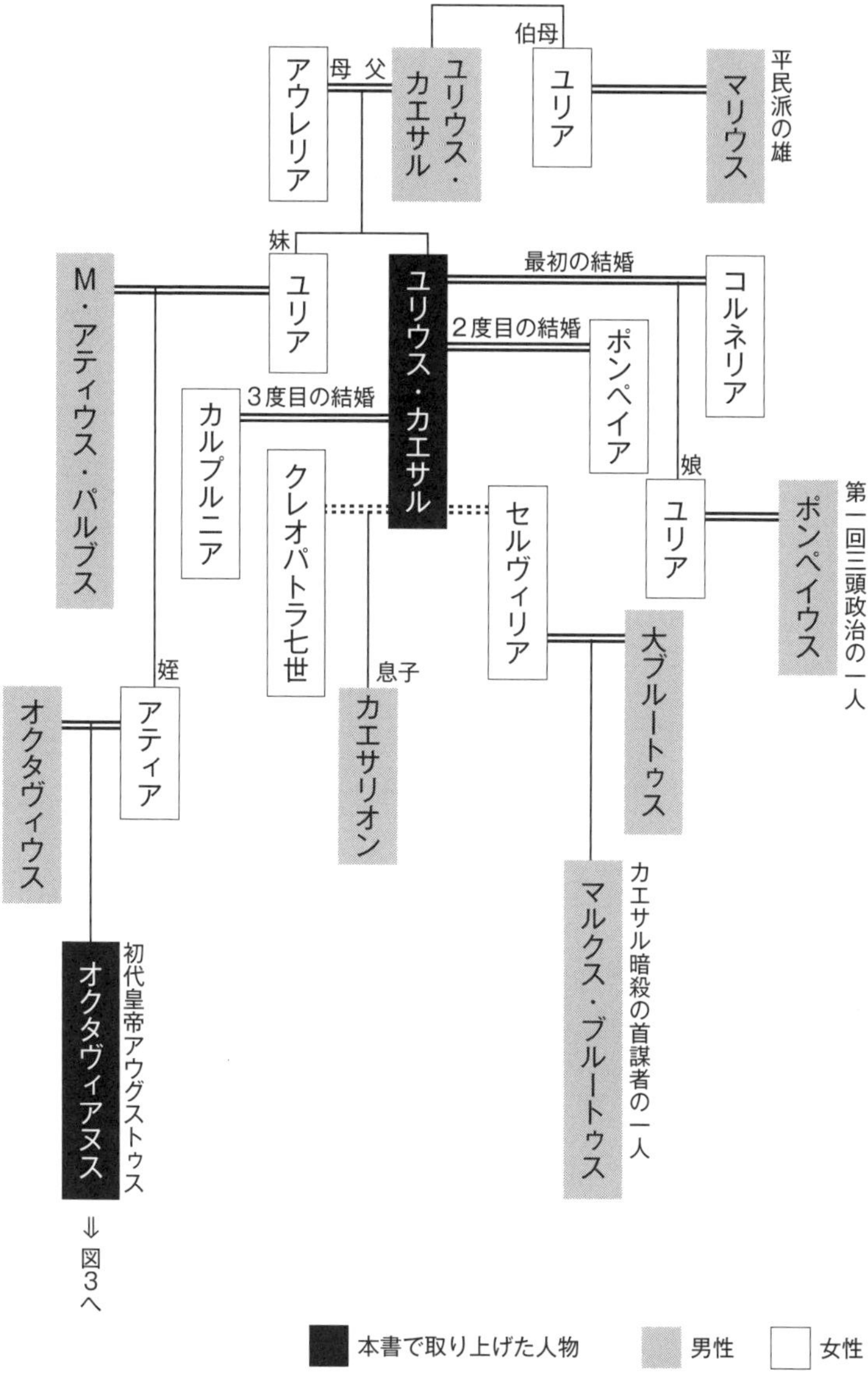
伯母
母
父
アウレリア
ユリウス・カエサル
ユリア
マリウス
平民派の雄
妹
M・アティウス・バルブス
ユリア
ユリウス・カエサル
最初の結婚
コルネリア
2度目の結婚
ポンペイア
3度目の結婚
カルプルニア
クレオパトラ七世
セルヴィリア
娘
ユリア
ポンペイウス
第一回三頭政治の一人
姪
アティア
息子
カエサリオン
大ブルートゥス
オクタヴィウス
マルクス・ブルートゥス
カエサル暗殺の首謀者の一人
オクタヴィアヌス
初代皇帝アウグストゥス
⇓図3へ
本書で取り上げた人物
男性
女性

あり、その一つが軍務に就くことの禁止でした。おそらく母**アウレリア**と伯母ユリアがカエサルを守るために配慮したのでしょう。**スッラ**が小アジアからローマへ進軍しようとしていたのです。そしてローマ奪還後にはマリウス派への徹底的な粛清を開始します。その対象となったカエサルは刺客から逃れるため毎晩寝る場所を変えていました。そんな中、スッラ派のアウレリウス・コッタが「こんな年端もいかない子どもまで殺す必要はない」と意見し、ヴェスタの神殿の巫女たちも助命嘆願をしたため、スッラは殺害をあきらめ、「この少年の中にたくさんのマリウスがいるのが見えないのか。いつか閥族派に致命的な結果を及ぼすだろう」と、吐き捨てるようにいいました。カエサルにはコルネリアとの離婚を命じますが、拒否されたため妻の持参金を没収しました。

■クルスス・ホノルム

スッラが終身独裁官となったローマから離れるため、カエサルは、紀元前八一年、アジア属州に発ち軍役に就きます。与えられた任務は、ビテュニア王ニコメデス四世と艦隊の調達を交渉することでした。滞在は長期にわたり、この時カエサルとビテュニア王は男色の関係を持ったと噂され、生涯にわたって政敵だけでなく自軍の兵士たちからもからかわれることになります。

当時の政治家は、まず二〇代の頃に軍役を務めることから政界でのキャリアを始めました。カエサルもこれに沿って東方で軍役に就いたわけですが、野心のある者は必ず政務官の最高官位「コンスル」（執政官）を目指します。そこに至るまでの道筋を**「クルスス・ホノルム」**（名誉のキャリア）と呼び、クアエストル（財務官）、アエディリス（造営官）、プラエトル（法務官）、コンスル（執政官）、ケンソル（監察官）と昇進していきますが、すべての人が執政官になれるわけではありませんでした。

また、政治家には修辞学（弁論、演説の技術）を極めることが大切でした。聴衆を説得して魅了する必要があったからです。政治キャリアを弁論活動からスタートする場合もありました。原告として訴訟を起こすことで、自らが相手側の弁護士と対峙するため高度な修辞学が求められ、成功して名を馳せれば道が開けるからです。

前七八年にスッラが死去すると、カエサルはローマへ戻り、翌年、マケドニア総督だったスッラ派のドラベッラを総督時代の汚職で告発します。世論はカエサルの側につき、カエサルの弁論は高く評価されましたが、ドラベッラの弁護人は当代一の弁論家ホルテンシウスでした。結局ドラベッラは無罪となり、カエサルはローマがいまだスッラ体制にあることを思い知り、ほとぼりが冷めるまで姿を隠すことにします。ロードス島で修辞学の権威アポロニウス・モロンに師事しようとしますが、エーゲ海のミティリニ（現在のレスボス島東海岸にある町）付近で海賊に囚われ、彼らしい逸話を残しています。

海賊が二〇タラントの身代金を要求すると聞いて、カエサルは「私を誰だと思っているんだ。五〇タラントにしろ」といったのでした。五〇タラントは約二五億から五〇億円に相当する金額です。こうして自分を価値ある人間に思わせて、海賊のもとで安全に過ごせるようにしたのでした。従者たちが身代金集めに奔走する一ヶ月以上、カエサルは海賊を相手に演説や自作の詩を聞かせ、「この次はお前たちを縛り首にしてやるからな」と冗談めかしていっています。当時のエーゲ海には海賊が横行していたのに何の対策もされていませんでした。カエサルはローマ貴族の自分が囚われたのは沿岸警備を怠ったからだといって、周辺諸都市に身代金の支払いを求めます。痛いところを突かれて、彼らは支払わざるを得ませんでした。しかし、カエサルは解放されると、船を集めて海賊を追いかけて捕え、彼らの財宝を奪って身代金をきちんと返済したのです。そして、海賊を処刑しました。カエサルは冗談をいったわけではなかったのです。

借金王

ローマに戻ると、カエサルは前七二年の選挙で初の勝利を収め、翌年の軍司令官の座を射止めます。スッラが廃止した平民の権利「護民官」を取り戻そうと呼びかけ、平民派の星となったのでした。

その頃、ローマは第三次奴隷戦争の鎮圧に手間取っていました。剣闘士奴隷のスパルタクスが主導した反乱は、大土地農園で過酷な労働に従事していた奴隷も加わり一〇万人規模にまでに拡大していました。二年後、ともにスッラの配下であった**ポンペイウス**と**クラッスス**によって反乱はようやく鎮圧され、捕えられた六〇〇〇人の奴隷は十字架にかけられアッピア街道にさらされました。スパルタクスを討ち取ったのはクラッススでしたが、残党を掃討したポンペイウスがいち早く元老院に報告したため、軍功はポンペイウスのものとなってしまい、これが原因で二人は犬猿の仲になります。

クラッススは武将ではありましたが、何よりもローマ一の大富豪でした。スッラの恐怖政治時代に没収された政敵や平民派の財産を買い叩き、内戦や火事で焼けた家屋や土地を買い占め、銀山や広大な農地も所有し、優秀な解放奴隷に商業活動や銀行業を任せ、その資産は増える一方でした。政治的野心のあった彼に欠けていたのは武勲だけだったのです。

いっぽうポンペイウスには抜群の軍事的才能がありました。シチリアやアフリカの属州で平民派の残党を一掃し、二五歳という最年少記録で凱旋式を行い、スッラから偉大なるポンペイウスと称されています。その後も反乱の起こったヒスパニアを制圧し、巨大な力を持った彼は、元老院から警戒されるようになっていました。

前六九年、三〇歳でカエサルは翌年のクアエストル（財務官）に選出されます。政治にはお金がかかるものですが、特にパトロヌス（保護者）とクリエンテス（被保護者）の関係が重要だったローマでは、莫大な資産がなければ立候補さえできませんでした。選挙の結果に直結する兵士や民衆が喜ぶものを与えなければならなかったからです。お金がないのに浪費家で太っ腹なカエサルはあちこちに借金をしますが、そのほとんどは大富豪クラッススからでした。財務官選出時にクラッススから借りた金額は現在の価値に換算すると約三〇億円です。返済は出世払いなので、貸す方もよく貸したと思いますが、カエサルには貸してあげたくなるような可能性、好きにならずにはいられない人間的魅力を感じていたのでしょう。

その年、カエサルは伯母ユリアを亡くし、葬送行列の最前列に伯母の夫と息子だったマリウス親子の蠟人形を飾り、民衆はそれを拍手喝采で迎えました。確実に時代は変わりつつありました。そして、フォロ・ロマーノの演壇で追悼演説をする時、母方がアンクス・マルキウス王（王政時代の四代目の王）の末裔で、父方の始祖が女神ヴィーナスであるユリウス氏族は、人間世界で最高の権力を持つ王の尊厳と神々の崇高さを持っていると、まるで帝政の未来を予見させるようなことをいっています。

伯母に続いて妻コルネリアも亡くなり、カエサルは翌年、スッラの孫娘**ポンペイア**と結婚します。同年、ポンペイウスとクラッススが執政官となり、スッラ体制を解体して護民官を復活させました。

前六五年、カエサルはアエディリス・クルリス（上級造営官）に就任します。公共事業や祭事、市民の娯楽を取りしきる重要な役職ですが、官職に報酬はなく、かかる費用はすべて自費でまかなわなければなりません。同僚造営官ビブルスと折半で野獣狩りや舞台劇などを催しましたが、カエサルはさらに派手なことをします。単独で、ユピテル神の祝祭を亡き父を偲ぶ形で盛大に開催したのです。民衆が最も好む剣闘士の試合を三二〇組も提供したといいます。こうしてカエサルの人気は不動のものとなり、民衆と深い絆を結ぶことに成功し、平民派のリーダーとなったのでした。

前六三年にはポンティフェクス・マクシムス（最高神祇官）に就任します。これは異例の勝利でした。執政官の経験者が選ばれるのが慣例で、まだ三七歳で要職の経験もないカエサルの立候補自体が無謀でした。しかし当選すれば、終身制で他の官職とも兼任可能、さらにフォロ・ロマーノの公邸に住むことができます。しかもこの地位は、信心深く神事を大切にするローマでは絶大な権威の象徴でした。この選挙でカエサルが格上の競争相手を破ることができたのも、莫大な借金で買収工作をしたからでした。

この年にはカエサルやクラッススも関与を疑われたカティリナ事件も決着します。二度の執政官選挙に失敗し破産したカティリナが国家転覆を図ったとする事件で、キケロの弾劾演説が有名です。元老院で即時処刑の決議をする際、カエサルだけが反対しています。

不倫スキャンダル

前六二年にプラエトル（法務官）となったカエサルでしたが、同年、二度目の妻ポンペイアの不倫スキャンダルが起こります。最高神祇官公邸で男子禁制のボナ・デア（豊穣と聖処女）の祭りを行っている際に女装した男性が忍び込んでいるのが見つかり追い出されました。カエサル派の政治家クロディウスがポンペイアと密会のために侵入したと噂され、神への冒瀆だと告発されます。キケロがアリバイ崩しの証人として立ちますが、カエサルは「何も知らない」を通します。けれども妻を離縁し、なぜかと問われた際に「カエサルの妻たるものはいかなる嫌疑も受けてはならない」という名文句を残しています。結局クロディウスは無罪となりました。彼はのちに平民の養子に入って護民官となり、市民に無料で穀物を配給するという法律を成立させています。

ポンペイアが妻の鑑でないなら、カエサルも誠実な夫ではありませんでした。財務官としての元老院デビュー時から「借金王」「ハゲの女たらし」と呼ばれていました。正妻がありながら多くの愛人を持ち、元老院議員の妻の三分の一はカエサルと関係を持ったともいわれています。さすがにそれは誇張でしょうが、借金相手クラッススの妻テルトゥラ、ポンペイウスの妻ムキアとの不倫は事実でした。クレオパトラ七世とのロマンスもありましたが、最も長く続いた愛人は政敵カトー（ポエニ戦争時のカトーのひ孫）の異父姉**セルヴィリア**で、その関係はカエサルの死まで二〇年余り続いています。頭髪が薄いのを気にしたカエサルでしたが、それが気にならないほど魅力ある男性だったのでしょう。

法務官の任期が終わると、カエサルはヒスパニア南西部の属州総督に任命されますが、巨額の借金の債権者たちが出発前の返済を要求し、ローマに足止めされてしまいます。頼れる者はただ一人、クラッススです。この時の借金は、属州でガリシア州とルシタニアを征服した際に得た莫大な富から返済しています。カエサルは大胆で一瞬のひらめきから勝負に出る天才肌でした。しかも、軍団兵を前に演説して士気を上げ、自ら剣や盾の使い方を示して戦場を指揮する彼は、兵士たちからの人望も厚く、絶対的な信頼を獲得していました。

■三頭政治

前六〇年、ヒスパニアから帰国したカエサルは執政官に立候補しようと考えますが、民衆と兵士に抜群の人気を誇る彼もまだ力不足は否めません。そこで、騎士階級に支持を持ち武勲の栄誉が欲しい大富豪クラッススと、閥族派でありながら元老院に不満を持つポンペイウスと三人で、互いの利害のために非公式の政治同盟を結びます**（第一回三頭政治）**。ポンペイウスは、海賊討伐や小アジア・オリエント征服で偉大な軍功を挙げましたが、元老院が領土を正式に認めず、自軍の兵士たちに約束した土地の配分も承認しないことに苛立っていました。翌年、カエサルは娘**ユリア**をポンペイウスに嫁がせ、さらに関係を強固なものとします。ポンペイウスが前妻ムキアを離縁したのはカエサルとの不倫が原因でしたから、この時代の人間関係は不思議なものです。そしてカエサルも三頭政治派のルキウス・ピソの娘**カルプルニア**と三度目の結婚をしました。

カエサルは、執政官就任後、元老院議事録を毎日公表する制度を整えました。そして農地法改正を行い、ポンペイウス配下の退役軍人に肥沃な土地を分配し、彼が征服したオリエントを東方属州として認可させました。また、クラッススが望んでいた属州の徴税請負人（プブリカヌス）の負担軽減も決めました。共和政ローマには官僚制度がなかったため、属州では騎士階級の徴税請負人が徴税や公共事業を行っていました。徴税請負人はおおよその納税額を見積もりローマ本国に全額前払いした上で、のちに属州民からそれ以上の税額を徴収し、その差額を属州総督と自らの収入としていました。こうしたことからあまりにも前払い金の負担が大きいので、三分の一を減額とすることにしたのです。

カエサルを腹立たしく思った元老院は報復人事をします。執政官は任期後にローマの属州へ総督として派遣される決まりでしたが、カエサルの場合、退任後に統治する属州をまったく重要性のない南イタリアの森林地帯としたのです。これには他の二人が反撃します。護民官を抱え込んで民会にかけ、カエサルに五年間のガリア（現在のフランス）総督の地位と軍事指揮権を与えることを決めさせたのでした。

ガリア

前五八年、カエサルはガリア遠征に向かいます。ガリアの大半はローマの支配下になく、ガリア人の部族同士でも戦いが続き、一度は帰順した部族の反乱やゲルマン人の侵攻などもあり、平定には困難が伴いました。次々に敵対部族を制圧していきますが、それでも反乱は続きます。優れた文筆家でもあったカエサルは、前線からローマに戦況報告を送り、それがまとめられたものが『ガリア戦記』です。

前五六年、ルッカ（トスカーナ北西部）でカエサルとポンペイウスとクラッススの三者会談が行われます。元老院の先手を取って、三人の結束を高めるためでした。この会談で合意したのは、翌年の執政官にポンペイウスとクラッススを選出し、任期後ポンペイウスにはヒスパニア属州の統治権、クラッススにはパルティア（アルサケス朝）遠征の指揮権を授与し、カエサルのガリア総督の任期を五年延長することでした。

ガリアに戻ったカエサルは征服戦争を続けますが、気候が異なる地で遠征が長期化し、ガリア人部族の抵抗も激しく、苦戦します。前五五年にはゲルマン人がガリアへ侵入、それを追って初めてライン川も越えます。また、ブリタニア（ブリテン島南域の古称）へ二度侵攻しますが、これは偵察と勢力誇示が目的でした。前五二年には最大の危機が訪れます。ヴェルキンゲトリクス主導のガリア人連合との戦いです。最大規模の包囲戦が展開されますが、苦戦の末に勝利を収め、カエサルはついにガリア全体をローマの属州とします。

ガリアでの戦利品は莫大で、カエサルは百万人の捕虜を得て各兵士に一人ずつ配ったといわれています。戦場での略奪と分配は認められていましたが、過度の略奪が問題になることもありました。また、カエサルは恭順する者には寛容でしたが、はむかう者は誰でも殺すというやり方を取っており、女性や子どもも含めて大量に虐殺していました。政敵カトーは弾劾裁判にかけるべきだといい出しますが、元老院で却下されます。カエサルはガリア征服で、権力と富だけでなく軍団兵からの圧倒的な忠誠心も獲得し、強大な力を持ちます。そのため元老院と閥族派はますます警戒を強めるのでした。

カエサルがガリアにいた前五四年、カエサルの娘でポンペイウスの妻ユリアが産褥熱で亡くなり、ポンペイウスとの間に微妙な空気が流れ始めます。さらに前五三年には、東方遠征に向かったクラッススがパルティアで戦死し、三頭政治のバランスが崩れてしまいます。軍を率いてローマへ入り執政官選挙に出たいカエサル、それを阻止したい元老院、その狭間でポンペイウスはカエサルにふさわしい解決法を模索していましたが、結局は元老院に丸め込まれてしまいます。

賽は投げられた

カエサルは交渉を重ねますが徒労に終わり、前五一年、カエサルのガリア属州総督解任と本国帰還を命じる元老院最終決議が出されます。この状況で官職の地位もなく自軍もなしでローマへ入ることは自殺行為に等しく、政治的に失脚させられるのは目に見えています。軍を維持するならば国家の敵と見なすとまで通達され、カエサルは自分の尊厳が侮辱されたように感じました。そして、前四九年一月、精鋭の一個軍団のみを率いてローマ本土と属州の境界線、ルビコン川を越えるのです。もう後戻りはできないという意味で**「賽は投げられた」**といったと伝えられますが、本当は、運を天に任せるという「賽が投げられるに任せよう」だったようです。

再びローマ内戦の始まりです。これまでと違っていたのは、地中海世界全体が戦場となったことでした。カエサルのイタリア半島南下を知って、ポンペイウスはローマを離れ、東方属州で軍を再編するためギリシアへ向かいます。カエサルはローマを無血で制圧後、閥族派の牙城ヒスパニアとマッシリア（現在のマルセイユ）を平定し、執政官に就任するとギリシアへ向かいます。前四八年、ファルサロスの戦いでポンペイウス軍は敗れ、その後アレクサンドリアへ逃れようとしたポンペイウスは、プトレマイオス朝の宰相の命により上陸用の小舟の上で殺害されます。数日後に上陸したカエサルはポンペイウスの首を見て涙したといいます。その後、カエサルは王位継承問題で争っていた**クレオパトラ七世**を支援して女王の座に就け、彼女とのロマンスで**カエサリオン**という息子を授かり、のちに二人をローマへ連れていきます。

ローマ内戦のすきを突いて小アジアのポントス（黒海南岸の地域）の王ファルナケス二世が反乱を起こします。カエサルは直ちに平定に向かい、わずか四時間の戦いで勝利を収めます。この時ローマの腹心に送った手紙が**「来た、見た、勝った」**で、これほど簡潔で見事に状況を説明した名文はないでしょう。その後は閥族派の残党を北アフリカに追って撃破、政敵カトーはカエサルの勝利を悟ると自害しました。また、ヒスパニアに逃れていたポンペイウスの息子たちを中心とする閥族派はなかなか手強く、カエサルは、前四六年にローマで凱旋式を挙げたあと自ら出兵しています。前四五年三月、ムンダの戦いで勝利を収めて、ようやく内戦は終結しました。

■民主的な独裁者

ローマで凱旋後、カエサルは自軍の兵士たちに約束通りの現金と土地を与え、市民へも大盤振る舞いします。ローマ市民各人に、小麦約六五キロ、約三リットルのオリーブ油、三〇〇セステルティウスの現金（四人家族が一〇ヶ月暮らせる額）を支給し、宴会へ三度招待し、食肉を供給し、さらに剣闘士の試合や演劇などの見せ物、戦車競技、模擬海戦などを開催しました。民衆の大半は、ローマの風土病ともいえる失業者で、穀物配給を受けて見せ物を楽しむだけの寄生状態でしたから、大喜びだったのはいうまでもありません。戦争で莫大な富を得ても、カエサル自身は贅沢に興味がなく、もっぱら民衆や被保護者のために尽くしていました。

ガリア遠征後、内乱となり、カエサルがローマにいたのはわずかな期間ですが、前四六年、一〇年の任期で独裁官に就任すると様々な改革に取り組んでいきます。まず、元老院議員の議席を騎士階級や属州の有力者にも与えて、定員を六〇〇から九〇〇名に増やし、元老院を自分の支配下に置いて改革を進めやすいようにします。次にユリウス暦を制定します。エジプト滞在中に知った太陽暦を導入し、一年を三六五日、四年ごとの閏年を設定したのです。そして新たな都市計画にも着手します。裁判所バシリカ・ユリアもこの年に完成しますが、フォロ・ロマーノのそばに元老院と新しい広場カエサルのフォロ、そこに隣接する始祖ヴィーナスの神殿の建設を始めました。これらの事業で失業者に仕事を与えるのも目的の一つでした。それから、八万人の無産市民を属州に入植させました。こうして、穀物の無料配給を三二万人から一五万人に削減したのです。また、ローマ市民権をガリア全域、属州の有力者にも与え、属州のローマ化にも努めました。

四四年一月、**カエサルは終身独裁官に就任します。**それ自体はスッラと同じですが、閥族派は危機感を抱きます。貴族が支配するローマの共和政では、支配者層において権力の共有意識が強く、傑出した軍功を挙げて名声を得た個人は、権力構造と衝突するか、失脚させられるかのどちらかでした。マリウスとスッラは前者にあたり、ポエニ戦争の英雄スキピオ・アフリカヌスは後者です。ポンペイウスも実態はカエサルと同じでしたから、もし内戦で勝っていれば、元老院は同じ問題を抱えることになったでしょう。

閥族派は、「カエサルは王になろうとしている」という風評を流し続けます。カエサルにも誤解されるような言動があったため、それらをうまく利用したのです。ローマ人は王政から共和政へ移行した時から、王という言葉に異常な拒否反応を示します。頭の切れるカエサルがそのリスクを冒すでしょうか。実際、民衆が彼を王と呼んだ時に「私はカエサルで王ではない」と答えています。ただ、**巨大化するローマを統治するには、政治的にも行政的にも軍事的にも、都市国家体制ではもはや限界**であること、きちんとした官僚組織と軍制組織を持つ**中央集権的な国家の必要性**を感じていたことは確かで、そのために権力を自分一人に集中させたのでしょう。それでも、この時点では共和政のシステムの中にいました。カエサルの支持母体は民衆と軍人であるため、彼らに寄り添った民主的な独裁官であろうとしたのです。

白昼夢

前四四年三月一五日、カエサルは暗殺されます。元老院議会の開催場所ポンペイウス回廊で席についたところでした。一〇万人の軍隊を率いてクラッスス親子の仇討ちを兼ねたパルティア遠征の出発を三日後に控え、その日はカエサル不在中の防衛と統治を議題にした重要な会議が行われる予定でした。元老院会議では武器の携行は禁止、しかもカエサルは元老院議員から身体の安全に関する誓約を得た上で独裁官の護衛隊を解散していました。腹心アントニウスは暗殺集団の一人が議会入り口で引き止めていました。

会議が始まる前、まだ議員たちが行き交う中で、まず一人がカエサルに嘆願するふりをして近づき、カエサルの足元にひざまずきました。それが合図となって、暗殺者たちがカエサルを取り囲み、あらゆる方向から次々に短剣で刺していったのです。カエサルは事の次第を察すると、品位ある死を迎えるためトーガで頭を覆い、左側の裾を足首まで下ろして倒れました。ポンペイウスの立像のそばでした。二三ヶ所、刺されていました。

前日の夜、カエサルは副官マルクス・レピドゥス邸での晩餐の席にあり、客人の一人が「いかなる死が望ましいか」という話題を出した時、「予期せざる死、迅速な死」と答えていました。皮肉なことに、それが現実となったのです。話題提供者は暗殺計画を知っていて、この問いでカエサルに危機を暗示しようとしたのかもしれません。

暗殺の首謀者は、カエサルの愛人セルヴィリアの息子**マルクス・ブルートゥス**と**カッシウス・ロンギヌス**で、二人ともポンペイウス派の共和主義者でしたが、寛容なカエサルから許され、属州総督にまで任命されていました。暗殺者の中にはカエサル派の七人もいました。そのうち**デキムス・ブルートゥス**は、カエサルの遺言状で第一相続人が相続を辞退した場合の相続人に指名するほど期待していた腹心でした。

「ブルートゥス、お前もか」のブルートゥスは、我が子のように可愛がっていたマルクス・ブルートゥスだとされていますが、特別に目をかけていた腹心デキムス・ブルートゥスだと考える研究者もいます。どちらをさしたのかは謎のままですが、いずれにしてもカエサルは信頼していた者たちからも裏切られたのでした。

カエサルを殺害して自由を取り戻したと思ったのは、暗殺者たちと閥族派だけでした。民衆は、暗殺者たちへの怒りで爆発したのです。

この暗殺は、まったく無益なものでした。

暗殺者たちは、形骸化した共和政の擁護者として自由を標榜し、何のヴィジョンもないまま暗殺を実行しました。短絡的で考えが甘いとしかいいようがありません。彼らのいう自由は、しょせん特権階級の自己中心的な考えに過ぎず、貧困にあえぐ民衆はかやの外にありました。彼らのしたことは、共和政ローマの問題を残したまま、再び内戦を引き起こしただけだったのです。

元老院も自分たちの利益と権力を守ることしか頭になく、その先を見つめていませんでした。グラックス兄弟以来一〇〇年も続く内戦から分かるように、もはや共和国に政治能力はなかったのです。

「共和国は白昼夢。もはや名前だけで実態も外観もない」とは、カエサルの言葉です。

カエサルが遺言状で後継者に指名したのは、まったく無名の青年**ガイウス・オクタヴィアヌス**でした。そして、彼はまだローマに到着していませんでした。

2 アウグストゥス

カエサルの後継者

カエサルが暗殺された時、一八歳の**オクタヴィアヌス**は、予定されていたパルティア遠征の準備でギリシア西岸アポロニアにいました。大伯父の暗殺を知ると、軍団の指揮官たちには危険だと反対されますが、生涯の盟友**アグリッパ**と少数の供を連れてイタリアへ向かいます。

カエサルの遺言状には、姪の息子オクタヴィアヌス（**図3①**）を第一相続人とし、相続の際にはカエサルの養子となりカエサルの名を継ぐこと、ローマ市民一人につき三〇〇セステルティウスの贈与、カエサル所有の庭園を市民に寄贈することなどが書かれていました。遺言執行者となったカエサルの腹心**アントニウス**は、自身が後継者に指名されなかったことに深く失望しますが、ローマ不在で何の実績もない無名の一八歳の若者など相手にもならないと見くびり、自分が実権を握ろうと画策します。そしてカエサルの私財を預かり、元老院や暗殺者側と妥協を図り恩赦に同意するのです。しかし、暗殺から一ヶ月が過ぎてもローマの民衆とカエサル配下の退役軍人の怒りは収まらず、報復を求めて今にも暴動が起こりそうな状態が続いていました。そんなところへカエサルに後継者指名された

図3 アウグストゥスとユリウス・クラウディウス朝 系図

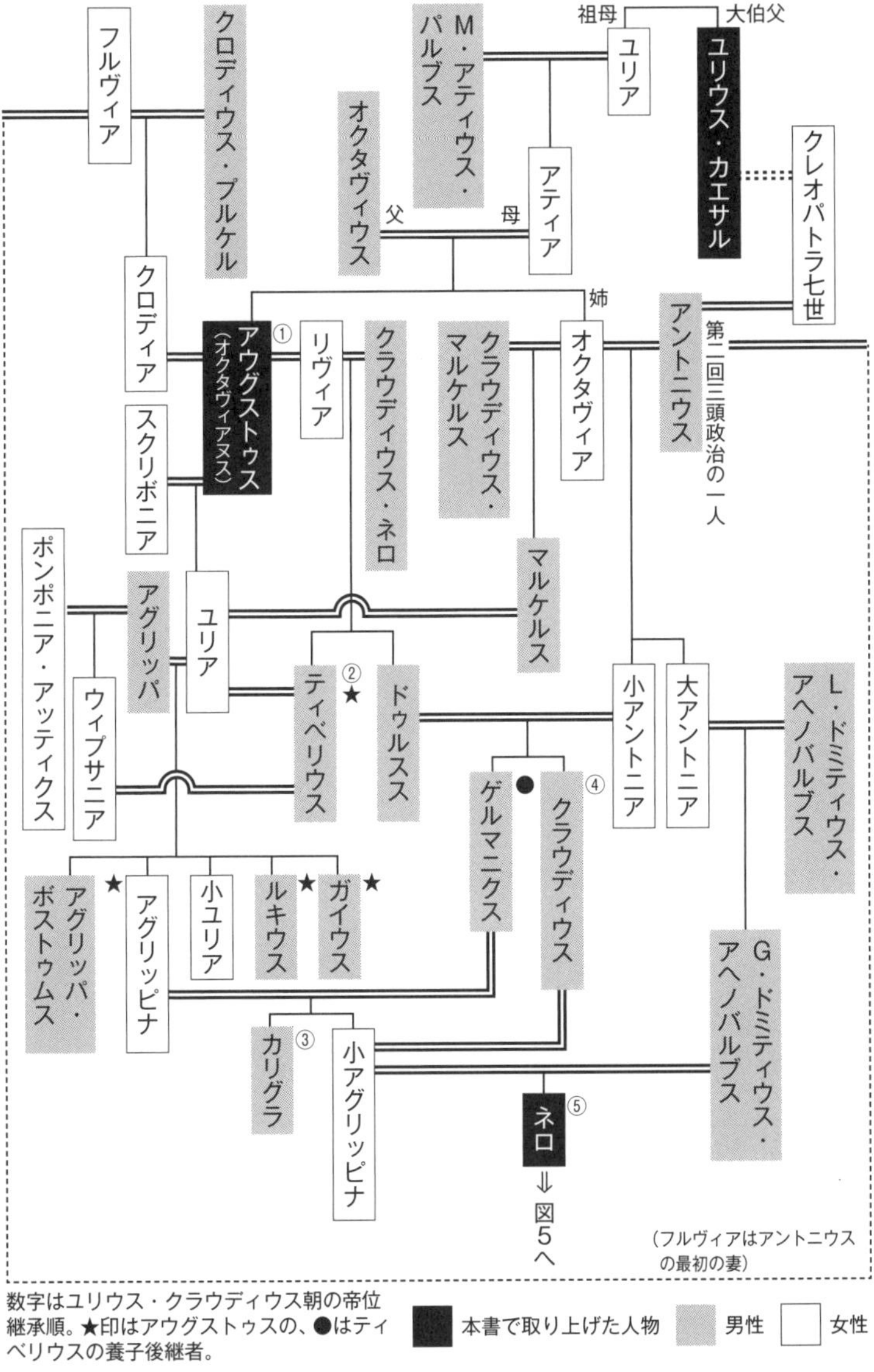

数字はユリウス・クラウディウス朝の帝位継承順。★印はアウグストゥスの、●はティベリウスの養子後継者。

青年が現れたのです。

オクタヴィアヌスはローマ入りの前にナポリ近郊の別荘にいた**キケロ**を訪ねます。キケロは、優れた弁論家、文筆家、哲学者として知られ、反カエサルの野心的な政治家でした。彼自身は暗殺には加担していませんでしたが、暗殺者を賛美し、事を丸く収めて共和政ローマを取り戻そうとしていました。しかしカエサル暗殺への民衆の怒りは凄まじく、キケロさえもローマ市内にいるのは危険な状況となり、一時的に別荘に逃れていました。そんな時にオクタヴィアヌスがやってきたのです。敬意あふれる青年の態度にキケロは気を良くし、これなら自分が操れるかもしれないと思うのでした。

オクタヴィアヌスはローマに着くと同じようにアントニウス邸へ挨拶に出向き、カエサルの私財を返却するよう求めましたが、アントニウスは渡しませんでした。遺言状にある市民への贈与は、遺産のほとんどを占める巨額なものです。オクタヴィアヌスは後継者として贈与金を準備しなければならない上、大伯父の追悼記念競技会を催す慣習も果たさなければなりません。苦境に陥った彼は、義務を果たすため、財力のあるカエサルの友人に資金援助を頼みます。この時、キケロはこの友人に援助しないように要請する手紙を書きましたが、拒否されます。オクタヴィアヌスは七月に全市民を招待した競技会を見事に主催して大成功を収めることができました。七日目の最終日には、偶然、夜空に大きなほうき星（ハレー彗星だったそうです）が流れ、市民にはカエサルが天上の星、ひいては神になったかのように思えたのでした。

オクタヴィアヌスは虚弱体質でまったく軍才がありませんでした。いざという時には体調を崩して寝込んでしまうタイプです。それなのにカエサルがこの青年を後継者としたのは、妹の孫という血縁だけでなく、何らかの資質を見出していたからでしょう。カエサル暗殺後のオクタヴィアヌスの行動を見れば、無名であろうと若過ぎようと怯まずにあきらめない強い意志が見てとれます。幸運にも、軍事的才能の欠如は同年齢の盟友アグリッパが補い、外交、政治、文芸ではもう一人の盟友**マエケナス**を頼ることができました。また、彼は、虫の好かないキケロにさえ表面的には敬愛の情を示せたように、偽善者でもありました。しかし、この偽善こそが、のちに帝政を築く礎《いしずえ》となるのです。

復讐

オクタヴィアヌスはカエサルの古参兵や軍団から支持を集めて次第に力を持つようになります。しかし、これは彼自身の実力というよりは、カエサルの名前が大きな影響を与えたものです。カエサルを愛し忠誠心を持っていた人たちが後継者と指名された青年を無視できるはずがありません。オクタヴィアヌスは執政官選挙へ立候補します。本来、執政官に立候補できる年齢は四〇歳と定められており、異例中の異例でしたが、キケロは彼をまだほんの子どもだと侮っていたため反対もしませんでした。

八月に一九歳で執政官に選出されると、オクタヴィアヌスはそれまでアントニウスに妨害されていたカエサルとの養子縁組を正式なものとします。出自が騎士階級だったため、名実ともにカエサルとなることが必要だったのです。それから、同僚執政官の名を冠した「ペディウス法」を制定します。これは、独裁官カエサルが護衛隊を解散する際に身体の安全を保証する誓約を求めた時、署名していながら暗殺を決行した元老院議員を有罪とする法令でした。軍事的政治的経験がほとんどなかった一〇代の青年が短期間でここまで到達したことは驚くべきことです。

いっぽうカエサル派の軍司令官たちはオクタヴィアヌスとアントニウスの対立を望みませんでした。そこで、カエサルの腹心だった**レピドゥス**の仲介により、前四三年一一月、ボローニャでオクタヴィアヌス、アントニウス、レピドゥスの**三頭政治（第二回）**が成立します。これは私的同盟だったカエサルの時とは異なり、五年間の公式な政体となります。この時、政治的同盟を確固たるものとするため、オクタヴィアヌスはアントニウスの妻フルヴィアの最初の夫との娘**クロディア**と結婚します（床入りもせずに二年後に離婚）。

そして、復讐が始まるのです。寛容のカエサルとは正反対の路線です。カエサル暗殺者の逮捕を名目に閥族派の排除をするため、かつてのスッラのような粛清を開始しました。懸賞金をつけ、殺害は誰でも可能、首だけ打ち取ってくればいいという恐ろしいものでした。「処罰者リスト」にはキケロの名もありました。弾劾演説で散々罵られたアントニウスは深い恨みを持っており、首だけでなく演説原稿を書いた右手も切り落とすように命じました。冷酷なオクタヴィアヌスはキケロを救おうともしませんでした。フォロ・ロマーノの演壇にはさらし首が並び、元老院議員約三〇〇名、騎士階級約二〇〇〇名が殺害され、没収された財産は国庫に収められました。

翌、前四二年一月には**元老院がカエサルの神格化を決定します。**ローマ史上、人間が神になったのは初めてのことでした。**これによってオクタヴィアヌスは神の子となり、復讐の総仕上げに臨むのです。**デキムス・ブルートゥスは北イタリアでアントニウス派がすでに殺害しており、残っていたのは、恩赦を受けてギリシアにいた暗殺の首謀者、マルクス・ブルートゥスとカッシウス・ロンギヌスの二人です。レピドゥスにローマを任せ、オクタヴィアヌスとアントニウスの軍勢は属州マケドニアに侵攻し、同年一〇月、**フィリッピの戦い**を迎えます。この時オクタヴィアヌスは持病の腹痛で寝込んでいます。この戦いで勝利に最も貢献し、ブルートゥスとカッシウスの自死を導いたのはアントニウスでした。

■オクタヴィアヌスの恋

冷酷無比な粛清とフィリッピの戦いを経て、カエサルの暗殺者たちへの復讐が終わり、共和政主義者たちを一掃したあと、アントニウスはパルティア遠征の野心から東方に残り、そこで**クレオパトラ七世**に出会います。アレクサンドリアでアントニウスがクレオパトラと夢のように豪奢な日々を過ごしている間、ローマに戻ったオクタヴィアヌスは困難な問題に直面していました。フィリッピの戦いの退役軍人へ報酬の土地を分配しなければなりませんでしたが、内戦で戦利品がなかったため、イタリア国内の中小農民の土地を没収するしか方法がありませんでした。苦渋の選択で兵士を優先しますが、この時、土地を奪われた地主を助けるという名目で、アントニウスの妻フルヴィアと弟ルキウス・アントニウスが反乱を起こします。前四〇年三月、ペルージャ包囲戦でオクタヴィアヌスが勝つと、二人はギリシアへ逃げ、彼らと結託していた元老院議員や騎士階級の三〇〇人余りは処刑されました。フルヴィアはアテナイでアントニウスと再会したのち、病に倒れて亡くなりました。

オクタヴィアヌスはイタリア南端のブリンディシでアントニウスと会談し、不毛な戦いを中止する協定を結び、あらためてローマを含む西をオクタヴィアヌス、東をアントニウス、アフリカをレピドゥスが統治することを再確認します。同盟関係を強化するため、妻フルヴィアを亡くしたアントニウスは、オクタヴィアヌスの姉、寡婦だった**オクタヴィア**と結婚します。彼はエジプト出発後にクレオパトラが双子を産んだことを知っていましたが、それでもオクタヴィアとの政略結婚を選ぶのでした。

いっぽうヒスパニアやシチリアではポンペイウスの次男**セクストゥス・ポンペイウス**が勢力を拡大しており、海上封鎖で穀物が届かず、ローマでは民衆の暴動が起こっていました。そのため、前三九年、ナポリ近郊のミセヌムでセクストゥスと協定を締結します。セクストゥスにはシチリア、サルデーニャ、コルシカの領有を認め、彼のもとへ亡命していた「処刑者リスト」の元老院議員たちに恩赦を与えました。また、関係強化のためオクタヴィアヌスはセクストゥスの親戚**スクリボニア**と結婚します。彼はこの結婚から唯一の実子**ユリア**を得ますが、その誕生と同時に離婚します。

情熱的だったカエサルと異なり、オクタヴィアヌスは冷静で感情には左右されない男《ひと》でした。そんな彼が激しい熱情に駆られて前代未聞のスキャンダルを起こします。現代でいう略奪婚です。前三八年、三歳の息子を持ち第二子を懐妊中の人妻**リヴィア・ドルシッラ**と結婚するのです。お腹の大きな花嫁の持参金を用意したのも、結婚式で花嫁の介添人を務めたのも前夫の**クラウディウス・ネロ**でした。なぜこれほど結婚を急いだのか、懐妊中の第二子がオクタヴィアヌスとの不倫の子ではないかとも噂されましたが、真相は分かりません。

　ただ、この結婚は互いにメリットがありました。オクタヴィアヌスは元老院で力を持つ名門貴族クラウディウス氏族とつながることで閥族派の貴族層との軋轢を解消でき、いっぽうクラウディウス・ネロもミセヌムで恩赦を受けた「死刑者リスト」の元老院議員でしたから一族の栄達のためには好都合でした。ちなみにリヴィアの父はブルートゥス派としてフィリッピの戦いで自死しています。この時代、結婚は政治の手段に過ぎず、女性は自分の意思とは関係なく、家父長により結婚を命じられ、持参金を持って嫁ぐのが当たり前だったのです。スキャンダルを起こした結婚の裏側には、実は様々な思惑があったのでした。とはいえ、オクタヴィアヌスがリヴィアに恋をしたことだけは間違いないようです。

政権獲得へ

　前三七年、三頭政治は五年間の延長が決定されます。セクストゥス・ポンペイウスが再びイタリア半島への小麦の運搬船の妨害を始めたため、前三六年、ついにアグリッパ率いる軍勢が制圧します。このあと、レピドゥスがシチリアを手に入れようと蜂起して失敗し、失脚します。**これにてローマは東のアントニウス、西のオクタヴィアヌスに分かれました。**

　アントニウスは、念願のパルティア遠征のため、妻のオクタヴィアと二人の娘、前妻との息子をアテナイからローマへ送り返し、東方へ向かいます。しかし惨敗という結果に終わり、ここから彼の運命の歯車は狂っていきます。失意のアントニウスはクレオパトラの援助で前三四年、アルメニアを攻略し、アレクサンドリアで凱旋式を挙げたのち、東方属州をクレパトラとカエサリオン、自分との間にできた子どもたちへ贈与することを宣言します。さらに妻のオクタヴィアには離縁状を送りつけ、正式にクレオパトラと結婚しました。

オクタヴィアヌスはアントニウスを弾劾し、宣戦布告の決議案を提出しますが、これだけでは元老院は動きませんでした。そこでアントニウスの遺言状を不法に手に入れ、弾劾に好都合な部分だけを元老院で読み上げるという手を使います。遺言状には、カエサリオンをカエサルの息子として認め、クレオパトラとの子に財産のほとんどを残し、自分が死ぬ時はアレクサンドリアに埋葬してほしいなど、ローマ人の自尊心を傷つけるようなことが書かれていました。そして、前三二年末、オクタヴィアヌスはローマ人アントニウスではなく、クレオパトラに宣戦布告するのです。こうして、オクタヴィアヌスとアントニウスの個人的な政権闘争をローマ対エジプト王国という国家間の戦いへと変えたのでした。

前三一年九月、ギリシア北西部の岬で**アクティウムの海戦**を迎えます。クレオパトラ・アントニウス連合軍は大型船中心で投石機で石弾を放ついっぽう、アグリッパ率いるオクタヴィアヌス軍は小回りの利く小型船で敵船に近づき火器を投げ込む戦法を取りました。炎上する軍船を見て状況が不利だと思ったのか、突然、クレオパトラの乗った船が撤退を開始し、それを見たアントニウスも追って戦線を離脱します。残された軍船が降伏したのはいうまでもありません。歴史を左右した海戦はあっけなく終わり、オクタヴィアヌス軍の勝利となりました。

翌、前三〇年八月、オクタヴィアヌスはアレクサンドリアで決着をつけます。アントニウスは自死、捕虜になることを嫌ったクレオパトラも毒蛇によって自殺、カエサリオンも亡命先で処刑されます。クレオパトラとアントニウスの三人の子どもたちはローマへ送られ、前妻オクタヴィアが養育し、アントニウスと元妻フルヴィアの子どもたちは長男のみ処刑し、次男はオクタヴィアが育てます。オクタヴィアほどローマの美徳を体現した女性はいないでしょう。

事実上の帝政へ

こうして、**グラックス兄弟以来続いていた長い内戦は終わりを告げました。**そしてこれを境に、それまで冷酷な顔を見せていたオクタヴィアヌスは豹変します。カエサルのような寛容さでアントニウス派を処刑せず赦免し、元老院やローマ市民に古きよきローマの価値観を提示するようになるのです。共和国を一人の人間が支配する専制政体に変えるため、養父カエサルの過ちを繰り返さないよう、慎重かつ巧妙に動きます。独裁をイメージするような言葉は決して使いませんでした。

プトレマイオス朝の莫大な財宝は、退役軍人に与える土地の購入に充て、イタリア半島各地に退役軍人のため二八もの植民都市を建設します。また、肥大化した軍隊も五〇万人から二〇万人以下に縮小し、一〇〇〇名近くにまで膨れ上がっていた元老院議員を六〇〇名に削減します。

　前二九年、オクタヴィアヌスは元老院よりローマ市民の第一人者を表す**プリンケプス**の称号を得て、実質的元首制に入ります。そして七度目の執政官を務めていた前二七年一月、突然、元老院で自分が持つ特権を返上して共和政への復帰を宣言します。偽善とも呼ばれる慎重さで、すべてを計算し尽くした上でのことです。この時、実際に放棄した特権は三頭政治権など有名無実化したものだけで、執政官職、凱旋した軍司令官を意味する**インペラトール**の尊称、プリンケプスという称号は手放していません。しかし、元老院は真意に気づくことなく歓喜します。そして三日後には**アウグストゥス**（尊厳ある者という意味）という尊称を贈ることを決め、国の全権を委ねることを提案するのです。こうして**三五歳のインペラトール・カエサル・アウグストゥスが誕生し、共和政は終わりを告げ、実質的帝政が開始されます。**

　アウグストゥスは、誰も気づかぬうちに古い政治体制を変更することに成功しました。そして軍事作戦が進行中で管理の難しいヒスパニア、ガリア、パルティアとエジプトなどを自分の管轄とし、それ以外の全属州の管理を元老院に返します。またもや元老院は大感激です。しかし実際には、管理の難しい属州は重要な地域であり、ローマ軍の大半はこの地にありました。この方法でアウグストゥスは重要地域の総督命令権と軍司令権を手中に収めたのです。

　さらに前二三年には、連続就任していた執政官職を元老院へ返還し、その代わりに護民官職権と上級属州総督命令権を終身付与されます。これもまた、実に巧妙なやり方で手にした絶大な権力でした。なぜなら、護民官職権は平民から選出される護民官と同じ権限を持ち、法案を直接民会にかけ、拒否権を行使できるからです。さらに上級属州総督命令権は、自分の管轄以外の元老院属州でも総督の命令権と軍司令権を行使できます。これら二つの終身付与は、事実上、独裁政治ができることを意味したのです。

アウグストゥスは、ローマを一四の行政区に分割し、市民の登録、財産や所得の把握、税金の査定を行う行政改革を行いました。また、イタリア半島を一一の州に分割し、州内だけでなくローマでの政務官の選挙にも投票できるようにしました。さらに、公共建築管理官、街道管理官、水道管理庁長官、穀物配給庁長官などの新しい官職も創設しました。

一番の問題は首都ローマと平民でした。最下層の民衆は飢餓から暴動を起こすことが多く、それを穀物配給で抑えていましたが、それでも治安維持が必要でした。前二六年に元首不在時の代理となるローマ首都警察隊長官を常設で設置することを決め、共和派の重鎮メッサラを任命しますが、彼は「この仕事をする自信がない」という理由で六日後に辞任します。本当の理由は、この職務が元首の命令でのみ暴動を鎮圧する警察機能であるため、非合法な権力だと見なしたからです。元老院には独裁体制に不満を持つ議員が少なからず存在していたのでした。

ローマは非武装地帯でしたが、元首を守る親衛隊は認められ、この頃は一万人ほどになっていました。これにローマ首都警察隊の六〇〇〇人を加えると、アウグストゥスは実に巧妙なやり方でローマに総勢一万六〇〇〇人の兵を有していたことになります。紀元六年には、これに、警察機能も持たせた夜警消防団の七〇〇〇人が加わります。

前二〇年には宿敵パルティアとも講和し、交渉の中でかつてクラッススが失った軍旗を取り戻すことができました。また、北方の深い森に覆われたゲルマニア（現在のドイツ）は制圧が難しく、エルベ川を防衛線として守ることに専念しました。しかし、紀元九年にはケルスキ族のアルミニウスによってヴァルス率いるローマ軍が全滅し、防衛線をライン川まで引き下げることになります。

イメージ作戦

アウグストゥスは、ローマ発祥の地パラティーノの丘に居を構えていました。これは戦略的に選んだ場所で、屋敷の裏にはロムルスのあばら家が残り、庭の隅のカークスの階段を下りればルパルカーレ、すなわち双子の兄弟がメス狼に育てられた洞窟がありました。新生ローマを築くのはロムルスの末裔であるユリウス氏族だという正当性を、住まいによっても強調したのです。屋敷は非常に質素で、そこで妻リヴィアが奴隷たちと機織りする姿を公開し、地味で堅実な生活をアピールしてプロパガンダの一環としました。隣には自身の守護神アポロンの神殿を建立し、その横には公立図書館を新設してローマ市民に開放しました。アウグストゥスの屋敷は今も残り、美しいポンペイ様式の壁画を見ることができます。

自ら綴った『神君アウグストゥスの業績録』の中で「私は煉瓦の町ローマを大理石の都に変えた」と自画自賛しているように、アウグストゥスは火事や洪水の多いローマの生活環境を向上させ、世界の首都にふさわしい壮麗な都にするための都市整備にも取り組みました。国家元首となる前から、既存の水道施設や下水道、ポンペイウス劇場などの修復、新たなユリア水道や憩いの場・オクタヴィアの列柱廊などを建造していましたが、前二九年、フォロ・ロマーノにカエサル神殿を建立し、前二八年にはマルスの野に自身と一族のための巨大な霊廟を建てました。これもプロパガンダの一つでした。アントニウスが、死後はアレクサンドリアに埋葬してほしいと遺言したのに対抗して、彼は自分とローマとの絆を強調したのです。霊廟の入り口は南側に位置し、そこから舗装された一本道が野の中をまっすぐに延びて万神殿パンテオンの入り口に続いていました。二つの建造物は距離を隔てて向かい合っていたのです。その間には、エジプトから運ばれたオベリスクを使ったアウグストゥスの日時計とパクス・ロマーナ（ローマによる平和）を記念したアラ・パキス（平和の祭壇）もありました。日時計は、アウグストゥスの誕生日、九月二三日には平和の祭壇の奥まで影を落とすように設計されていました。

アウグストゥスはコロッセウムのモデルにもなったマルケルス劇場や百万都市ローマに必要な新しい広場アウグストゥスのフォロも造りました。今もこの広場の北側には高さ三三メートルの巨大な長い壁がありますが、それは背後の貧民街スブッラで頻繁に起こる火事から守るためでした。

武将アグリッパも多くの公共建造物を作ります。カエサルが着手していた民会の投票場サエプタ・ユリアを前二六年に完成させ、その隣には万神殿パンテオンとローマ初のアグリッパ公共浴場を建造します。なお、サエプタ・ユリアは剣闘士の競技場としても使われ、のちに火災で消失したパンテオンはハドリアヌスが再建しています。アグリッパは南フランスに残る美しい水道橋ポン・デュ・ガールも建造しています。

文化面では盟友マエケナスがパトロンとして文人たちを庇護します。このため、彼の名は現在のメセナ活動の語源となりました。アウグストゥスは文学もプロパガンダに活用します。ヴェルギリウスの『アエネーイス』でローマ建国の物語を語らせることで、自身の神性を強調し、アウグストゥス体制は神が定めたことだという刷り込みをするのです。そして、自分の横顔を刻印した貨幣を流通させ、同時に自分の彫像も帝国中にあふれさせ、アウグストゥスの公的イメージを拡散させました。彫像を見ると、実に整った顔立ちで美形そのものですが、それだけに人間的魅力の希薄さを感じざるを得ません。

複雑な後継者問題

アウグストゥスは自分の周りの人間を政略結婚で固めました。それに伴う強制離婚、再婚、再々婚、養子縁組、さらに同族間には同姓同名が多いため、ほとんど理解不能といえるほどの複雑怪奇な系図を描く結果となりました。妻リヴィアとの間に子はなく、前妻との娘ユリアとリヴィアの連れ子**ティベリウス**と**ドゥルスス**がいるだけでした。連れ子の二人は優秀な軍人に成長していましたが、アウグストゥスは自分の血に異常な執着があったため、ユリアが産む子に期待をかけ、姉オクタヴィアの息子マルケルスに嫁がせます。そして二年後にユリアが一六歳で未亡人になると、最も信頼できる盟友アグリッパと再婚させます。ちなみに、ティベリウスはアグリッパ（と最初の妻）の娘と結婚させ、ドゥルススにはオクタヴィアとアントニウスの娘を妻に与えています。

ユリアとアグリッパには三人の息子と二人の娘が生まれ、アウグストゥスは長男**ガイウス**と次男**ルキウス**を養子に迎え、後継者として育てます。けれどもアグリッパが亡くなると、ユリアに三度目の結婚を強要します。相手は幸せな結婚生活を送っていたティベリウスでした。リヴィアの画策だといわれますが、当の二人は望まぬ結婚を強制され、うまくいくはずもなく、不幸な結末を迎えます。同じ頃、ティベリウスの弟ドゥルススがゲルマニア戦線で死亡し、二人の息子、**ゲルマニクス**と**クラウディウス**を残します。

その後ユリアは姦通罪で流刑にされ、後継者候補のガイウスとルキウスも二〇歳前後で次々に亡くなってしまいます。ティベリウスを帝位につけるためのリヴィアの陰謀が疑われましたが、真相は定かではありません。アウグストゥスはユリアの三男**アグリッパ・ポストゥムス**とティベリウスの二人を養子にしますが、この三男も粗暴な性格を理由に流刑にされてしまいます。また、ユリアの長女も姦通罪で流刑となります。ユリアの子で唯一生き残ったアグリッピナは戦死したドゥルススの息子ゲルマニクスの妻となっていました。ゲルマニクスは、アウグストゥスの命でティベリウスの養子後継者になることが定められていました。

紀元一四年八月、七七歳の誕生日を迎える一ヶ月前、アウグストゥスは南イタリアの別荘で持病の腹痛を訴えて亡くなります。ティベリウスへの皇位継承がスムーズにいったのは、リヴィアの狡猾な采配のおかげです。死が迫った時点でティベリウスを呼び、死の公表を遅らせ、その間にアウグストゥスの血を引く最後の男子、流刑地のアグリッパ・ポストゥムスを暗殺したのです。こうして、**自分の血に執着したアウグストゥスの後継者は、皮肉なことに血縁のない、しかもかつては敵だったクラウディウス・ネロの息子ティベリウスとなりました。**そのため、アウグストゥスからネロまで続く血統は**ユリウス・クラウディウス朝**と呼ばれます（47ページ**図3**）。

最期の日、アウグストゥスが友人にいった言葉は、「私がこの人生の喜劇で自分の役を最後までうまく演じたと思うなら、どうぞ拍手を」でした。

第2章 ローマ帝国の変遷

おおよその人口推移　100万〜20万人

2世紀後半まで100万都市の栄華を誇ったローマの人口は、3世紀前半に80万人、後半には60万人、5世紀には20万人と減少していく。暴君ネロ、帝国最盛期の五賢帝時代、軍人皇帝時代、いわゆる西ローマ帝国の滅亡までのローマ。

ネロ（37〜68年）
ユリウス・クラウディウス朝最後の皇帝。悪名高いが、実は繊細な性格で民衆に愛された。ギリシアに憧れ芸術家になるのが夢だった。自死を遂げる。

ハドリアヌス（76〜138年）
五賢帝の一人。教養にあふれ、旅を愛し、統治能力も抜群だが、複雑で難しい性格。ギリシアの美少年アンティノウスとの悲恋で知られる。

アウレリアヌス（214頃〜275年）
蛮族の侵入でローマの衰退が始まる軍人皇帝時代の名君。一兵卒から皇帝となり、今もローマに残るアウレリアヌスの城壁でその名を永遠に刻む。

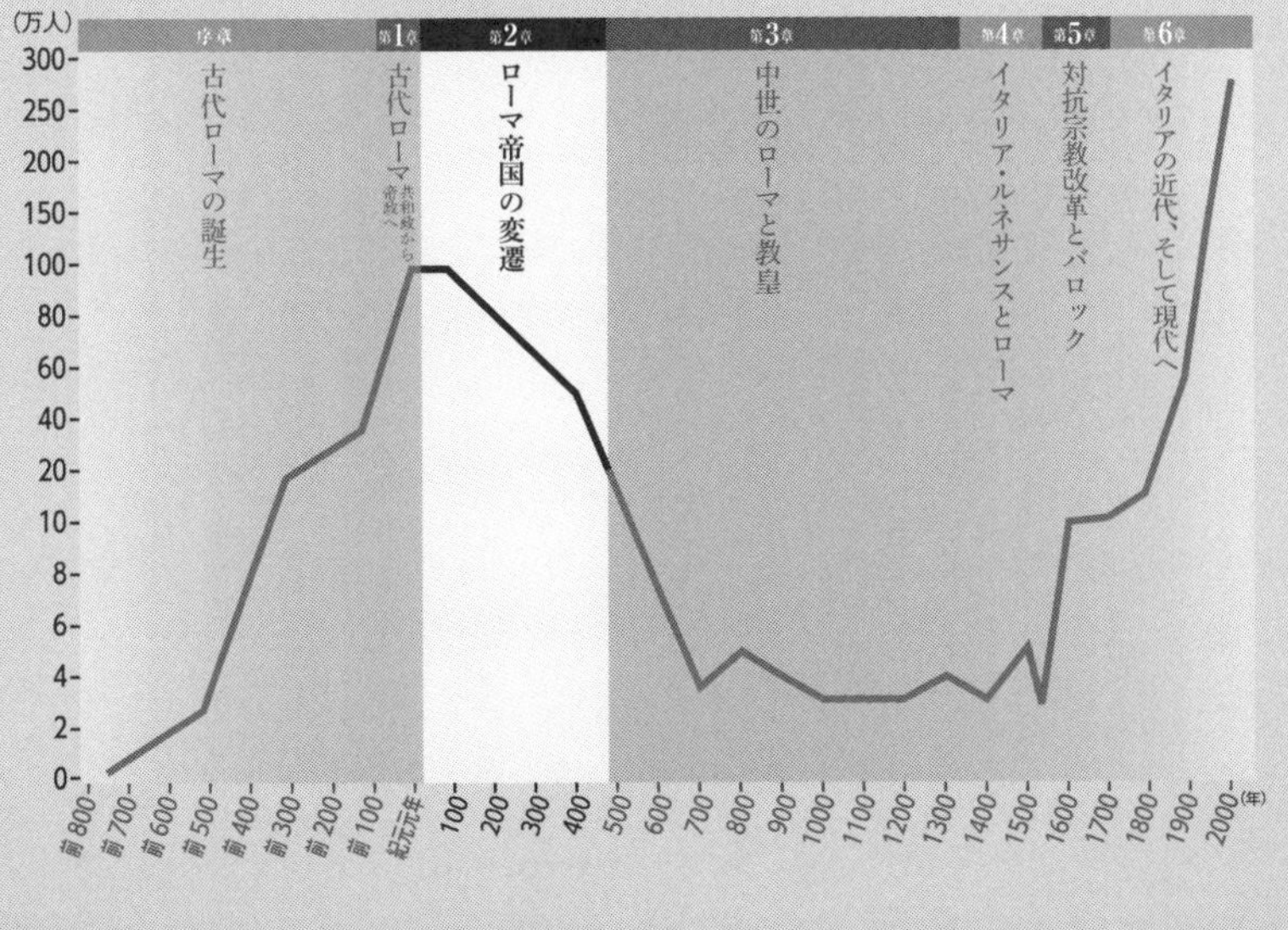

この時代のローマ

■ユリウス・クラウディウス朝

ユリウス・カエサルは、巨大化するローマをより良く統治するため、一人の人間が支配する専制政体の構築を目指しましたが、道半ばにして暗殺されました。カエサルの果たせなかった夢を実現させたのが養子となった大甥**オクタヴィアヌス**で、事実上の帝政を始め、初代皇帝アウグストゥス（在位紀元前二七～紀元一四年）となります。平和で壮麗な都を築きますが、最後まで彼を悩ませたのが後継者問題でした。結局、血縁のない妻リヴィアの連れ子**ティベリウス**（在位一四～三七年）が第二代皇帝となります。彼は軍事的才能も行政手腕もありましたが、陰鬱な性格で市民にまったく人気がありませんでした。治世の後半一〇年間は南イタリアのカプリ島に隠棲しています。

ティベリウスの後継者とされていた**ゲルマニクス**は不審な死を遂げていました。そこで、その息子ガイウスが皇位に就きます。市民がこよなく愛した英雄の息子は熱狂的に迎えられ、第三代皇帝**カリグラ**（在位三七～四一年）となります。カリグラは小さな軍靴という意味で、父のゲルマニア遠征に幼い頃から同行し、軍靴をはいて兵士たちと遊んでいたことから呼ばれる愛称です。帝位に就いて半年後に病を患ってから性格が変わったといわれ、残忍さや放蕩ぶり、狂気の逸話が多々ありますが、同時代の史料がほとんど消失しているため、実際のところは謎のままです。在位四年後に親衛隊の将校たちによって暗殺されました。

第四代皇帝は、ゲルマニクスの弟（カリグラの叔父）、**クラウディウス**（在位四一〜五四年）でした。親衛隊がたまたま宮殿内にいたクラウディウスを担ぎ上げたのです。彼は身体に障害があり、母親さえ「人間の姿をした怪物」と呼び、誰からも愛されずに蔑まれていました。ところが帝位に就くと為政者として高い能力を示します。解放奴隷を行政に登用して官僚制を推進し、ブリタニア南部を属州としました。女性好きで四度結婚し、多くの問題を起こしています。

ユリウス・クラウディウス朝最後の皇帝は、第五代の**ネロ**（在位五四〜六八年）でした。ネロはクラウディウスが禁断の叔姪婚で最後の妻とした**アグリッピナ**（カリグラの妹）の連れ子です。母親の殺害やキリスト教徒の迫害などで悪名高く、暴君と呼ばれていますが、実は繊細な性格で、芸術を愛し、民衆には人気がありました。ローマの大火後は懸命に復興に努めています。最後は自害に追い込まれました。

アウグストゥスはユリウス氏族、ティベリウスはクラウディウス氏族の出身で、三代以降の皇帝にはユリウス氏族とクラウディウス氏族の血が流れています。そのためユリウス・クラウディウス朝と呼ばれています（47ページ**図3**）。

フラヴィウス朝

血縁による世襲の皇位継承が終わると混乱が生じ、一年で四人もの皇帝が軍によって次々に擁立されました（四皇帝の年）。

四皇帝最後の**ヴェスパシアヌス**（在位六九～七九年）は、ネロ治世下の六六年にユダヤ属州での反乱鎮圧のためパレスティナに派遣されていました。各地の属州総督が軍事力で皇帝位に就いては殺されていく混乱の中で、彼は事を急がず、各地の軍団の支持を広げたあとで皇帝に即位し、**フラヴィウス朝**を開始します。七〇年にはユダヤ属州に残してきた息子のティトゥスがエルサレムを陥落させます。ヴェスパシアヌスは財政の健全化政策で公衆トイレの設置と尿の有料化を始めます。毛織物の染色や洗濯に不可欠な尿を集めて業者に売ることで巨額な税収に変えたのです。市民の娯楽のためには、ネロの黄金宮殿の人工池を埋め立て、約五万人収容の円形闘技場コロッセウムを建造しました。完成はティトゥス（在位七九～八一年）の時代、八〇年です。ティトゥスが即位した七九年には、ヴェスヴィオ火山の噴火でポンペイが壊滅し、ローマでは大きな火災も起こりました。善良な皇帝でしたが二年半の治世で亡くなります。続く弟のドミティアヌス（在位八一～九六年）は残虐な悪帝だったため、暗殺後はドムナティオ・メモリアエ（記憶の抹消：存在の痕跡をすべて消されること）に処せられました。キリスト教徒を迫害したことでも知られています。

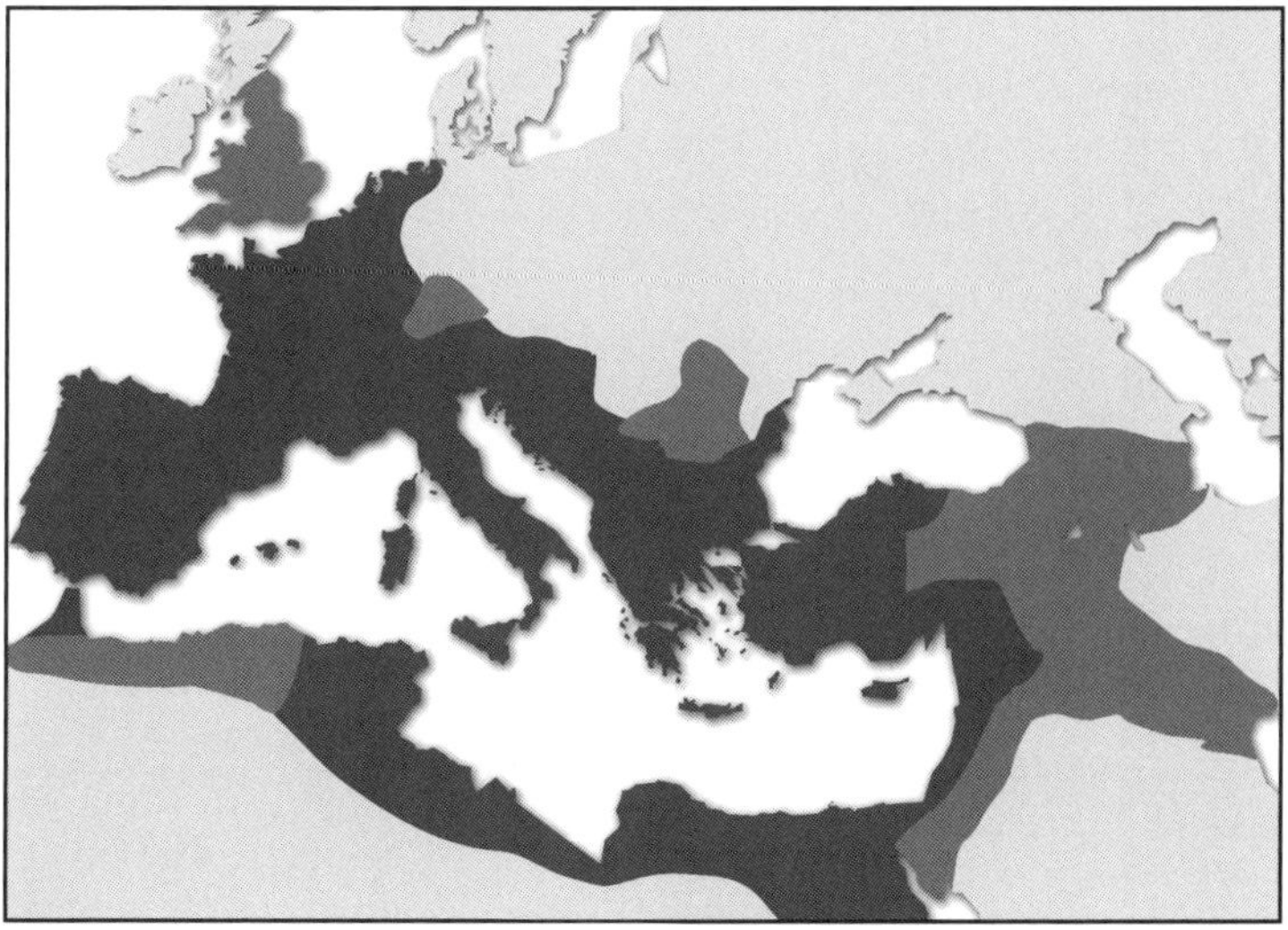

■ アウグストゥス死去時（14年）　■ トラヤヌス死去時（117年）

図4　ローマ帝国の版図

■五賢帝時代

フラヴィウス朝の終焉後、優れた人物を養子にして後継者指名するシステムが生まれ、五人の賢帝が続き、ローマ帝国は最盛期を迎えます。

いわゆる**五賢帝時代**の始まりは、元老院に推挙された家柄も人格も優れた長老、**ネルヴァ**（在位九六〜九八年）でした。高齢で実子がいなかったため、属州ゲルマニアの総督**トラヤヌス**（在位九八〜一一七年）を養子に迎えて後継者に指名します。ヒスパニア生まれの初の属州出身の皇帝です。

トラヤヌスは二度にわたる遠征でダキア（現在のルーマニア付近）を属州とし、これを記念してトラヤヌスの広場を作り記念の円柱を建てました。その後もアルメニアを攻略し、ローマ帝国の版図《はんと》を最大にしました。

次の**ハドリアヌス**（在位一一七～一三八年）はトラヤヌスの従兄弟の息子でした。ギリシア好きで文学と芸術を愛し、武勇にも優れていましたが、トラヤヌスが拡大した領土の一部を放棄し、国防と属州の安定化を図ります。治世の三分の二は属州視察の旅をしました。再建したパンテオンや自身の霊廟・聖天使城など、今もハドリアヌス由来の建造物がローマに残っています。続く**アントニヌス・ピウス**（在位一三八～一六一年）は、先帝と異なりずっとローマで過ごしました。慈愛に満ちた「賢帝の中の賢帝」と呼ばれ、戦争もなく特に大きな事件もない最も平和な時代を築きました。

五賢帝最後の皇帝**マルクス・アウレリウス**（在位一六一～一八〇年）は「**哲人皇帝**」と呼ばれるほどストア哲学に傾倒していました。治世の末期は、気候変動の時期にあたり、洪水や飢饉、異民族の侵入に悩まされ、東方からの帰還兵が持ち込んだ天然痘が流行し、経済の不振や財政の行きづまりが現れ始め、厳しい時代を送りました。ゲルマニアの戦場で自己を深く内省して『自省録』を書き始めますが、戦争は長引き、ウィンドボナ（現在のウィーン）で病死しました。後継の実子**コンモドゥス**はローマ史上最悪の皇帝となります。なお、ルキウス・ヴェルス（在位一六一～一六九年）は、一六九年に病死するまでの八年間マルクス・アウレリウスとの共同皇帝でした。

▒セヴェルス朝

コンモドゥス（在位一八〇～一九二年）はひどい悪政で社会を混乱させ、その暗殺後は内乱となり、軍事力がものをいう時代になります。そんな中で前代未聞の帝位競売が起こりました。つまり親衛隊に最も高い報酬を約束した者が帝位に就くということです。これによって皇帝となったのがディディウス・ユリアヌス（在位一九三年三月〜六月）でした。しかし、こんなやり方で皇帝の座に就いて民心を得られるはずがありません。元老院も民衆も反発し、これを好機として有力な属州総督三人が動き始めます。ユリアヌスは在位六六日間で親衛隊によって暗殺されました。

次に帝位に就いたのは、属州パンノニアの総督だった**セプティミウス・セヴェルス**（在位一九三〜二一一年）でした。カルタゴ出身で初の非ヨーロッパ人皇帝です。強大な軍事力でセヴェルス朝を開始し、軍人を優遇するようになります。後継者は二人の息子でしたが、兄のカラカラ（在位一九八〜二一七年）は、弟ゲタ（在位二〇九〜二一一年）を母ユリア・ドムナの目の前で殺害してダムナティオ・メモリアエ（記憶の抹消）に処します。カラカラ浴場や帝国全土の自由民にローマ市民権を授与した「アントニヌス勅令」（二一二年）で知られています。アントニヌスはカラカラの本名です。カラカラとはケルト人のフードつき軍用マントのことで、これを好んで着ていたことから、この名で呼ばれるようになったのです。

その後カラカラは暗殺され、暗殺の首謀者だった親衛隊長マクリヌスが帝位に就きますが、ユリア・ドムナの姉ユリア・マエサが、孫でシリアの太陽神エル・ガバルの神官、一四歳のヘリオガバルス（在位二一八〜二二二年）をカラカラの落胤と称して担ぎ上げ、軍の支持を受けてセヴェルス朝を復権させます。しかし、女装して性的放縦に耽るヘリオガバルスは尋常でなく、母親とともに親衛隊に殺害されます。新帝は、ヘリオガバルスの従兄弟、わずか一三歳のアレクサンデル・セヴェルス（在位二二二〜二三五年）でした。穏やかな少年で、母親や祖母に操られてはいましたが、乱れた風紀を正し、平穏な統治を行っていました。しかし、ササン朝ペルシアが侵入すると苦戦を強いられ、さらにガリアに蛮族が侵入します。ガリアでの戦況はよかったものの、和平交渉をしようとしたことが軍の不興を買い、暗殺される結果となりました。

■軍人皇帝時代（三世紀の危機）

アレクサンデル・セヴェルスの暗殺後、属州の軍団がそれぞれ皇帝を擁立しては暗殺されるという**軍人皇帝の時代**に入ります。二八五年のディオクレティアヌスの即位まで続き、五〇年間で二六人という数の皇帝が即位しています。これを**三世紀の危機**と呼びます。ゲルマン民族の侵入、ササン朝ペルシアとの戦乱で帝国の混乱は深まり、ローマの凋落を象徴するような大事件が起こります。皇帝ヴァレリアヌス（在位二五三〜二六〇年）がペルシアに惨敗して捕虜となり、悲しい最期を遂げるのです。二六二年、東方の同盟国パルミラの君主オデナトゥスがペルシアの進軍を食い止めますが、その死後、妃のゼノビアが王位を継ぐとローマ帝国東部の属州と皇帝直轄領エジプトへ侵攻し、パルミラ帝国として分離独立してしまいます。すでにガリアもこの混乱に乗じて独立を宣言していました。

こうしてローマ帝国は三つに分かれてしまいました。これを再統一したのが「世界の修復者」と呼ばれる名君**アウレリアヌス**（在位二七〇～二七五年）でした。五年という短い在位期間中に東へ西へと駆けめぐって蛮族の侵入からローマを守り、今もローマに残るアウレリアヌスの城壁を築きました。アウレリアヌスはペルシア遠征に向かう途中で部下に殺害され、非業の死を遂げました。

最後の軍人皇帝**ディオクレティアヌス**（在位二八四～三〇五年）は帝国を東西に分け、それぞれに正帝（アウグストゥス）と副帝（カエサル）を置き、四分割統治（テトラルキア）を始めます。自身が東の正帝で、副帝にガレリウス、西の正帝に戦友マクシミアヌス、副帝にコンスタンティウス・クロルスを置きました。軍備を増強し、帝権を強化し、**ローマの政治形態は、元首政（プリンキパトス）＝市民の第一人者から、東方の君主国のような専制君主政（ドミナトゥス）へ移行します。**ディオクレティアヌスはキリスト教を弾圧したことでも知られています。

■いわゆる「西ローマ帝国」の滅亡

三〇五年、二人の正帝ディオクレティアヌスとマクシミアヌスが引退後、副帝だったガレリウスとコンスタンティウス・クロルスが正帝となります。そして東西の副帝にはガレリウスが自分の娘婿と親友を置きます。この選定に不満を持ったのが、正帝の息子なのに副帝になれなかった二人、マクシミアヌスの息子マクセンティウスとコンスタンティウス・クロルスの息子コンスタンティヌスでした。こうして覇権争いの内乱が始まります。

コンスタンティヌス（在位三〇六～三三七年）は、父の死後、副帝に収まりますが、マクセンティウスは軍事行動でイタリアと北アフリカを支配下に置き、勝手に皇帝を名乗ります。一時は同盟関係にあった二人も戦うことになり、三一二年、ローマのミルヴィウス橋の決戦を迎えます。勝利を収めたのはコンスタンティヌスで、西の単独皇帝となりました。さらに三二四年には東の正帝となっていたリキニウスを倒してローマ帝国の単独皇帝となり、帝国再統一を果たします。

しかし異民族の侵入と戦乱は止まず、軍事力維持のために課される重税は市民を圧迫し続け、貧困のため都市部から大農園へ移住して小作人（コロヌス）となる人が増加します。皇帝は、小作人の移動を禁じ下層民の職業を世襲化し、完全な階層社会を築きます。三三〇年にローマからビザンティオン（現在のイスタンブール）へ遷都し、**コンスタンティノープル**と改称しました。

ちなみにコンスタンティヌスは、リキニウスとともにキリスト教の公認をしています。自身も死の間際に洗礼を受けました。

三七五年以降、**ゲルマン人の大移動**により帝国はますます混乱に陥ります。**三九五年、テオドシウスはキリスト教を国教化し、帝国を東西に分割**し、息子二人に与えます。コンスタンティノープルを首都とする東のローマ帝国は一四五三年まで続きますが、西のローマ帝国は、四一〇年の西ゴート王アラリックと四五五年のヴァンダル族によるローマ略奪がとどめを刺し、四七六年、ゲルマン人傭兵隊長オドアケルによって少年皇帝ロムルス・アウグストゥルスは退位させられ、**いわゆる「西ローマ帝国」は滅亡します。**

なお、西ローマ帝国、東ローマ帝国などの呼称は後世に生まれたもので当時の正式名称ではありません。同様に、西方正帝の廃止は西ローマ帝国の滅亡を意味するわけではありませんが、一般的にはこのように受け止められています。

3 ネロ

母アグリッピナ

第五代ローマ皇帝**ネロ**は、「暴君ネロ」の異名で極悪非道ぶりが語り継がれています。けれども、ネロの死後、その墓に季節の花や果物の供え物が絶えなかったように、民衆には愛されていました。伝承は必ずしも史実とは限らないのです。出来事が事実を上回り、誇張され、創作が混ざって伝えられることはよくあります。ネロの物語は複雑怪奇なユリウス・クラウディウス朝の話から始めなければなりません。

初代皇帝アウグストゥスから第二代ティベリウスへと続き、その次の後継者にはティベリウスの亡き弟ドゥルススの長男ゲルマニクスが予定されていました。ゲルマニクスはローマ軍団や市民に絶大な人気を誇る英雄でした。ところが突然不審な死を遂げ、妻アグリッピナはティベリウスの陰謀だと非難します。彼女はアウグストゥスの孫でもありました。ティベリウスはアグリッピナを国家反逆罪で流刑とし、三年後、彼女はその地で亡くなります。彼女の六人の子どものうち、長男は流刑の上、自死。次男は監禁され餓死に追いやられます。けれども三男が第三代カリグラとなるのです。カリグラの妹が、ネロの母親、亡き母と同名の**アグリッピナ**です。母親と区別して小アグリッピナとも呼ばれます（47ページ**図3**）。しかし、彼女は兄カリグラから謀反の罪で流刑にされます。

母アグリッピナが流刑となった時、ネロは二歳でした。父親も亡くなっていたため、父方の叔母に愛情深く育てられます。戦車競技の遊びが好きで、従僕が舞踊家だったため、幼い頃から音楽や演劇に憧れていました。約一年後にカリグラが暗殺され、ゲルマニクスの弟クラウディウスが帝位に就くと、アグリッピナはローマに戻され、裕福な元老院議員と再婚します。ネロの教育に力を入れ、ギリシア人の家庭教師からギリシア語、ラテン語、文学、数学、修辞学の基礎を学ばせました。

クラウディウスは難病のため身体に障害があり吃音障害もあったため、自分の母親アントニアからも「人間の姿をした怪物」と呼ばれ、一族から白い目で見られてきました。けれども実は教養深く、皇帝になってからの政治的手腕もなかなかのものでした。ただ一つの弱点は女性でした。色情狂として有名な三番目の妻メッサリナが、夫不在中に浮気相手と正式に結婚するという愚行を犯して処刑されたあと、四番目の妻におさまったのがネロの母アグリッピナです。すでに再婚相手は亡くなっており、禁断の叔父姪婚も元老院議会で承認されます。紀元四九年、ネロが一一歳の時でした。

アグリッピナは、両親や兄弟が次々に非業の死を迎えたせいか、勝ち気で野心的でした。叔父クラウディウスとの結婚も息子ネロを帝位に就けるための手段に過ぎず、その布石として、流刑にされていた哲学者セネカを呼び寄せネロの家庭教師とし、親衛隊長官ブッルスを後見人とします。さらに同年、クラウディウスの娘オクタヴィアとネロを婚約させ、翌五〇年には、嫡子ブリタンニクスを差し

図５　ネロ系図

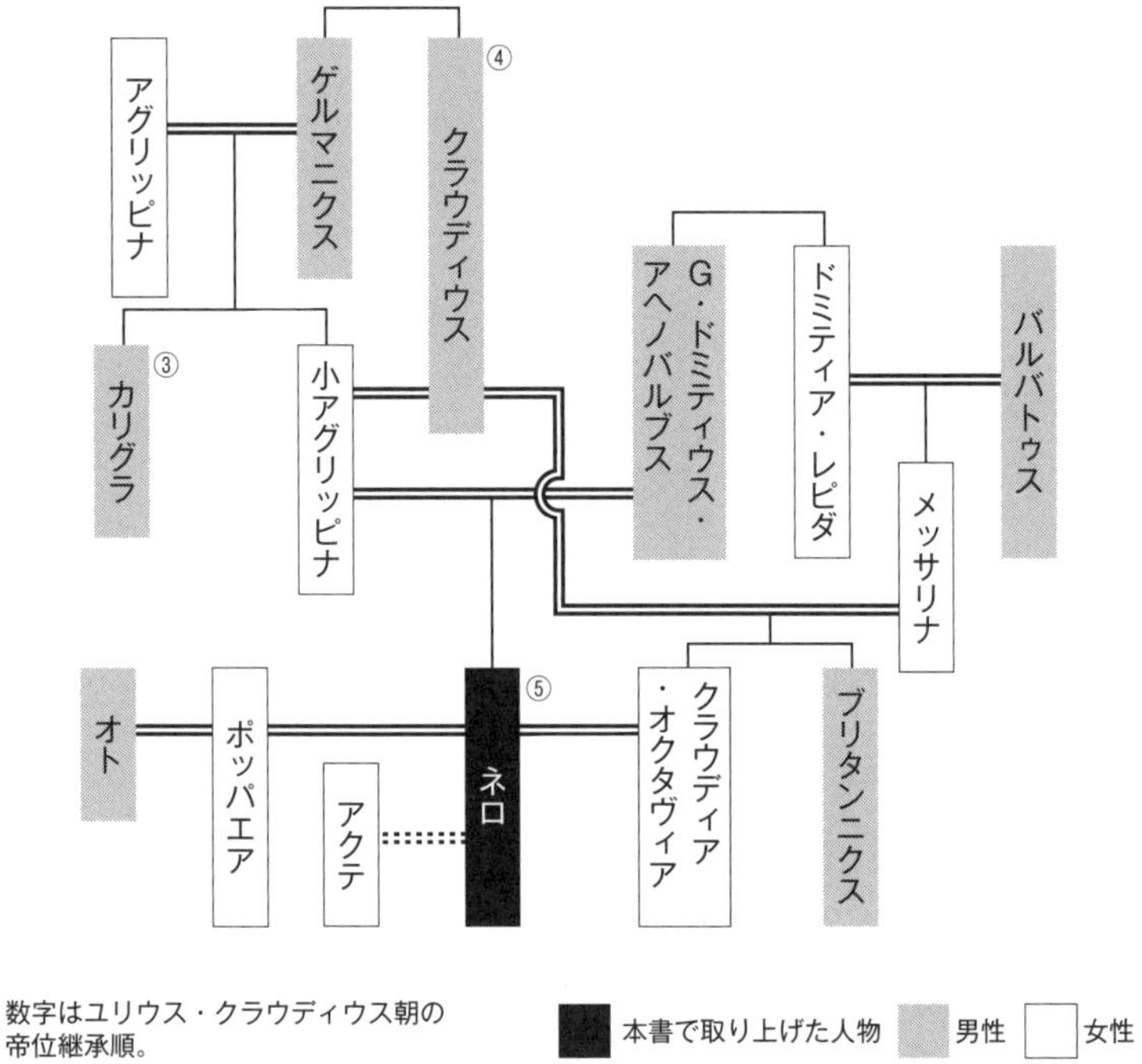

数字はユリウス・クラウディウス朝の帝位継承順。

置いてネロを養子にさせます。そして五四年にクラウディウスを毒殺し、その後ネロが一六歳で第五代皇帝に即位するのです。

ちなみに、ゲルマニクスとクラウディウスの母親アントニアは、アウグストゥスの姉オクタヴィアと二番目の夫マルクス・アントニウスとの間に生まれた娘なので、三人の皇帝、クラウディウス、カリグラ、ネロにはユリウス家やクラウディウス家だけではなく、アントニウスの血も流れていることになります。

民衆寄りのネロ

ネロは、幼少時から音楽と演劇

に親しみ、ギリシア人の家庭教師の影響でギリシア文化に傾倒していました。利発で教養があり、セネカも太鼓判を押すほど修辞学にも優れていましたが、彼が最も情熱を抱いたのは芸術でした。詩を作り、チェトラと呼ばれる竪琴を奏で、歌を歌い、舞台で演じることをいつも夢想していたのです。母親の野心が重くのしかかり、図らずも皇帝となってしまいましたが、本人が望んでいたわけではなかったのです。

セネカが補佐官を務めた最初の五年間だけは善政だったといわれますが、近年では在位期間全体を通じて優れた為政者だったと再評価する声も聞かれます。確かにネロの時代は比較的平和で、経済的にも繁栄し、大火後のローマの都市整備や貨幣改革などでも優れた実績を残しています。

持てる者と持たざる者の格差が増大した時代に、ネロは常に弱者の側に立っていました。これが理由で元老院との対立が深まっていきますが、舞踊家や歌手、俳優、戦車競技の騎手などの仕事に就く下層階級の人々は、ネロには身近に感じる人たちでした。ネロは庶民の中に入って普通の生活をするのが好きで、皇帝となってからも、奴隷の帽子をかぶって変装し、親友の**オト**（のちの皇帝）と一緒に夜の繁華街へ出かけて居酒屋に通っていました。解放奴隷アクテに激しい恋をし、母親に邪魔されながらもこの関係を続けました。アクテは生涯ネロを愛し、ネロの死後、葬儀も行っています。

母アグリッピナは権勢欲が強く、すべてに介入し、ネロは常に抑圧されていました。公式の場でネロの隣に座り、息子と自分が向き合う図柄の貨幣を発行させ、元老院会議を盗み聞きしようと画策し、その振る舞いは度を越していました。側近のセネカやブッルスにとっても問題でした。彼らが距離を置こうとする微妙な空気を感じとった彼女は、先帝の息子ブリタンニクスにも帝位継承権があることをほのめかし、圧力をかけ始めます。このタイミングで、五五年、ブリタンニクスが宴席で急死したため、ネロによる毒殺が疑われていますが、もしそうであれば側近たちも絡んでいたはずです。また、暗殺ではなく、持病のてんかんの発作から突然死したという説もあります。

母親殺害

ネロは親友オトの妻**ポッパエア**に恋をして、オトを属州ルシタニア（現在のポルトガルおよびスペイン西部）総督に任命して離婚させます。正式な結婚を望むポッパエアのためにネロは妻オクタヴィアとの離婚を考えますが、母アグリッピナは断固として反対します。先帝クラウディウスの養子となり、その娘と結婚したことで皇帝の地位を確立していたからです。また、控えめで地味なオクタヴィアは市民の間では人気がありました。

ネロは、母親を疎ましく思う反面、誰よりも怖れていました。そして排除するしかないと思い詰めるのです。おそらく側近のセネカとブッルスも同意見だったのでしょう。殺害方法はミセヌム海軍長官アニケトスの案が採用されます。彼女を乗せた船を沈没させて偶然の事故を装うというものです。そうして、五九年三月、ミネルヴァ祭りの夜、ネロはナポリ近郊の美しい入江バイアエにある離宮での晩餐に母を招待します。風光明媚な温泉地バイアエは共和政時代から上流階級の別荘地として有名で、アグリッピナもバイアエとミセヌム岬の間の海辺に別荘を持っていました。帰りは細工した船で送ることになっていました。晩餐は終始和やかで、列席者も微笑むほど親しげで温かい雰囲気のうちに終わりました。あたかも母と子の確執は終わったかのようでした。夜半に離宮の船着場で船に乗り込む母をネロは心を込めて抱きしめます。最後の別れのつもりだったのでしょう。

海は波もなく静かでしたが、予定通りに船は沈みます。ただ、陰謀を知らない乗員もいたためスムーズに行かず、加えてアグリッピナは水泳が得意だったのです。別荘に戻った彼女は何もかも察しましたが、気づかぬふりをして、解放奴隷に無事を伝える手紙を持たせます。ネロは驚いてブッルスとセネカを呼び、今後の対策を考えます。「ゲルマニクスの娘に手を下せる兵士は一人もいない」ため、親衛隊を送ることはできません。結局、失敗の責任をとる形でアニケトスが刃を向けることになりました。

アグリッピナ殺害は、セネカが国家反逆罪による死として発表しました。どれだけの人が信じたことでしょう。しかしアグリッピナは尊大な性格から人気がなかったため、さして大きな噂にもなりませんでした。市民の反応に戦々恐々としていたネロは安堵しますが、その後は良心の呵責から母の亡霊に悩まされることになります。

なお、妻のオクタヴィアは三年後の六二年に姦通罪で流刑の上、謀反の罪で殺害されます。でっちあげの罪状でした。何の非もないオクタヴィアの処刑は人々の同情を集めましたが、ネロはポッパエアと結婚し、三年後には亡くしています。

ネロの治世

ギリシア好きのネロは、オリンピック競技をローマに導入しようと、五年ごとの競技会、ネロ祭の第一回目を六〇年に開催します。皇帝でありながら競技に参加するネロを元老院は苦々しい思いで見ていましたが、市民には大好評でした。体操競技だけでなく、四頭立ての戦車競技、さらには詩や音楽の競技も行い、参加者も無料招待の観客も大いに楽しんだのです。

同年、ブリタニアで反乱が起こります。イングランド東部の王が亡くなり、彼はローマとの良好な同盟関係を維持するため財産の半分をローマに遺しました。ところが、当地のローマ人が遺産のすべてを略奪し、未亡人ブーディカを鞭打って二人の娘を陵辱したのです。これに憤怒したブーディカが中心となった反乱でした。結局、属州総督が軍を率いて鎮圧し、総督や統治体制を変えるという適切な戦後処理がされたため、その後は平穏が続きました。ちなみに、セネカはこの地で高利貸し業を行って莫大な富を築いていています。支配者層は、高潔に見える人も自らの利益を追求していたのです。

また、五四年にパルティア王ヴォロガセスがアルメニアに侵攻し、ローマの傀儡政権を倒して弟ティダテスを王位に就けるという事件が起こりますが、ネロの派遣した名将コルブロは準備に数年かけたのち、五八年にアルメニアに親ローマ派の王を擁立することに成功します。ところが、六一年に親ローマ派のアルメニアがパルティアへ侵攻したため、ローマはパルティアと全面戦争の危機に陥るのです。ここでコルブロの慧眼がものをいいます。戦乱を避けて両者に都合のいい解決法に至ったのです。それは、ティダテスのアルメニア王位を認めてローマで皇帝ネロによる戴冠式を行うことでした。こうして、パルティア・アルメニア問題も平和裏に解決しました。この時すでにネロの側近ブッルスは亡くなり、セネカも引退していましたが、ネロの善政は続いていたのです。

芸術家として舞台に立つのを夢見ていたネロは、ついにナポリで公式デビューします。かつてギリシアの植民都市だったナポリなら、民衆の前で自分の実力を試すことが可能に思えました。派手な衣装を着て歌う芸人姿の皇帝にナポリ市民は大喜びで、デビューは大成功でした。ネロは発声訓練のため日頃から体操に明け暮れていました。上半身は小太りでしたが、脚が細かったので丈の短いギリシアの衣キトンがよく似合っていたようです。きれいな声ではあるけれど、声量が足りなかったといわれています。

ローマの大火と都市整備

六四年七月一八日の深夜、ローマの大火が発生します。火が出たのは戦車競技場チルコ・マッシモの一階部分で、商店や居酒屋、売春宿がひしめき合う場所でした。おそらく火の不始末が原因でしょう。火は風に煽られ燃え広がり、町は六日間にわたって燃え続け、いったん消火したあとも、残り火から再び発火して、さらに三日間燃え続けました。石造建築とはいえ、住居には床や梁や天井部分、窓枠に木材が使われていたため、それが燃えると建物が崩れ落ちてしまいます。さらに百万都市ローマでは、インスラと呼ばれる高層の集合住宅が密集し、路地も狭かったため燃え移るのが早かったのです。消防隊も存在しましたが、炎にかける毛布や水の入ったバケツを備える程度で、延焼を防ぐためには周囲の家屋を取り壊す以外に方法はありませんでした。大理石の公共建造物で埋まるフォロ・ロマーノと神殿の並ぶカピトリーノの丘は無事でしたが、皇帝宮殿のあるパラティーノの丘も全焼し、他の地区も全焼か半焼という大惨事となりました。

火事が発生した時、ネロは海辺の保養地アンツィオの別荘に滞在していました。ローマの火災を知ると直ちに駆けつけ、被災者対策を先頭に立って指揮します。延焼しなかった区域にあるパンテオン、その隣の投票会場サエプタ・ユリア、ポンペイウスの回廊などを避難場所として開放し、空き地にはテントも張らせました。食糧供給も忘れず、ローマの外港オスティアの倉庫にある小麦をすべてローマへ運び、小麦粉かパンにして被災者に無料で支給しました。

ネロは、大火後のローマの都市整備に確かな手腕を見せます。ローマは複雑に入り組んだ細い路地にびっしりと住居が密集していました。これを防災機能のある快適で美しい町並みにしようと、道幅を広くし、住居用建物の高さを制限し、住居前には柱廊（柱の並ぶ玄関スペース）を置き、建物の梁に石材を使い、新しい町づくりを始めたのでした。

そして貨幣改革を行います。アウレウス金貨とデナリウス銀貨の重さをほんの少し変え、銀貨の銀の含有量を若干減らし、貨幣価値と物価を低くしたのです。これは経済的に苦しくなった中下層の人たちを助けるためでした。

■黄金宮殿とキリスト教徒の迫害

ネロは、都市の整備と同時に以前から計画していた新しい宮殿、**ドムス・アウレア**（黄金宮殿）の建設も始めます。広大な緑の庭園の中、現在コロッセウムのある場所に人工池があり、新宮殿の立つエスクイリーノの丘と従来の宮殿のあるパラティーノの丘は大列柱廊で結ばれました。素晴らしい眺望を誇る新宮殿はローマン・コンクリートを使った画期的な建物でした。廊下の天井の高さは一〇メートルもあり、美しい壁画と彫刻で飾られ、床には大理石のモザイクが施されました。現在ヴァティカン美術館にあるヘレニズム彫刻の傑作「**ラオコーン**」もこの近くから見つかっています。

黄金宮殿の遺跡は今も残り、ラファエッロをはじめとするルネッサンス期の画家たちが地中に埋もれた遺跡に入るために掘った無数の穴が天井に見えます。一番の見所は八角形の間で、パンテオンのようなドームと丸い天窓があります。この部屋でネロはゲストを招いて竪琴を奏で自作の詩を歌っていたと考えられています。

この宮殿の広大な庭園は、ネロ一人のためではなく、ローマ市民の憩いの場として作られたのですが、その意図は理解されませんでした。豪奢な宮殿、しかも、その場所がローマの大火で焼失した一帯だったことから、火をつけたのはネロだという噂が出ました。まことしやかに、マエケナスの塔（ミリツィエの塔）から炎上するローマを眺めながら竪琴を奏で、ホメロスの『イーリアス』の燃え上がるトロイアの場面を詠ったという風評まで出ましたが、これは事実ではありません。実際にネロが火

図６　ドムス・アウレア「八角形の間」
ローマ　撮影／上野真弓

をつけたと考える歴史家は古代にも現在にもいません。

これまで民衆のために尽くし愛されていると思っていたネロは、この噂に衝撃を受け、自分が放火犯でないことを証明するため真犯人を見つけざるを得なくなります。それをキリスト教徒にしたのは、信仰の自由を認める多神教のローマで、彼らが一神教を信じて他人にもそれを押しつける急進的な思想を持ち、市民に忌み嫌われていたからです。ユダヤ教も一神教ですが、信仰を押しつけないため問題とはなりませんでした。

また、終末を信じる一部の狂信的なキリスト教徒が実際に火をつけたという説もあります。ローマは、ヨハネの黙示録に登場する悪徳と退廃の町であり、ソドムのように火で滅ぼすべきだ、そう考えたといわれていますが、証拠はありません。

　ネロは首都警察に捜査を任せてキリスト教徒を断罪しますが、信仰の弾圧ではなく放火犯を罰する目的だったため、信者全員を処刑したわけではありません。二、三〇〇人ほどが磔刑や火刑、猛獣の餌食にされ、残酷な公開処刑となりましたが、当時の処刑はそれが普通だったのです。ネロがキリスト教徒を処刑したのはこの時だけで、他の時期にはローマでも外地でも迫害はいっさい行っていません。キリスト教徒を迫害した皇帝は多くいますが、ネロだけが悪者となったのは、彼らを集団処刑した初めての皇帝だったからでしょう。のちに西洋世界を牛耳るローマ教会が作り上げた虚像なのかもしれません。たとえばキリスト教を公認したコンスタンティヌスは妻も息子も殺害しましたが、それに触れられることなく美化されています。

ギリシアへ

　六五年、二回目のネロ祭が開催され、ネロは音楽部門に出場します。ギリシア風の短衣をまとい竪琴を奏でて歌う皇帝に民衆は熱狂しましたが、元老院議員や貴族は、皇帝が下賤な芸人に成り下がるのを苦々しく見ていました。

　同年末、元老院議員だったピソによる**「ピソの陰謀」**が発覚し、ネロは衝撃を受けます。暗殺計画に加担した者のほとんどが、身近な人間も含む親しい間柄にある人たちだったからです。セネカの名前もありました。陰謀は失敗に終わります。

六六年には「**ベネヴェントの陰謀**」と呼ばれる軍関係者による陰謀の芽がつまれます。問題だったのはアルメニア・パルティア問題の功労者、名将コルブロの娘婿ヴィニティアヌスが首謀者だったことでした。彼の父親はカリグラ暗殺も主導し、クラウディウスへの謀反も計画した人物でした。この時、計画加担者一〇人余りを処刑しましたが、コルブロについては慎重に対応することにしました。

同じ年にユダヤ属州で反乱が起こりますが、ネロは**ヴェスパシアヌス**（のちの皇帝）を派遣しただけで、九月には少年の頃からの夢ギリシアへの長い旅に出ます。一年以上に及ぶものでしたが、この間に、コリントスにシリア総督コルブロを呼びつけて自死を命令し、ゲルマニア属州総督二人にも同じような措置を取りました。三人とも優れた武将でした。彼らが「ベネヴェントの陰謀」への加担者だという確信があったのでしょうが、詳細な記録が残っていないため、真相は闇の中となっています。

ギリシア訪問は、他の皇帝たちのような属州視察ではなく、純粋に芸術家としての武者修行でした。アウグスティアーニと呼ばれる応援団を引き連れて、オリンピアの競技会、コリントスの競技会、その他各地での競技会に出場し、芸人の皇帝見たさで集まった観衆は大喝采でした。ネロが優勝して手にした月桂冠は一八〇八に上りました。

コリントスではイオニア海とエーゲ海をつなげる運河の工事に取りかかりましたが、その後、ネロの死で中断されました。この工事が再開されたのは、一九世紀になってからです。

ネロがローマに戻ったのは六八年二月頃でした。そして、なんと凱旋式を行ったのです。先頭には一八〇八の月桂冠、続くプラカード、そして、金箔を縫い込んだ真紅のマントをひるがえして頭上にオリーブの冠を載せたネロが、凱旋将軍のごとく四頭の白馬が引く戦車に乗ってローマへ入城したのです。ネロ不在が長く、娯楽に飢えていた民衆は歓声を上げて迎えましたが、元老院の貴族階級や知識人は呆れるばかりでした。

白鳥の歌

ネロは元老院を挑発し続け、ことごとく対立してきました。民衆寄りの政治、ギリシア文化への熱愛、芸人としての活動は、当時の支配階級からは容認できないものでした。そもそも支配階級は下層の民衆を見下し、パンとサーカス（見せ物）さえ与えておけばいいと考えていたのです。皇帝が下賤の仕事である戦車競技の騎手や歌手や俳優となり、その姿で民衆の前に立つことは言語道断でした。また、質実剛健を美徳とするローマの伝統には美を追求するギリシア文化は合致しませんでした。ギリシア人は体操競技で美しい肉体と精神を作ろうとしましたが、ローマ人は軍事訓練を通して強い身体と心を鍛えたのです。修辞学さえ、ローマでは文学よりは政治目的の弁論術として使われました。ネロは若さゆえに理想を追求したのでしょう。

ネロの本質は楽しくて愉快なことを求める子どものような無邪気さです。その心が、母親からの抑圧と皇帝としての重圧、陰謀に満ちた現実世界と衝突し、自分でもどうすればいいのか分からない時があったのでしょう。母殺しと妻殺しは最大の汚点ですが、常に民衆とともにあったのがネロでした。

前代未聞の凱旋式後、ネロはギリシアの思い出にふけって、三月にはギリシア的な町ナポリへ行きます。その間にガリア属州リヨン総督ヴィンデクスの反乱が起こり、彼は属州ヒスパニア北東部総督ガルバを皇帝に擁立しようとしました。ネロの旧友、属州ルシタニア総督オトもガルバ支持に回ります。そこからのネロの凋落はあっという間でした。一度はガルバを国家の敵と決議した元老院も、密かに通じるようになります。頼りの親衛隊長官ティゲリヌスもいつの間にかいなくなり、宮廷からは次第に人が消えていきます。そして、ついに元老院はネロを国家の敵としてガルバ擁立に動くのです。ネロのそばに残ったのは解放奴隷の召使いが三人と亡き妻ポッパエアに瓜二つの男妾スポルスの四人だけでした。

召使いの一人が所有する郊外の別荘へ逃れてしばらくすると、騎兵の蹄《ひづめ》の音が、「生きて捕らえよ」という声とともに聞こえてきました。不名誉な死から逃れるため、ネロは自ら命を断ちました。紀元六八年六月九日のことでした。

「偉大な芸術家がこの世から一人消える」。真偽のほどは定かでありませんが、ネロの最後の言葉だといわれています。芸術家の最後の傑作を白鳥の歌といいます。白鳥は死ぬ間際に甘美な声で鳴くという言い伝えがあるからです。ネロの白鳥の歌はどのようなものだったのでしょうか。

4　ハドリアヌス

■疑惑の皇位継承

　権力の大きな問題の一つは後継者問題でした。初代アウグストゥスは一族で帝位を引き継いでいくことを望んでいましたが、計画通りには行かず、ネロの死でユリウス・クラウディウス朝は終焉を迎えました。その後は一年の間に四人の皇帝が次々と擁立され、四人目のヴェスパシアヌスでフラヴィウス朝が始まり、息子のティトゥス、ドミティアヌスと続きます。

　この間に皇帝に即位したのは全員、貴族ではなく地方の名士で、軍事力を背景にしていました。それ以前もカリグラ暗殺とクラウディウス擁立には親衛隊が大きな役割を果たしており、属州駐留軍や親衛隊の影響力が大きくなりつつありました。それでも軍事力だけでは皇帝の座を確実にすることはできず、この時期の帝位を継ぐ正当性は、軍事力の他に舞台裏での策略、周りからの引き立てと誘導、何よりも適切な時に適切な場所にいることが鍵となっていました。

　フラヴィウス朝が終わると、一八世紀の英国の歴史家エドワード・ギボンが「人類が最も幸福な時代」と称した**五賢帝**（ネルヴァ、トラヤヌス、ハドリアヌス、アントニヌス・ピウス、マルクス・アウレリアス）の時代が始まります。ここで、皇位継承は新たな段階に入ります。**血統や軍事力に関係なく、優れた人物を養子縁組した上で指名し、元老院の承認を得るというシステム**です。この時期のローマの人口は一〇〇万人を超え、まさに世界の首都と呼ばれるにふさわしい繁栄と安定を享受していました。初めて属州出身の皇帝も生まれました。属州ヒスパニア、セビリア近郊イタリカ出身のトラヤヌスです。その治世において、ダキアを攻略し、ローマ帝国の版図《はんと》を史上最大にしています。

それを引き継いだのが、一一七年に第一四代皇帝となった**ハドリアヌス**でした。彼は一一四年に始まったパルティア戦争で軍司令官に任命されて優れた結果を出し、属州シリア総督となったばかりでした。自身が後継者として養子に迎えられたことをアンティオキアで知りますが、実はここには不透明な疑惑があります。もともと二人は同郷の出身で遠縁にあたり、トラヤヌスは父を早くに亡くしたハドリアヌスの後見人を務め、姪のサビーナと結婚させていました。しかし、この結婚はうまくいかず、ハドリアヌスは外に愛人を求め、その一人がトラヤヌス皇妃プロティナだという噂があったのです。ハドリアヌスは文武両道で背が高く眉目秀麗でしたから、皇妃が惹かれたのも無理はありません。トラヤヌスは領土拡大の遠征中に健康状態が悪化し、そのまま崩御します。実子はなく、事前に後継者指名もしていなかったため、今際《いまわ》の際の皇帝の遺志を証言できるのは皇妃プロティナだけでした。二人の関係は世間で評判でしたから、ハドリアヌスの指名は本当にトラヤヌスの遺志だったのかという疑惑が生じたのです。

統治初期

ハドリアヌスは領土拡大政策を取らず、先帝トラヤヌスがパルティア戦争で獲得していたアルメニア、メソポタミアを放棄し、国防と属州の安定化路線に転換します。軍人として前線にいた彼は、これ以上の拡大と戦線維持は困難だという現実的な判断を下したのです。しかし、この方針は元老院と軍の大きな反発を受けます。

そんな中、**「四元老院議員処刑事件」**が起こります。全員が貴族で執政官経験者、軍の中枢を成す将軍でもあった四人の元老院議員が、新帝の暗殺陰謀を企てたという嫌疑で裁判もなく処刑されたのです。その時ハドリアヌスはアンティオキアにいましたが、直ちにローマに戻ると身の潔白を主張し、表向きには後見人の一人だった親衛隊長官のアッティアヌスが首謀したということで落ち着きました。けれども、皇帝の指示なしで粛清が行われるはずもなく、元老院とローマ市民の不信感を払拭することはできなかったのです。ハドリアヌスには治世の始まりから汚点がついたのでした。

ここから人気回復政策が始まります。兵士へ一時金の支払いをし、民衆の好きな見せ物、コロッセウムでの剣闘士の試合やチルコ・マッシモでの四頭立ての戦車競技を連日開催します。次に、市民の借財の帳消しをします。税金を滞納していた市民の名前と金額が記された文書を広場で燃やすというパフォーマンスつきでした。さらに階層を超えた経済的困窮者への援助もしました。

ある程度、人気が回復すると、ハドリアヌスは行政改革に取り組みます。解放奴隷や騎士階級にも官吏への道を開き幅広い人材を集めました。さらに職務の分担や権限などをはっきりさせて、官僚制度を構築したのです。法律も体系的に整理しました。こうして数年間はローマにとどまって帝国の統治体制を充実させたのでした。

ギリシア人への憧れ

ハドリアヌスの肖像彫刻を見ると長いあごひげがあります。それまでの皇帝であごひげがあったのはネロだけです。長く豊かなあごひげをたくわえるのは、昔からギリシア人の習慣でした。実は、ハドリアヌスはネロと同じように子どもの頃からギリシア文明に傾倒していたのです。ギリシア語はローマの支配者階級の子弟にとって必須の教養科目でしたが、ハドリアヌスもまた、語学だけでなくギリシア文明全般に魅せられていました。ともに学ぶ仲間たちからは「グラエクルス」（小さなギリシア人）と呼ばれていたほどでした。しかも、竪琴を奏で、詩を書き、哲学を論じ、また、東方の君主たちが好んだ狩りを愛好していました。一一一年から一一二年にかけてアテナイのアルコン（九人の第一執政官）という役職を得た時にギリシアの市民権も獲得しています。ただし、ローマにいる間は、ギリシア風の嗜好を見せないようにしていました。すでにネロの時に述べたように、質実剛健が伝統のローマでギリシア風は軟弱だと見なされていたからです。

ハドリアヌスは、優れた資質と実行力で帝国統治を安定させ、政治、軍事、文化の面で高い評価を受けている皇帝の一人です。旅を愛し、教養にあふれ、建築にも造詣が深く、自ら設計した素晴らしい別荘や建造物が今も残っています。その反面、非常に複雑で矛盾を抱えた人間であったことは否めません。感情の起伏が激しく、皇帝にふさわしくないような言動も多々ありました。それがゆえに、その功績にもかかわらず、支持はされても、心から愛される皇帝にはなれませんでした。

ハドリアヌスの複雑な性格がいっそう浮かび上がるきっかけとなるのは、一三〇年の一〇月、愛人だったギリシア人の美少年アンティノウスがナイル川で溺死した事件でしょう。この悲劇から浮かび上がるのは、ハドリアヌスという人物の欠点ともいえる暗部です。人間の心のうちを覗くのは不可能ですが、万華鏡のように変わるハドリアヌスの様々な顔から、つかみどころのない難しい性格が透けて見えてきます。

旅する皇帝

ハドリアヌスの治世は二一年に及びましたが、そのうちの三分の二を旅に費やしています。旅とはいっても、広大な属州を視察、現状把握、維持するための問題解決が主な目的で、遊びに行ったわけではありません。もちろん好奇心旺盛な彼は、様々な土地に暮らす人々の生活習慣や芸術、信仰に興味もあったことでしょう。軍事目的ではなかったため軍団も率いず、大がかりな宮廷集団を引き連れるわけでもなく、随行要員は建築技術者が主で、時折、皇妃サビーナや友人の詩人を呼ぶくらいでした。属州各地にあらかじめ訪問を知らせたわけではなかったので、属州のありのままの現状を知ることができ、各地を訪れる度に記念の貨幣が発行されました。

即位後のローマで内政の充実に勢力を傾けたのも、安心して旅に出るための準備だったのでしょう。ハドリアヌスは、元老院や市民の支持が安定した頃を見計らって、一二一年、まずは西へ向かいます。ガリアからゲルマニアへ入り、ライン川防衛線を視察し、翌年にはブリタニアへ船で渡ります。そしてカレドニア人（現在のスコットランドに住んでいた人々）との紛争が続いていたブリタニア北部に**「ハドリアヌスの長城」**を築きました。これは一一八キロに及ぶ、高さ四～五メートル、幅三メートルの石造りの防壁で、一マイル（一・六キロ）ごとに城塞があり、防壁の北側には九メートルもの深さの濠を掘っていました。こうして政治軍事上の境界線とローマの権力が及ぶ範囲を誇示し、国防を整備し、国境を安定させたのでした。

このあと訪れたヒスパニアでは庭園を散策中に刃物を持った奴隷に襲われますが、単独で押さえつけ、その者が狂人だと知ると医者に治療するよう命じただけで罪を問いませんでした。そこから東へ向かい、シリア、カッパドキア、ビテュニア、小アジア、そして一二四年、ハドリアヌスはギリシアに到着します。ギリシアには半年以上も滞在し、荒廃していたアテナイ復興のため数々の古代神殿の再建に努めます。そして完成を見届けるため、このあと二度も訪れています。また、この時、エレウシスの秘儀にも入信しています。この秘儀は、アテナイ北西の小都市エレウシスで始まった農業崇拝を基盤とした密儀宗教です。豊穣の女神デメテルの娘ペルセポネが冥府の神ハーデスに誘拐され一年の半分だけ地上に戻れたことから、死と再生の神として永遠の生命の象徴となったのです。入信者は密儀によって死後の幸福が得られると信じられていました。密儀には守秘義務があったため全貌は今も不明のままです。

ハドリアヌスは、ギリシアからシチリアを経てようやくローマに戻ってきたかと思うと、一年も経たないうちに再び旅に出てしまいます。一二八年、北アフリカのカルタゴへ向かい、ギリシア、小アジア、シリア、ユダヤ王国、エジプトと、東方属州を回っています。

ローマ帝国の巡察で旅に出てばかりのハドリアヌスを、友人の詩人フロルスが冗談めいた風刺詩でからかいます。

「皇帝になんてなりたくないよ。ブリタニア人の間を歩き回って、ゲルマニアに潜んで、凍てつく寒さに震えるなんて」

詩人でもあったハドリアヌスも、負けずに詩で返します。

「フロルスにはなりたくないね。貧民窟を歩き回って、安宿に逃げ込んで、丸ぽちゃの蚊に刺されるなんて」

訳／上野真弓

■美少年アンティノウス

古代ギリシアの市民階級では、成熟した男性が少年を心身ともに愛し、一人前の男性として育てるという習慣がありました。ただし、それは少年にひげが生え始める一八歳頃までです。ローマの上流階級でも男色の嗜好はありましたが、ギリシアの少年愛とは異なり肉欲的傾向が強かったようです。基本的には私的範囲内、ベッドの中での秘密でしたが、たとえそれが表に出ても致命的なスキャンダルとはなりませんでした。

ハドリアヌスは小アジア北部のビテュニア（現在のトルコの都市ボル）で出会った美しい少年**アンティノウス**に夢中になります。ローマ型の少年愛だったようです。出会って以来ずっと自分のそばに置き、ハドリアヌスの長年の夢だったライオン狩りにも一緒に行っています。

アンティノウスについては謎が多く、ビテュニアのギリシア人だということと、生年不明の一一月二九日生まれであることしか分かっていません。出会ったのは、おそらくハドリアヌスが一二三年にビテュニアを訪れた時ではないかと考えられています。官能的な顔立ちをした青年の彫像が数多く残っていますから、知り合った当初はこの官能性に思春期のあどけない純朴さが加わって、ギリシアの理想的エロスを体現していたのでしょう。

一三〇年夏のエジプト旅行には皇妃サビーナも友人たちと同行していました。ナイル川を船で遡る楽しい旅の中で、ある日、悲劇が起こります。アンティノウスが船から川に落ちて溺死してしまったのです。なぜそんなことが起こったのかは何も分かっていません。誤って落ちた事故なのか、誰かが突き落としたのか、それとも自殺なのか、謎のままです。ハドリアヌスの治世が長く続くことを祈って自ら犠牲となり身を投げたとか、大人になってしまったため皇帝の愛を失うのではないかと絶望して自殺したとか、諸説ありますが、どちらも納得できるような理由にはなりません。

ハドリアヌスの悲嘆は大変なものでした。ローマの史家たちは「女のように泣き崩れた」と伝えています。二人の関係を知らない者はいませんでしたが、問題となったのは、関係そのものではなく、悲劇のあとのハドリアヌスの尋常ではない言動でした。皇帝権の乱用ではないかと顰蹙《ひんしゅく》を買うのです。まず、アンティノウスを神格化してナイルの岸辺に神殿を建てます。そして、その周辺、ナイル川東側に新しい町を築き、アンティノポリスと名づけます。さらに、現在はわし座の一部となっている五つの星にアンティノウス座という名称さえつけるのです。加えて、多くのアンティノウスの彫像も制作されました。

一三二年、アンティノウスを失ったあとのギリシアで、ハドリアヌスは大ギリシア主義を謳う都市同盟 **「パンヘレニオン」** を創設します。アテナイが盟主的位置に置かれ、ギリシア世界の中心へ発展させることが目的の機関でした。この年にはアテナイ南東部にオリュンピエイオンと呼ばれるゼウスの聖域も完成しています。非ギリシア圏出身のハドリアヌスがこれほどアテナイにかかわったのは、自らの憧れとアンティノウスへの想いからだったのでしょうか。

同年、**ユダヤ戦争**が勃発します。これはハドリアヌスのユダヤに対する宗教的不寛容から始まったものです。彼は、一神教のユダヤ教徒の聖地にユピテル神殿の建立を計画しただけでなく、ユダヤ教徒の宗教儀式、割礼を禁止しました。ユダヤの律法学者であるラビの書いた文献にはハドリアヌス批判が書かれており、その中にはいくつかの逸話もあります。「どのような理屈で人々を厳しく罰するのか」と尋ねた時、ハドリアヌスは、「ひょっとして、お前は、余の敵の殺し方に助言でもするつもりなのか」と答えたそうです。一三五年に戦争が終結した時には、ローマ側の犠牲も甚大なものでしたが、エルサレムは完全に破壊され、ユダヤ王国は消滅し、五八万人が死に、一五〇万人が奴隷として売られました。ユダヤ人の離散（ディアスポラ）がまた一つ、加わりました。

ハドリアヌスは、その時々で寛容だったり不寛容だったり、言動が一貫しておらず、つかみどころのない人でしたが、アンティノウスの死後はとりわけ不寛容になっていきます。不仲だった皇妃サビーナは結婚当初に「人類の幸福のために、私はこの人との子どもは産まない」と宣言したと伝わっていますので、もともと気難しい人間だったのでしょう。

■アモール・ローマ

ハドリアヌスはローマでも素晴らしい造営事業を行っています。建築に造詣の深い彼は自分で基本的な設計アイデアを出すことがありましたが、それは実に奇抜なものでした。

フォロ・ロマーノの東端、コロッセウム側に建立した**「ヴィーナスとローマの神殿」**はこの筆頭に挙がります。外観はアテナイの伝統的な神殿形式でしたが、内部構造が新奇でした。ヴィーナスはローマ建国の始祖の女神であり、ローマは都市ローマを人格化した女神で帝国の庇護と永遠性の象徴です。これら二人の女神像を並べて祀るのではなく、神殿内部を二つに分け、それを隔てる壁に女神の坐像が背中合わせになるように配置したのです。これはハドリアヌスの詩人的発想を物語っています。なぜなら、この配置は洒落の利いた言葉遊びから誘発されたものだからです。ヴィーナスは愛の女神であり、ラテン語でアモール、アルファベットの語尾から反対に読むとローマとなるのです。一つの神殿でありながら、出入り口がそれぞれ別になるのは不便ですが、これほど詩的な神殿は他にはありません。先帝トラヤヌスのために広場や記念柱などを造った当代一の建築家ダマスカスのアポロドロスは、この神殿の設計図を見た時に酷評し、短気なハドリアヌスは激怒して彼を追放し、のちに処刑したと伝えられますが、矛盾点が多いので史実ではないでしょう。

パンテオンは今も完全な形で残る円形の美しい古代建造物です。もともと初代アウグストゥスの右腕だったアグリッパが建立した万神殿でしたが、一一〇年の火事で崩壊し、ハドリアヌスがアポロドロスの知恵を借りて再建しました。パンテオンの構造は巨大な球体が基盤となっています。完全な球体を円筒に内接させて収めた形で、上半分は球体のままドームとして残し、下半分は円筒状で建設したのです。ドームの直径は四三・四四メートルで、頂上の中央にオクルスと呼ばれる丸い天窓が開いています。そして、床から天窓までの高さも四三・四四メートル、黄金比と呼ばれる絶対美が展開されているのです。これほど完璧な建造物はありません。ルネサンス期にブルネレスキがこれを参考にして大きなドームのあるフィレンツェの大聖堂を建設しましたが、当時の建築技術では内径四三メートルのドームを建造するのは難しく、二重構造のドームを考案しています。パンテオンのドームはローマン・コンクリートで建造され、高さによって素材と厚みを変えていき、上に行くほど軽量化し、見事なバランスを保っています。なお、雨が降っても頂上の天窓から内部に雨粒は落ちないという都市伝説がありますが、事実ではありません。

ハドリアヌスは、ローマ郊外のティボリにある別荘もこだわり抜いて造り上げました。緑豊かで温泉のある広大な敷地に、各地を旅した際に気に入った場所と建造物を再現したものですが、彼が実際

図７　ハドリアヌスの別荘「水上劇場」
ローマ　撮影／上野真弓

にこの別荘で過ごした時間はそう多くはありませんでした。三〇もの建物と九〇〇に及ぶ部屋があったといわれています。というのも、この別荘は、皇帝の私的な楽しみの場であるだけでなく、公務も行う宮廷も併設されていたからです。敷地はポンペイの町より大きく、巨大な運河、湖のように大きな池、浴場、哲学の広場、図書館、アンティノウスの神殿やナイル川のデルタの町を再現したカノプスもありました。水上劇場が有名ですが、これは円形の濠に囲まれた小さな島にあるハドリアヌスの私的な居室で、誰にも邪魔されたくない時にここへ籠り、小島に渡る橋を取り外していたそうです。これらの遺跡は今も残り、静かに古代に想いを馳せるには格好の場所となっています。

■聖天使城

テヴェレ川のほとり、ローマ歴史地区の対岸に威風堂々とした円筒形の**聖天使城**があります。六世紀後半にペストが流行した際、城の上空に大天使ミカエルが現れ、剣を鞘に収めてペストの終焉を告げたという逸話から、このように呼ばれるのですが、もともとはハドリアヌスが自分のために造った霊廟でした。のちにローマが教皇の都になると、ヴァティカン宮殿と秘密の通路で結ばれ、要塞や牢獄として使われるようになったローマ最強の城塞です。一六世紀初頭のローマ劫掠で当時の教皇クレメンス七世はここへ逃げて一命を取り留めています。

ハドリアヌスがローマで造営した建造物を見ると、実用より美に重きを置いたような印象を受けます。ハドリアヌスは気難しい人間だったかもしれませんが、即位後の四元老院議員処刑事件を除けば、その治世で一度も謀反が起こっていません。長い旅ができたのも、彼が作り上げた行政制度が機能していたからでしょう。元老院からは嫌われましたが、優れた皇帝だったといえるのではないでしょうか。後継者に指名したアントニヌス・ピウスは慈愛に満ちた皇帝となり、ハドリアヌスの神格化を拒否した元老院をも説得し、これを認めさせました。神格化後に建立されたハドリアヌスの神殿は、現在ローマの証券取引所となっています。

一三八年、不治の病に冒されていたハドリアヌスはナポリ近郊の入江バイアエの離宮で死を迎えます。六二歳でした。最後に、次のような詩を残しています。

途方に暮れる、甘く小さな魂よ
私の肉体に宿り、ともに生きた友よ
今、お前が降りて行こうとしているのは
無色で冷たく何もない場所
そこではもはや、慣れ親しんでいた楽しみを味わうことはないだろう

訳／上野真弓

5 アウレリアヌス

■外国人皇帝と軍の力

五賢帝時代に優れた人物を養子として後継者指名をするシステムが生まれたのは、皇帝が実子に恵まれなかったという事情もありましたが、五賢帝最後の**マルクス・アウレリウス**には息子がいました。哲人皇帝と呼ばれ『自省録』を書くほど高潔な人物だった彼も、自分の子ども可愛さに息子コンモドゥスを後継者に指名するという過ちを犯します。コンモドゥスは奇行が多くローマ史上最悪の皇帝の一人と評され、最後は親衛隊に暗殺されます。

その後は、首都長官だったペルナティクスが擁立され、三ヶ月も経たないうちに親衛隊に暗殺されます。すると、親衛隊によって前代未聞の帝位競売が起こります。つまり彼らに最も高い報酬を約束する者を帝位につけるということです。これを競り落としたのが名門貴族出身で出世街道を着実に歩んでいたディディウス・ユリアヌスでした。しかし、お金で帝位を買ったことを蔑まれて民衆からは支持されず、それに乗じて属州総督三名が帝位を狙って動き始め、在位六六日間で親衛隊に暗殺されます。次に帝位に就いたのは初の非ヨーロッパ人、属州パンノニア総督でカルタゴ出身の**セプティミ**

ウス・セヴェルスでした。強大な軍事力で**セヴェルス朝**を開始します。後継者は息子**カラカラ**で、豪奢な公共浴場を建造し、帝国全土の自由民にローマ市民権を授与した「アントニヌス勅令」の制定で知られています。彼は共同統治の弟ゲタを母親の目の前で殺害するような残虐な皇帝でしたが、軍を優遇したため兵士には人気がありました。彼らのために自身も入信していたミトラ教の神殿をカラカラ浴場下に建立しましたが、皮肉なことに兵士によって暗殺されました。セヴェルス朝は外戚のシリア人、ヘリオガバルス、その従兄弟のアレクサンデル・セヴェルスと続きます。ヘリオガバルスの女装や性的放埒がかなり脚色されて伝わっていますが、現代では性同一性障害だったと考えられていま す。二人とも一〇代前半で即位し、野心家の母親や祖母に操られたのちに、親衛隊や軍によって暗殺されました。五〇年あまり続いたセヴェルス朝は終わりを告げ、三世紀の危機と呼ばれる**軍人皇帝時代**（二三五〜二八四年）に入ります。もはや元老院は形だけで、軍が皇帝を生む時代となるのです。

■三世紀の危機

五賢帝時代のローマが平和だったのは、温暖な気候に恵まれていたことも大きな理由の一つでした。しかし二世紀半ば頃から気候は寒冷化に向かい、東から西へ、北から南への民族の移動が活発になります。そのため、広大なローマ帝国の国境が不安定になり、五賢帝最後のマルクス・アウレリウスもライン川、ドナウ川沿いの防衛線（リーメス）に押し寄せる蛮族と戦っていました。東のパルティアや北のゲルマニアからの蛮族の侵入、属州ガリアの反乱と、軍の重要性は高まるばかりでした。

二三五年から始まる約五〇年余りの軍人皇帝時代には、なんと六〇人もの皇帝が軍隊によって擁立され、そのうち元老院が承認した正式な皇帝は二六人にのぼります。彼らはイリュリア地方と呼ばれたバルカン半島西部の下層階級出身者が多く、いずれも短命政権に終わり、そのほとんどが暗殺されています。

ローマは、国家予算の三分の二をレギオン（ローマ軍）の維持に使い、残りの三分の一で貧困層への穀物配給、インフラ整備とメンテナンス、行政を担う官吏への給与を賄うという厳しい財政状況にありました。不況と財政難から貨幣価値もどん底に落ちていました。

そんな時、ローマ帝国の凋落を象徴する未曾有の大事件が起こります。二五九年、現在のトルコ南東部エデッサで、時の皇帝**ヴァレリアヌス**がササン朝ペルシアのシャープール一世に惨敗を喫し、七万人の兵士とともに捕虜となり、奴隷の身に落とされてしまうのです。共同統治していた息子のガリエヌスは父の奪還をあきらめます。

ローマ帝国の権威は地に堕ちました。それを機に、二六〇年、属州ガリアの総督が独立し、**ガリア帝国**の皇帝を名乗ります。ガリアと一口にいっても、その先に続くヒスパニアやブリタニアも含まれています。もはや全軍をまとめることは困難で、各地で軍による僭称皇帝が次々に現れますが、東方では、幸いにもローマに忠実だった同盟国パルミラのオデナトゥスが、ペルシアを撃退した上に、エメサで僭称皇帝を討ち取ってくれます。ところが、この武将が暗殺され、後妻の**ゼノビア**が幼い息子を後継者として実権を握ると、ローマに反旗をひるがえします。**パルミラ帝国**として独立し、エジプト、パレスティナ、カッパドキアを奪い取り、息子に皇帝を名乗らせたのです。ガリエヌスは未曾有の国難の中で対処すべきことが多く、疫病の流行で兵士の間に多くの犠牲者が出たこともあり、ガリア帝国とパルミア帝国の問題を放置してしまいます。

ローマ帝国は三つに分かれてしまったのでした。

戦うために生まれてきた男

多くの皇帝が軍に擁立されては消えていく中で、綺羅星のような存在だった皇帝が一人います。二七〇年に即位した名君**アウレリアヌス**です。彼こそが、ローマ帝国未曾有の危機を救ってくれた**「世界の修復者」**なのです。アウレリアヌスはバルカン半島北西部、属州パンノニアのシルミウム（現在のセルビア共和国ミトロヴィッツァ市）出身で、父親は退役軍人で農業を営む低い身分だったともいわれています。母親が太陽神を祀る神殿の巫女だったという伝承は、のちにアウレリアヌスが太陽神を正式な信仰とした時にあとづけされたものでしょう。

アウレリアヌスは一兵卒から軍のキャリアを始めてローマ軍騎兵隊の総司令官にまで出世した有能な軍人でした。規律正しく厳しい面もありましたが、政治的手腕があり、何よりも行動が早く、将来への展望にも長けていました。教養はなくとも思慮深い賢人でした。

アウレリアヌスが元老院に帝位を承認されローマに滞在していた時、属州パンノニアにヴァンダル族と黒海北方のサルマシア人が侵入します。直ちに当地へ向かったアウレリアヌスは、これを制圧して和睦します。ところが、新たな脅威の知らせが入るのです。今度はかなり深刻な蛮族侵入でした。直ちにイタリアへ駆けつけますが、ゲルマン系のアルマン族とマルコマンニ族はすでにアルプス山脈を越えてイタリアに侵入していました。アウレリアヌスは北イタリアのポー平原から強行軍でポストゥミア街道を進みますが、ピアチェンツァ付近の深い森の中で、蛮族連合軍による夜間を狙った卑劣な待ち伏せ攻撃を受け、大敗を喫します。蛮族は南へと進みアドリア海沿いの様々な町を略奪していき、ファロに達します。ファロはフラミニア街道で首都に直結していました。元老院はローマ侵攻も近いと恐怖に慄き、シビュラの神託に頼ろうとしたほどでした。アウレリアヌスは軍を立て直して蛮族を追い、ファロの少し先、フラミニア街道沿いのメタウロ川の岸辺で追いつき、撃退することに成功します。そして北へ逃げた残党を壊滅させるため追いかけ、ミラノの南三〇キロ、パヴィア付近で最終決戦をして完勝し、ピアチェンツァの雪辱を晴らしました。

貨幣改革

いっぽう首都ローマでは深刻な貨幣問題が起きていました。軍事的影響力をなくした元老院は公的機関を牛耳り、汚職が蔓延していました。造幣所もその一つでした。金貨の重さは軽くなり、銀貨の銀含有量は基準値を大幅に下回り、品質、重量ともに粗悪な貨幣が濫造されていました。鋳造過程で金や銀が抜き取られていたのです。黒幕には元老院議員がいたはずですが、証拠はありませんでした。鋳造所所長フェリキシムスと職人たちの不正を摘発します。すると彼らは一部の市民を巻き込んでチェリオの丘で反乱を起こすのです。皇帝は厳しく対処して武力で鎮圧します。職人たちの数は数百人、参加した市民が一〇〇〇人程度と考えられるため、七〇〇〇人の死者が出たという伝承は大げさでしょう。

のちの二七四年にアウレリアヌスは貨幣改革を実施します。通貨への信認を高めて帝国の経済を活性化するため、一・五％以下にまで落ちていた銀貨の銀含有量を五％に戻し、貨幣の重量も新たに設定します。また、造幣所も幾つかを閉じるなどして再編します。そして造幣所のイニシャルを刻印し、貨幣の発行管理をよりよく行える体制にしました。銅貨の鋳造は廃止されたため、ＳＣ（セナトゥス・コンソルトゥム＝元老院発行）と刻印の入った銅貨は姿を消すことになりました。

アウレリアヌスの城壁

アウレリアヌスの在位はわずか五年でしたが、その名はローマで永遠のものとなりました。彼の築いたローマを守る城壁が一七〇〇年以上を経た今もなおローマの旧市街を取り囲んでいるからです。全長一九キロ、厚さ三・五メートル、高さ六・五メートルで、ローマで最も重要だった北の入り口フラミニア城門に隣接する一部の区間では、その後の修復工事によって一五メートルの高さにも及びます。

この城壁を築いた時、ローマは歴史的な分岐点にありました。それまでローマはローマが攻略されるわけがないという確信に満ちて生きてきました。比類なき覇権者として優位を保つ町だと信じ切っ

図8　ガイウス・ケスティウスのピラミッドとアウレリアヌスの城壁
ローマ　撮影／上野真弓

ていたのです。しかし、この時、凋落の兆しが現れ始め、異民族の襲撃に打ち負かされるのではないかという懸念を抱くようになっていました。異民族の概念は変わりつつありました。ローマ人にとって、かつて軍事的征服の対象だった異民族は、今では脅威そのものになっていたのです。

壮大で堂々とした新しい城壁は、不滅の強国を感じさせるようなものでした。ローマには紀元前の王政時代に築かれたセルヴィウスの城壁がほんの一部残っていましたが、二つの城壁には根本的な相違がありました。セルヴィウスの城壁は、城壁の中に暮らすローマ人のアイデンティティを示す役割の方が大きく、内側を見つめていました。いっぽうアウレリアヌスの城壁は、蛮族の脅威、つまり外側を見つめていたのです。

巨大な事業を遂行するにあたって、時間とお金を節約するために工夫されたことは、城壁の通る道筋にある建造物をそのままの形で組み込んだことでした。水道橋、ヘリオガバルスの円形闘技場、ガイウス・ケスティウスのピラミッドなどを、今も城壁とともに見ることができます。ちなみに、四一〇年のローマ略奪で、西ゴート王のアラリック一世は、内通者によって開かれたサラリア街道の城門からローマ入城を果たしています。アウレリアヌスの城壁を打ち破ったわけではないのです。

ダキア放棄

城壁の建設が始まると、アウレリアヌスはパルミラ問題を片づけるための準備に入りますが、予期せぬことが起こります。ゴート族が属州ダキアに侵入したのです。ダキアはトラヤヌスが征服した土地でローマ化が進んでいた場所でした。現在はルーマニアとなっていますが、ラテン語系の言語を話すルーマニア人は、ローマ化されたダキア人が祖先だといわれています。

アウレリアヌスがダキアに到着した時、ドナウ川周辺地帯は略奪されたあとでした。蛮族を攻めてドナウ川の向こうに追いやり、後背地で打ちのめしましたが、彼は、講和の段階で、侵略を続ける蛮族を食い止めるには戦略を変える必要があるのではないかと考えました。首都を守るために城壁を築くのなら、帝国を守るためにダキアを犠牲とすることもあり得るのではないか、そうすればドナウ川防衛線にかかる莫大な費用を抑えることができると考えたのです。

こうしてアウレリアヌスはドナウ川北側に広がる属州ダキアをゴート族に譲渡し、ドナウ川南岸のモエシアの一部とダルマティアの一部を併せて属州新ダキアを新設しました。そしてダキアにいたローマ市民を南岸に移住させたのでした。

ダキアを放棄するという決断は、軍事上の問題を軍人らしいひらめきで解決したものです。ドナウ川防衛線の確立で、これまでより防衛線が狭まり、警備に必要な兵士は以前より少なくて済みます。こうして、防衛線に常駐していた軍の一部をパルミラ攻略のための戦争に連れて行くこともできました。アウレリアヌスは、短期間で状況を把握し、最も有益な方法を考えて、即座に実行に移すことができる、極めて優秀な皇帝でした。

■ゼノビア女王

パルミラの勢力はエジプト、シリア、小アジア、東方全体に拡大していましたが、それをローマが一〇年あまり黙認していたのは、蛮族の侵入の対策に追われていたことに加えて、表面的にはパルミラがローマ帝国の下にあることを明示していたからでした。しかし、ゼノビアが息子を皇帝（アウグストゥス）、自身をアウグスタ（アウグストゥスの女性形）と称すると状況は変わります。アウレリアヌスは降伏するよう呼びかけますが、ゼノビアが抗戦の意思を示したため、ドナウ川防衛線から軍を率いてパルミラ領となった小アジアへ向かいます。各都市へ解放者として進軍し、降伏後は寛大な処置を取ったため、無駄な血を流すことなく、属州シリアのアンティオキアへ着き、オロンテス川そばの平原でパルミラ軍との一回目の本格的な戦闘を行います。パルミラ騎兵隊は人も馬も鎧をつけた重装騎兵隊で、見ただけで威圧感がありました。しかし軽装のローマ騎兵隊は、相手を挑発しては追わせることを繰り返し、暑さの中で彼らが疲れ果てたところを全力で攻撃し、見事に勝利を収めます。かつてローマ騎兵隊の総司令官だったアウレリアヌスの戦略勝ちでした。

ゼノビアは残った軍を率いて二〇〇キロ先のエメサへ退却し、そこで別の騎兵隊を加えて、第二戦となりました。パルミラ騎兵隊は数の上でも攻撃の点でもローマ騎兵隊を上回っていましたが、アウレリアヌスはここでも新たな戦略を使います。ローマ騎兵隊を追ってきたパルミラ騎兵隊の隊列が崩れる時を狙って、横からローマ歩兵団が棍棒で襲ったのです。思いがけない襲撃に混乱して倒れたり逃げ惑ったりする彼らを打ちのめすのは簡単でした。この時、ゼノビアの息子も戦死しています。

ゼノビアは側近たちとパルミラに戻り籠城します。彼らは、砂漠の中ではローマ軍の兵糧補給は難しいと踏んでいましたが、アウレリアヌスはエメサからの補給網を確保し、敵が降伏するまでの持久戦に持ち込みます。そして、ゼノビアが夜の闇に紛れて重臣とともにラクダに乗ってペルシアへ向かった時、ローマ軍はユーフラテス川の手前で彼女らを捕えました。ゼノビアは、大きな黒い瞳と真珠のように白い歯を持つ絶世の美女といわれましたが、男性の君主と同じように甲冑を身にまとう勇敢な女性でもありました。けれどもクレオパトラに憧れていた彼女が、クレオパトラになることは決してありませんでした。ローマへの反逆行為を重臣たちのせいにして命乞いをし、ローマへ捕虜として連行されることを選んだからです。

その後、パルミラではアウレリアヌスの寛容さを逆手にとった反乱が起こり、二七三年、パルミラは完全に破壊されます。

ガリア奪回とソル・インヴィクトス（無敵の太陽神）

パルミラ帝国を滅ぼして東方を取り戻したアウレリアヌスは元老院とローマ市民に熱狂的に迎えられますが、凱旋式を挙げるのは待つことにします。ガリアの分立問題を解決する必要があると考えたからです。二七四年、アウレリアヌスは西のガリア帝国へ進軍します。

その頃のガリア皇帝は裕福な元老院議員の家系にある**テトリクス**で、同名の息子を共同皇帝としていました。ゲルマン人の侵入やガリア・ベルギカ（現在のベネルクス三国）総督ファウスティヌスの反乱に悩まされていましたが、テトリクスはアウレリアヌスの侵攻を受けてライン軍団を南方へ移動し、現在のシャンパーニュ地方にあたる平原でカタラウヌムの戦いに臨みます。ローマ軍が圧倒的な勝利を収め、テトリクスと息子は捕虜としてローマへ連行されました。ちなみにテトリクスがアウレリアヌスと事前交渉して、身の安全を確保した上でガリア帝国を引き渡したと伝える史料もありますが、史実ではないと考える研究者が多いようです。

いずれにしても、**アウレリアヌスは西方属州のガリア、ゲルマニア、ヒスパニア、ブリタニアをローマ帝国に取り戻した**のです。

古来、太陽神信仰は各地に存在していました。ローマにもギリシア神話のヘリオス（アポロン）、ローマ神話のソル、ローマの軍人に信仰された東方由来のミトラ神、ヘリオガバルスがシリアのエメサからもたらした**ソル・インヴィクトス**（無敵の太陽神）などがありました。アウレリアヌスは、エメサでソル・インヴィクトスの恩寵を受けてパルミラを下すことができたとして、ローマ帰還後に神殿を建立することを明言していました。

二七四年末、アウレリアヌスは、神殿の落成式を機にソル・インヴィクトスをローマの正式な信仰とします。目的は、ローマ帝国の全市民に連帯感をもたらすことと皇帝権力の絶対化でした。太陽神信仰は形を変えて各地に存在していたため、その中心にソル・インヴィクトゥスを置くことで宗教的一体感を演出したのです。そして、太陽神が人類普遍の神であるのと同様に、神に選ばれ恩寵を受けた皇帝は全世界の支配者であるというイデオロギーを構築しようとしたのでした。

世界の修復者

二七四年のアウレリアヌスの凱旋式は、まるでローマがかつての栄華を取り戻したかのように華々しいものでした。行列はエキゾチックな動物集団、象や虎やキリンなどで始まり、八〇〇組の剣闘士、多くの宝物を掲げた多様な征服地の捕虜、鎖で手を縛られた蛮族の捕虜へと続き、パルミラ帝国の女王ゼノビア、ガリア帝国の皇帝テトリクスとその息子も見せ物となりました。

ゼノビアは、ローマ人が見たこともないような豪奢な姿で、たくさんの大きな宝石を身につけ、その重さで身体を支えることができないほどでした。足元は黄金に包まれ、手と首には黄金の鎖がかけられ、ペルシアの小姓がそばについていていました。いっぽうテトリクスはガリア風のズボンをはき、緑の単衣を着て、鎖につながれていました。

凱旋将軍アウレリアヌスは、凱旋車の上で真紅のマントをひるがえしてフォロ・ロマーノの聖なる道をカピトリーノの丘へ向かって進みます。戦車は四頭の白馬ではなく、見事な角を持った四頭の大雄鹿で引かれていました。この大雄鹿はユピテル神殿の祭儀で神に生け贄として捧げられましたが、捕虜たちには寛大な措置がとられました。伝承では、ゼノビアは元老院議員と結婚し、ローマ郊外のティボリの邸宅に暮らしたそうです。いっぽうテトリクスはチェリオの丘に屋敷をもらい、南イタリアのルカニア地方（現在のバジリカータとサレルノ）の総督となり、息子にも元老院の議席が与えられたといいます。

アウレリアヌスは、三つに分裂していたローマ帝国を再統一した功績で「世界の修復者」という称号を受けました。

非業の死

二六〇年にヴァレリアヌスが受けた屈辱的な出来事以来、ローマはペルシアと直接対決をしていませんでした。辺境では常に小規模な争いが生じていたため、アウレリアヌスはまず北のガリアでアレマン族を抑え、そこから東へ下ってバルカン半島でゴート族と戦闘したあと、大軍団を率いてペルシアへ向かいます。この危険に満ちたペルシア遠征の動機は、おそらく最初に自分を認めてくれたヴァレリアヌスの仇を打ち、ローマ帝国の威信を取り戻し、属州メソポタミアとレバント（地中海東岸地域）諸国の奪回だったのでしょう。しかし、それを果たすことはできませんでした。

アウレリアヌスはビザンティオンの手前の町で将校たちに殺害されます。二七五年一一月のことでした。属州の将校たちの汚職を厳しく罰していたからだともいわれますが、一般的にはエロスという名の秘書官が企んだことだとされています。自身が犯した過失を咎められ、極刑を恐れた彼は、自分の身を守るため一部の将校たちを騙すことを考え、皇帝の筆跡を巧みにまねて彼らの名前を書き入れた処刑者リストを偽造しました。それを見せられて恐れ慄いた彼らは、事実かどうかも確かめず、途中休憩した町で護衛がいない時を狙ってアウレリアヌスを殺害したのです。

ローマ帝国の人々は口が利けなくなるほどの衝撃を受けます。この謀反に無関係だった将校たちも兵士たちも、一兵卒から皇帝にまでのぼりつめ、「世界の修復者」として栄誉を受けた尊敬すべき総司令官の死に泣き崩れ、市民たちも心からの涙を流します。

わずか五年の在位でしたが、アウレリアヌスは歴史に煌めく痕跡を残した最後の皇帝だったといえるでしょう。

第3章 中世のローマと教皇

おおよその人口推移　20万～3万人

5～6世紀に蛮族の略奪を3度受けたローマの人口は8万人と激減する。その後も下降線をたどり、15世紀まで人口3、4万人が続く。キリスト教の台頭と教皇国家が成立していく中世のローマ。

レオ四世（？～855年）
9世紀、イスラムが城壁の外のヴァティカンを略奪したあと登位し、ヴァティカンの城壁を築く。奇跡を起こして再度の襲撃を撃退する。「ローマの修復者」と呼ばれる。

ボニファティウス八世（1235頃～1303年）
13世紀、高度成長期に登位した野心家で個性的な教皇。聖年を制定する。詩聖ダンテが恨みを募らせた相手。フランスと対立し、襲撃されたことで憤死する。

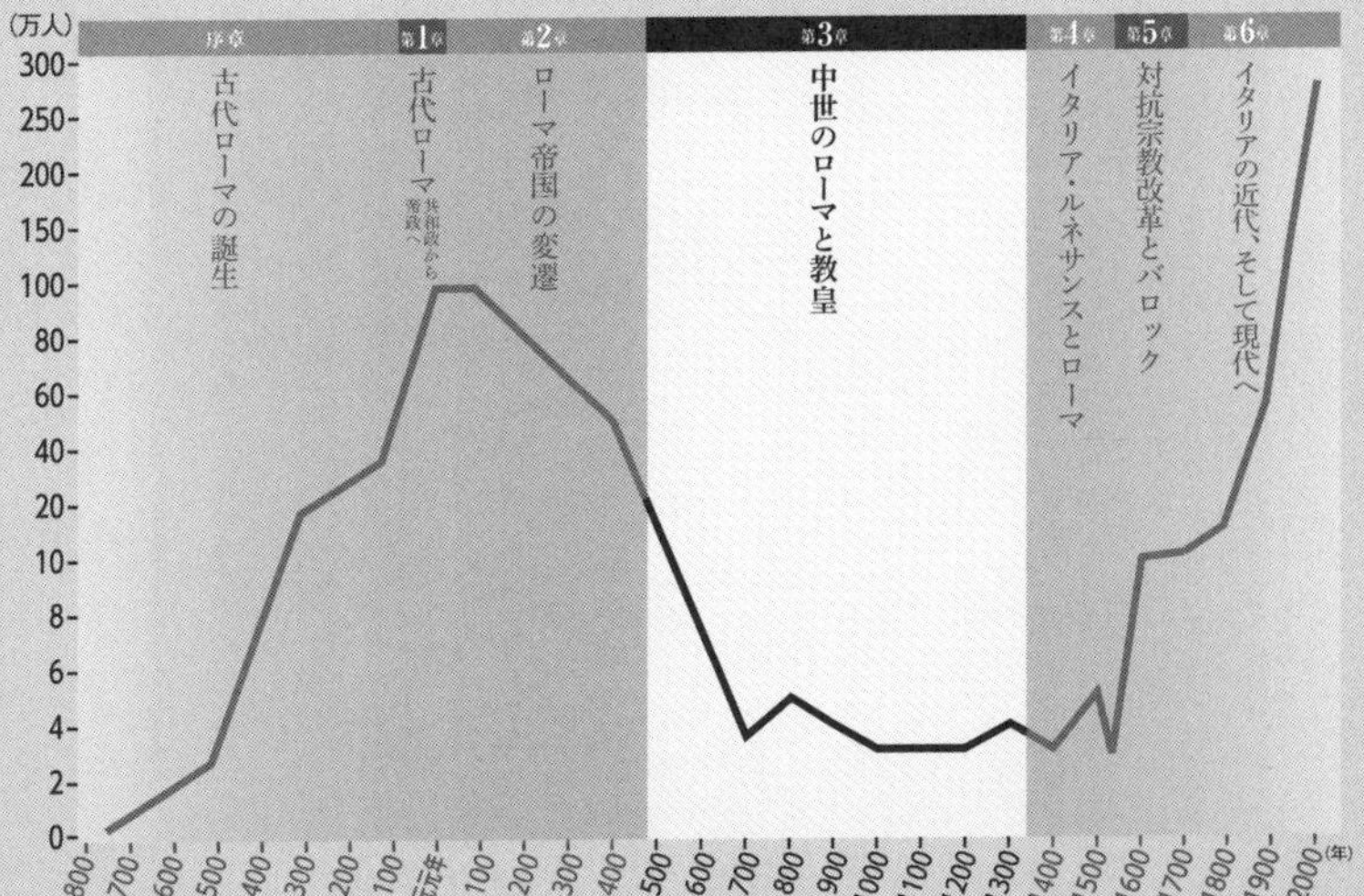

この時代のローマ

■イタリア史における中世

西洋史は、古代、中世前期、中世後期、近代、現代と時代区分されますが、これは便宜的なもので学者によっても意見が分かれています。イタリアでは、**中世前期**はいわゆる西ローマ帝国の滅亡（四七六年）の五世紀から一〇世紀まで、**中世後期**は一一世紀（一〇〇一年）からコロン（コロンブス。本書ではイタリア名コロンボをスペイン宮廷に仕えたことを考慮してスペイン語表記にしています）が新大陸へ到達する一四九二年までをさします。

中世は、かつて暗黒時代と呼ばれていました。この概念は、ルネッサンス期に中世を古典文化の衰退期ととらえて「無知と迷信の時代」と見なしたことから生まれたものですが、現在では誤解を招くような言葉は使わないようになっています。経済や文化活動が低迷した中世においても、ビザンティン、カロリング・ルネッサンス、ロマネスク、ゴシックと、個性的で独自の文化が花開きました。

■ゲルマン人の移動とローマ

ゲルマン人は、三世紀の軍人皇帝時代以降、**フォエデラティ**（ローマ帝国が金銭を与えて傭兵の供給を受ける蛮族との取引）によって帝国領内に共存していましたが、四世紀後半から**民族の大移動**が始まります。気候変動が原因でフン族が西へ移動を始め、ゲルマン系の諸部族が圧迫されて南下を始めたのです。大移動は約二〇〇年にわたって続き、西ゴート、東ゴート、ブルグンド、フランク、ヴァンダル、アングロ・サクソンの建国が続きます。五六八年、ランゴバルド王国が北イタリアに成立すると、ようやく民族の大移動は落ち着きました。

ローマは、四一〇年の西ゴート、四五五年のヴァンダル、五四六年の東ゴートと、三度の略奪を受けて辛い時代に入っていました。百万都市だったローマの人口は十分の一以下となり、蛮族による水道施設の破壊でローマ市民はテヴェレ川の水を頼る生活になりました。ローマ市の運営はローマ教皇の役割となっていきます。六世紀末には大洪水に見舞われ、ペストも流行しました。この頃の教皇**グレゴリウス一世**は大教皇として知られています。高潔な人物で、貧者を助け人々を導き、聖画や音楽（グレゴリオ聖歌）を使って文字の読めない異民族に布教活動を続けました。

教会と修道院

西ヨーロッパの中世はキリスト教の時代です。信仰は、人々の誕生から死まで人生の節目となる儀式だけでなく、戦乱や天災など不安の多い時代の心の拠り所にもなりました。ローマ教会はすでに遺贈やお布施で莫大な資産を所有していました。教皇庁が国家機能と文化的役割を果たす反面、聖職者の腐敗が見られるようになります。いっぽう世俗を離れた修行の場であり荘園も所有する修道院は、信仰、学問、経済活動で重要な存在となります。六世紀にベネディクトゥスがモンテ・カシーノに創設した**ベネディクト修道会**は厳しい戒律と「祈りと労働」をモットーにヨーロッパ各地に広がっていきました。学問は神学が最高とされ、当時の知識人は聖職者や修道士で、**ラテン語**が共通語でした。

■ゲルマン国家と教皇領

ゲルマン諸国家の大半は短命でしたが、着実に領土を広げたのが**フランク王国**でした。四八一年にフランク王となったメロヴィング家のクローヴィスはアリウス派キリスト教（キリストは救世主だが人間だという教義）からアタナシウス派（キリストは神の子で、神と精霊と三位一体だという教義）に改宗し、ローマ教皇と密接な関係を築くようになります。メロヴィング朝が衰退すると、宮宰**カール・マルテル**がイベリア半島のイスラム軍のフランス侵入を押さえて西方キリスト教世界を守り、その息子**ピピン三世**が七五一年に**カロリング朝**を開きます。ちょうどその頃、東のローマ帝国の総督府のあったラヴェンナがランゴバルド王国に攻略され、時の教皇ステファヌス三世は、宗教的権威としてピピン三世の王位の正当性を認める代わりに、ランゴバルドを追い払うよう求めます。七五六年、ピピン三世はランゴバルドを追い払うと、そのまま教皇ステファヌス三世に寄進します（ピピンの寄進）。**これが教皇領の始まりで、ローマ教皇は世俗君主の顔を持つことになったのです。**

東方と西方のキリスト教会

本書では、カトリック教会をローマ教会、東方正教会を東方教会と記述しています。カトリックという言葉には「普遍的な」という意味があり、正教という言葉には「正統な」という意味があるので、中立の立場を取るためです。

ローマ教会はフランク王国と結託して西方キリスト教世界を形成していきます。もともと五本山（ローマ、コンスタンティノープル、アンティオキア、エルサレム、アレクサンドリア）と呼ばれるキリスト教会があり、当時は使徒ペテロの墓を抱くローマ教会よりコンスタンティノープルの東方教会のほうが上の立場にありました。

七二六年、東のローマ帝国のレオン三世が**聖像崇拝禁止令（イコノクラスム）**を発布します。しかし文化度の高い東方と異なり、文字の読めないゲルマン人に布教活動をしていたローマ教会には聖像が不可欠でした。二つの教会の対立は決定的なものとなります。東方教会でイコン制作をしていたギリシア人修道士たちはローマへ逃れ、七八二年、教皇ハドリアヌス一世はギリシア人居住区にあるサンタ・マリア・イン・コスメディン聖堂（現在の真実の口広場にある教会）を彼らに与えました。

ローマ教皇レオ三世は、八〇〇年、ピピンの息子カールをローマ皇帝に戴冠**（カール大帝の戴冠）**し、東のローマ帝国および東方教会と決別します。カールの死後は内紛が起こり、八四三年のヴェルダン条約と八七〇年のメルセン条約で、西フランク王国、東フランク王国、イタリア王国に分かれ

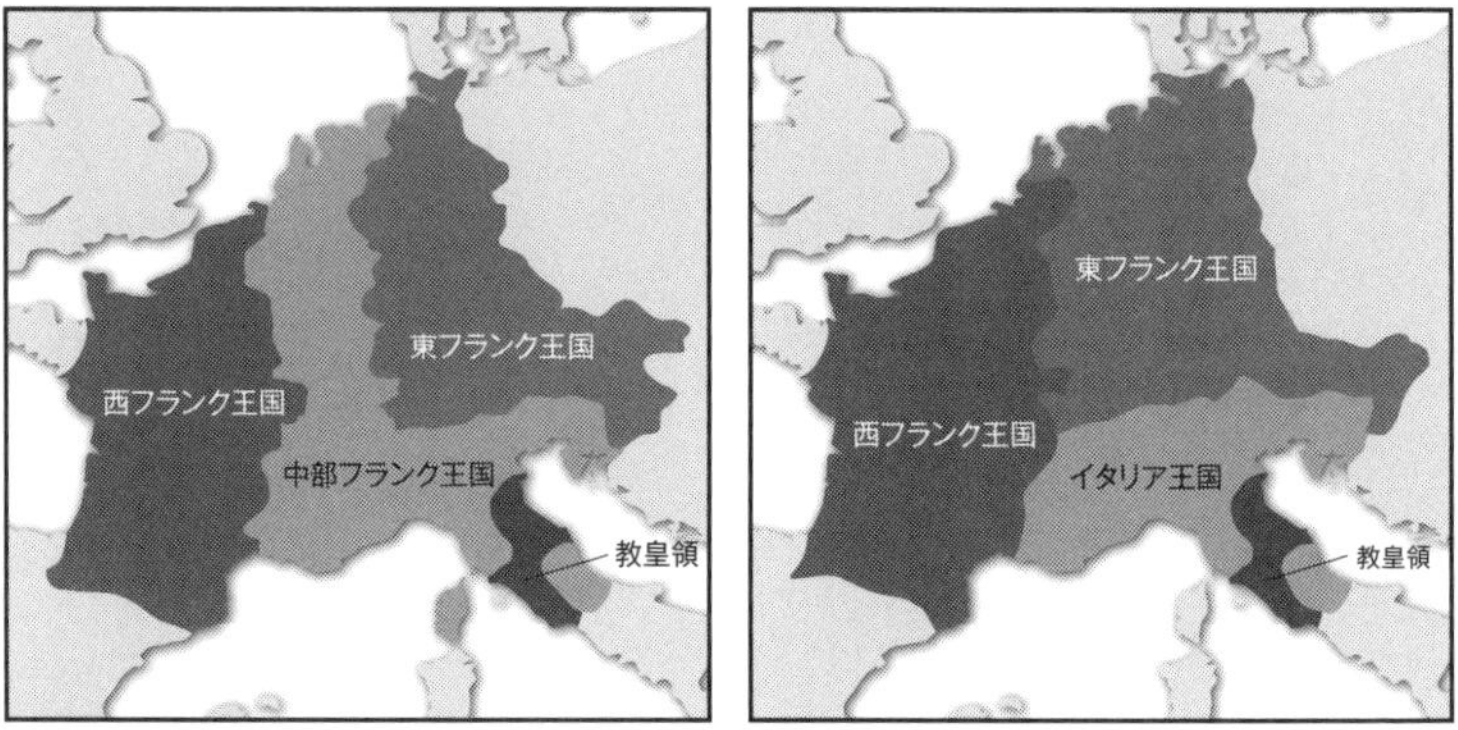

ヴェルダン条約（843 年）による分割　メルセン条約（870 年）による分割

図９　フランク王国の分裂

（図９）、その後、東西のフランク王国は滅亡し、西フランクはカペー朝フランス、東フランクはザクセン朝ドイツとなります。九六二年、ドイツのオットー一世がマジャール人の侵入を撃退すると、教皇よりローマ皇帝に戴冠されます。

なお、**一〇五四年に東西教会は相互破門して分裂しました。**

■ローマ帝国とは？

ローマ帝国、西ローマ帝国、東ローマ帝国、ビザンツ帝国、神聖ローマ帝国、様々な呼称について説明しておきましょう。

初代皇帝アウグストゥスによって始まったローマ帝国は、コンスタンティノープルへの遷都後も、いわゆる西ローマ帝国の滅亡といわれる西方皇帝の廃位後もローマ帝国であり続けます。東西に分けるのは便宜上、後世の人間が作り出したもので、当時の人々にとってローマ帝国はあくまでも一つで、そこに暮らす人々にはローマ人という意識がありました。**ビザンツ帝国**は、八世紀以降、東のローマ帝国が体質も文化も本来のローマ帝国からかけ離れてしまったために使われる呼称です。

カール大帝の誕生は、西方にローマ帝国が復活したことを意味しますが、フランク王国＝ローマ帝国ではなく、王と皇帝を兼任するという形でした。いわゆる**神聖ローマ帝国**も新たな国家の誕生ではなく、西方のローマ帝国がカール大帝のフランク王国を経てドイツ王に継承されただけです。神聖ローマ帝国という国号は、一三世紀半ばのホーエンシュタウフェン朝断絶後の大空位時代から用いられるようになりました。その後、イタリア王権を失い、一五一二年以降は、「ドイツ国民の神聖ローマ帝国」という国号になりました。

封建社会と叙任権闘争

長く混乱が続いた西ヨーロッパでは、八世紀頃から農業中心の封建的主従関係が発展します。貨幣よりも現物が価値を持つようになり、弱者が身近な有力者に庇護を求めたからです。領主の荘園で働く農民は農奴と呼ばれる自由のない身分で、これは古代ローマ帝国時代のコロヌスに由来します。荘園は各地の大司教や修道院も所有しており、ローマ教会に莫大な富をもたらします。また、有力者同士の政治的な結びつきも始まりました。

八四六年、急激に勢力を広げたイスラムがローマを襲撃します。アウレリアヌスの城壁のおかげで旧市街には侵入できませんでしたが、城壁の外のサン・ピエトロ大聖堂やサン・パオロ大聖堂は略奪されました。教皇**レオ四世**はヴァティカンを守る「ムーラ・レオニーネ」（教皇レオの城壁）を築き、**「ローマの修復者」**と呼ばれます。

一〇世紀前半のローマ教会は堕落し、教皇と愛人関係にあったといわれるマロツィアという女性が教皇庁を思いのままに操りました。息子のアルベリコの善政時代も含めて、六〇年あまり続く時代は**「ポルノクラシー」**と呼ばれています。

皇帝は高位聖職者に世俗の人間を任命することでローマ教会に介入し、教皇選出に影響を与えるようになります。世俗権力の介入は聖職売買の土壌にもなりました。そこでフランスのクリュニー修道院が中心となって教会改革運動を始めましたが、教皇グレゴリウス七世も改革を押し進め、聖職売買や聖職者の妻帯を禁じ、聖職者の任命権（叙任権）をめぐって皇帝と熾烈な争いを行いました**（叙任権闘争）**。

グレゴリウス七世は教皇の優位性を主張して、一〇七六年、ローマ皇帝ハインリヒ四世を破門します。帝権の強化を懸念していたドイツ諸侯たちは、破門が解除されなければ廃位すると皇帝を脅したため、一〇七七年、皇帝は教皇に謝罪します**（カノッサの屈辱）**。しかし一〇八四年、皇帝は勢力を立て直してローマを攻め、これに対してグレゴリウス七世はノルマン人のグイスカルドに援軍を頼み、ローマの略奪を招いてしまいます。

皇帝と教皇の権力闘争には**バローネ**と呼ばれるローマの貴族たちもかかわり、二派に分かれて激しい抗争を始めます。中でも皇帝派の**フランジパニ一族**は権勢をふるい、ローマの主要区域を支配しました。

なお、叙任権闘争は一一二二年のヴォルムス協約で妥協を迎えます。

■十字軍

一一世紀後半、トルコ系セルジューク朝が小アジアや聖地エルサレムを支配下に置き、脅《おびや》かされた東のローマ皇帝アレクシオス一世は、教皇ウルバヌス二世に援軍を要請しました。教皇は一〇九五年のクレルモンの宗教会議で聖地回復の聖戦を提唱し、一〇九六年から各国の諸侯や騎士で構成された十字軍遠征が始まります。一二七〇年まで全部で七回行われますが、聖地回復の目的は達成されませんでした。けれども十字軍遠征がきっかけで中継地となったヴェネツィアなどのイタリア諸都市は繁栄し、東方との交易や交流が盛んになっていきます。また、第一回十字軍のあと、中世ヨーロッパの騎士修道会である**聖ヨハネ騎士団**（現在はマルタ騎士団）、**テンプル騎士団**、**ドイツ騎士団**などが誕生します。

■コムーネと教皇国家

一一世紀に入ると西ヨーロッパの気候は温暖になり、**三圃式農業**（農地を三つに分け、春蒔き耕地、秋蒔き耕地、休耕地として年ごとにローテーションで利用して三年で一巡する土地利用法）の普及や農業技術の進歩により農業生産が増大します。余剰生産物は商工業の発展を促し、人々は豊かになり、封建領主の支配から自由になろうとします。こうしてイタリア各地にシエナやフィレンツェなどの**自治都市（コムーネ）**が次々に生まれるのです。また、商業圏の発展はアマルフィ、ピサ、ヴェネツィアやジェノヴァなど海洋都市の繁栄を導きました。

ローマは教皇国家という特殊な都市だったため、イタリア半島の諸都市とは状況も発展過程も異なりますが、一一四三年、ローマでも自治権獲得のため元老院再建運動が起こります。教皇とバローネはこれをつぶそうとしてローマは動乱状態に陥り、そこへパリの神学者アベラールのもとで学んだ修道士アルナルド・ダ・ブレッシャが現れ、この運動を先導します。彼は教皇の世俗権力を否定して人気を得ますが、最終的に異端判決を受けて処刑されました。一一八八年、教皇クレメンス三世が自治政府を認め、ローマのコムーネは一三九八年まで続きます。

聖年〜アヴィニョン捕囚〜ペスト

一三世紀は西ヨーロッパ経済の高度成長期でした。イタリアの自治都市は商業活動で飛躍的に発展し、商業圏を東方や西方にも広げます。これに伴い貨幣経済と金融業が発展し、フィレンツェやヴェネツィアなどは莫大な富を蓄積します。経済の発展はそのままローマ教会の増収につながりました。

ボニファティウス八世が教皇に登位した一二九四年は、まさにその絶頂期にありました。その頃、フランス王**フィリップ四世**がイングランドとの戦費調達のため教会にも課税を始めます。フランス教会からの献金は教皇庁の大切な収入源だったため、教皇は教会課税禁止の勅令を出して対抗します。さらに一三〇〇年を聖年として、この年にローマを巡礼すれば神の赦しが得られるという、史上初の大恩赦の年を制定します。その結果、教皇庁の財政はますます潤いました。しかし教会課税問題はあとを引き、フィリップ四世は三部会で国内の支持を得た上で、教皇の政敵コロンナ家と共謀し、一三〇三年、アナーニの別邸に滞在中の教皇を襲撃します（アナーニ事件）。教皇は救出されますが、憤死してしまいます。

一三〇九年、フィリップ四世は教皇庁をフランスのアヴィニョンへ移転させます。これをユダヤ人のバビロン捕囚にたとえて**アヴィニョン捕囚**と呼びます。約七〇年続き、教皇庁のローマ帰還後も、フランスはアヴィニョンに対立教皇を立て続け、教皇庁が二つ並ぶという異常事態が続きます（**教会大分裂・大シスマ**）。この分裂は、一四一七年、コロンナ家出身の教皇マルティヌス五世がローマに戻るまで続きました。

アナーニ事件に続くアヴィニョン捕囚で、教皇の権威は地に落ちてしまいます。そして、一三四八年にはヨーロッパ全土を**ペスト（黒死病）**が襲います。一四世紀に入って寒冷化が始まり、飢饉で飢えた人々には病原体への抵抗力がありませんでした。一三五一年まで流行を繰り返し、ヨーロッパの全人口の約三分の一が死んだといわれます。

6 レオ四世

イスラムの脅威

七世紀初頭にムハンマドが創始したイスラム教は瞬く間に広がり、イスラム教徒は七世紀半ばから大規模な征服活動を行います。エルサレム、シリア、エジプトを制覇し、東のローマ帝国も領土の大半を失いました。八世紀に入るとイベリア半島を掌握し、地中海の制海権も確保します。さらにピレネー山脈を越えてフランスに侵入しようとしますが、七三二年、フランク王国メロビング朝の宮宰**カール・マルテル**が**トゥール・ポワティエの戦い**で撃退します。しかし、地中海世界は政治的・文化的統一を失いつつあり、東西教会は聖像崇拝禁止令（イコノクラスム）で対立していました。

ローマ教会はカール・マルテルの息子ピピン三世のカロリング朝フランク王国を承認することで教皇領を得て、以後、フランク王国と西方キリスト教世界の形成に努めます。ピピンの息子**カール大帝（シャルルマーニュ）**は外敵を次々に打ち負かして西ヨーロッパ統一を成し遂げ、八〇〇年、教皇レオ三世よりローマ皇帝として戴冠されます。けれども大帝の死後、王国は分裂して弱体化し、西方キリスト教世界の統一はひと時の夢に終わってしまいました。

そうして、再び無秩序な世界へ戻っていきます。北方のバイキング、ノルマン人やデーン人が西ヨーロッパやイングランドへ侵入し、東ヨーロッパは蛮族マジャール人に壊滅状態にされます。何にもましてイスラム勢力は脅威でした。イスラム世界と海を隔てるだけで西方キリスト教世界の最前線にあったイタリア半島とローマは、彼らの標的となります。この頃すでにイスラムは軍事力だけでなく、経済的にも文化的にも高度な水準に達していました。

■イスラムのローマ略奪

サラセン人（中世ヨーロッパにおけるイスラム教徒の呼称）はシチリアと南イタリアのプーリアを征服したあと、ナポリ北部のカステル・ヴォルトゥルノを攻略します。そして八四六年八月、七五隻の小艦隊を率いてローマの外港オスティアからテヴェレ川を遡り、ついにローマへ、ポルトゥエンセ城門近くのリーパ・グランデ港へ到達するのです。しかし頑強なアウレリアヌスの城壁に阻まれて、彼らはどうやってもローマへ侵入することができませんでした。そこで城壁の外に位置するヴァティカンのサン・ピエトロ大聖堂を襲撃することにしました。そこにはコンスタンティヌス以来、五世紀にわたって集められた芸術品や数多の君主や教皇たちが奉納した財宝があり、彼らはそれらのすべてを略奪します。聖画を破壊し、聖堂の扉を覆った金や銀をもはぎとり、黄金の主祭壇が最大の戦利品となりました。さらに聖ペテロのクリプタ（地下聖堂）も破壊して宗教的冒瀆も行います。この場所はローマ教会の聖性を象徴していました。それが汚された事実は、キリスト教世界全体に大きな衝撃を与えました。サラセン人はサン・ピエトロの略奪が終わると、近くにある聖堂も同じように略奪して火をつけました。それから船の停泊している方へ戻り、そこから近い城壁の外のベネディクト会の修道院やサン・パオロ大聖堂も同じように略奪し、冒瀆したのです。

時の教皇セルギウス二世（在位八四四～八四七年）は、**皇帝ロタール一世**に救援を要請しますが、彼らは何のアクションも起こしませんでした。カール大帝の後継者たちには大帝のような実力もカリスマ性もなく、フランクの勢力は弱体化していたのです。その代わり、ローマの北にあるランゴバルド系のスポレート公国のグイード一世が駆けつけ、サラセン人をローマ北西の沿岸チヴィタヴェッキアまで敗走させます。一部の海賊たちは陸路から南へ逃げましたが、ナポリ公の息子チェザーリオ率いるナポリ軍が迎撃して打ち勝ち、略奪品の一部を取り返してくれました。

八四七年一月、セルギウス二世は、ローマを襲った悲劇にひどく心を痛めて亡くなります。

教皇レオ四世の奇跡

後任の**教皇レオ四世**（在位八四七～八五五年）はローマ出身ですが、俗名もはっきりしていません。分かっているのは父親の名前で、そこからランゴバルド系であったと推測されています。ヴァティカンのベネディクト会サン・マルティーノ修道院で学び、教皇グレゴリウス四世に高い評価を受けて副助祭となり、満場一致で新教皇に選出された時は、チェリオの丘のサンティ・クワトロ・コロナーティ聖堂を名義教会（枢機卿に与えられる教会）とする枢機卿でした。

ローマは数ヶ月前にサン・ピエトロ大聖堂などを略奪されたばかりで非常事態にありました。切迫するサラセン人への危機感から、皇帝の正式承認までとても待てる状況にはなく、セルギウス二世が亡くなったその日（一月二七日）に選出後、直ちに登位しました。ロタール一世がこの件に関して憤慨することはありませんでした。おそらくサラセン人の襲撃の際にローマを守らなかったことを自覚していたからでしょう。いずれにしても四月一〇日に皇帝による任命式を行っています。

新教皇が選出された八四七年、ローマ市民はサラセン人が再び来るのではないかという不安に苛まれていました。その上、ローマで大きな地震が起こったのです。それはコロッセウムの一部が崩落するほどもので、ヴァティカンそばのボルゴ地区では地震による火災が発生しました。おりからの強い風で火は燃え広がり、サン・ピエトロ大聖堂の柱廊にまで迫る勢いでした。火災の知らせを受けたレオ四世は、急いで現場に駆けつけると、激しく燃える炎を前にして神に祈り始めました。そして、十字架を切ったその瞬間、不思議なことに広範囲で燃え上がっていた火は消えていきました。この出来事は、レオ四世の奇跡として、ヴァティカン宮殿（現在のヴァティカン美術館）のユリウス二世の教皇居室「火災の間」にラファエッロによって描かれています。

■ローマの修復者

サラセン人はローマ近海で海賊行為を続けていました。八四六年の略奪でローマが受けた傷は大きく、レオ四世はヴァティカンの丘を防御する城壁の必要性を痛感します。三世紀後半に築かれたアウレリアヌスの城壁は頑強でしたが、建造された当時は、ヴァティカンの丘にはカリグラの競技場（ローマの大火でネロがキリスト教徒を処刑した場所）があっただけで、住む人もなく、城壁の内側には組み込まれていませんでした。キリスト教が公認される前のことでした。

けれども、それから五世紀が過ぎると、聖ペテロの墓所の上にはサン・ピエトロ大聖堂が立ち、ヴァティカン宮殿も建てられ、周辺には外国人居住者も含めて多くの市民が暮らしていました。それまでにもローマはゴート族やヴァンダル族の略奪を受けていましたが、彼らは西方キリスト教世界の聖地であるヴァティカンを冒瀆することはありませんでした。皮肉にも市民は、かつての蛮族による略奪で荒廃したローマの中心部からテヴェレ川沿いやヴァティカン周辺に移り住んでいたのです。

教皇はローマの安全を第一に考え、八四八年、ローマ再建と防御体制の構築を開始します。もちろん苦境にあった市民への食糧供給も忘れませんでした。

破壊されたサン・ピエトロ大聖堂とサン・パオロ大聖堂の修復にとりかかり、略奪された貴重な装飾を再び施します。サン・ピエトロの主祭壇は宝石をちりばめた金で覆われ、その上には純銀製の聖体容器が置かれ、壺、香炉、燭台、聖杯も銀で覆われ宝石がちりばめられていました。東方からは絹や真珠や宝石の寄贈も届きました。サン・パオロ大聖堂も同様に貴重な進物でいっぱいになりました。

アウレリアヌスの城壁の修復では、教皇自らが徒歩や馬で工事現場を見守り、工事に従事する労働者を元気づけます。城門の扉部分を補強して要塞化し、破壊された一五の塔を修復し、テヴェレ川のリーパ・グランデ港に近いポルトゥエンセ城門にも二つの塔を建てました。港も要塞化しています。

教皇は、ローマ近郊の町の再建も忘れませんでした。八一二年にサラセン人の襲撃を受けていたチヴィタヴェッキアの港を修復し、破壊された町から少し離れた場所に要塞化した新たな町を築き、住民全体を移住させました。そして、海賊の略奪にあった内陸部、トゥーシア、オルテ、アメリアなどの町の再建にも努めました。

レオ四世が行った最も輝かしい事業は、ヴァティカンを取り囲む城壁でしょう。**「ムーラ・レオニーネ」**と呼ばれる城壁を築いたのです。この事業にあたって、教皇は皇帝ロタール一世に事業の計画を伝え、皇帝から承認されて支援金を受けました。さらに、教皇領全土の都市国家やローマ教会、修道院からも義援金をもらいます。

城壁は、テヴェレ川沿いの聖天使城から始まりヴァティカンの丘をぐるりと取り囲んで弓状に曲がって再びテヴェレ川沿いのサント・スピリト門まで続いていました。その内側にサン・ピエトロ大聖堂、ヴァティカン宮殿と庭園、居住地区ボルゴが包まれているのです。城壁は凝灰岩とレンガで築かれ、高さは一二メートルもありました。二四もの塔も備え、城壁から内側への入り口は三つありました。聖天使城の裏にある小さな「聖天使の城門」、皇帝が入城する正式な「聖ペテロの城門」、ヴァティカンとトラステヴェレを結ぶ「サント・スピリトの城門」ですが、のちに城壁の拡張とともに城門の数も増えていき、聖天使城とヴァティカン宮殿を結ぶ秘密の通路「パセット」も造られます。

八五二年六月二七日、城壁の完成を祝って厳かな祭典が行われます。七人の枢機卿が聖水をまきながら、教皇を先頭に枢機卿や司教、修道士、ローマ貴族、続いて市民たちが行列を作り、聖歌を歌いながら城壁の周りを練り歩きました。

それまでにもローマの防御体制を向上させようとした教皇はいましたが、広範囲にわたる事業でローマの君主としての統治権を具体的に示すことができたのはレオ四世が初めてでしょう。当時、城壁に囲まれたヴァティカンとローマ近郊チヴィタヴェッキアの新たな要塞都市は、前者を「キヴィタス・レオニーナ」（レオの都）、後者を「レオポリス」（レオの都市）と呼んでいました。こうして、レオ四世は**「ローマの修復者」**となったのです。

オスティアの海戦

レオ四世の偉大さは、これだけではありませんでした。**ヴァティカンを守る城壁だけでなく、近隣の同盟国と連合海軍を構築します。**防衛だけでなく、沿岸一帯の商業航路を確保するためでもありました。ガエタ、ナポリ、アマルフィ、ソレントなどの君主とともにサラセン人に対抗する強大な艦隊を形成するのです。

八四九年、サラセン人の海賊船がローマの外港へ向かうのに気づいたナポリ海軍の司令官チェザーリオは、直ちに教皇庁に知らせると、ナポリ、ガエタ、アマルフィの連合海軍とローマへ向かいます。レオ四世もローマの外港都市オスティアまで出向きます。そして、グレゴリウス四世が要塞化していたオスティアの町（グレゴリオーポリ）の教会で兵士たちを前にミサを挙げ、彼らを祝福しました。

翌朝、オスティアの沖合にサラセン海賊の船団が見えてきました。チェザーリオ率いる連合海軍は

図10　ラファエッロ「オスティアの海戦」
ヴァティカン宮殿　ラファエッロの間

直ちに攻撃を始め、敵の船団の一部を沈没させます。神のご加護でしょうか、やがて天候が変わって嵐となります。これによってサラセン海賊の船団は大敗し、連合軍はまったく被害を受けないまま勝利しました。

オスティアの海戦での勝利は、レオ四世が起こした奇跡、聖ペテロと聖パウロのご加護による結果だとされましたが、真の主役はチェザーリオでしょう。一五七一年のレパントの海戦以前に、イスラム教徒との海戦でこのような大勝利を収めたことはありませんでした。画期的な勝利だったのです。この海戦の様子も、ヴァティカンの教皇居室の壁にラファエッロ（工房）が「オスティアの海戦」というタイトルで描いています。ただし絵の中の教皇レオ四世の顔は、後代の教皇、メディチ家のレオ一〇世の顔となっています（**図10**）。

ちなみに、この海戦で生き残ったサラセン人はヴァティカンの捕虜となり、一部は縛り首、残りは奴隷として城壁の建設に従事させたといわれています。

■エゼルウルフ王

対イスラムにおける諸都市との同盟では手腕を発揮したレオ四世でしたが、教皇領のラヴェンナとその周辺の都市の支配権をめぐっては難しい問題を抱えていました。ロマーニャ地方における教皇の権限をめぐってラヴェンナ大司教ジョヴァンニと対立していたのです。ラヴェンナには、ランゴバルド王国に征服されるまで東のローマ帝国の総督府がありました。大司教はその時代に特権を獲得しており、ピピンの寄進で教皇領になってからも、自分を総督の後継者と見なして、ラヴェンナの管轄権と独立教会の地位を手放そうとしませんでした。大司教は教皇領の管理に来た教皇代理使節団の仕事さえも邪魔し、教皇はこれを告発したほどでした。一番の問題は領地でした。領地は所有権の問題だけでなく、支配の道具でもあったからです。

レオ四世の八年という短い治世の間に大司教との対立は激化するいっぽうでした。八五二年、ラヴェンナ側が教皇代理使節の一人を殺害します。教皇はすぐさまラヴェンナへ向かい、殺人犯を逮捕し、ローマに連行して裁判にかけます。犯人の一人は大司教の兄弟でした。裁判では死刑の宣告を受けますが、皇帝ロタール一世の介入で減刑されました。

八五〇年、レオ四世は、ロタール一世の長男でイタリア王のロドヴィコ二世を父親との共同皇帝ルドヴィクス二世として戴冠式を行います。彼らとの関係は、張りつめたものではなかったものの、晴れやかな関係でもありませんでした。ローマがサラセン人の攻撃にさらされた時に皇帝が救援しなかったことが、両者に重くのしかかっていたのです。そして、まさにそれを利用して、八五五年、教皇軍の高位武官ダニエレはルドヴィクス二世のもとへ行き、司令官グラツィアーノを告発します。それは、グラツィアーノが「ローマのために何もしなかったフランクよりギリシア人（東のローマ帝国）と結んだほうがマシだ」といって、東のローマ帝国に近づこうとしているというものでした。皇帝は激怒して軍を率いてローマへ向かいました。教皇はいつものように丁寧に迎えて皇帝の苦情を聞くと、優しくなだめます。それは事実無根の中傷でした。数日後、法廷が開かれますが、結局、誹謗中傷であることが明らかになり、嘘をついたダニエレの処罰はグラツィアーノの手に委ねられます。ダニエレは皇帝の介入で死刑を免れることができました。

同じ頃、レオ四世はイングランドのウェセックス王**エゼルウルフ**と末の息子アルフレッド（のちのアルフレッド大王）に謁見します。エゼルウルフは悲願のローマ巡礼を果たすため、西フランク王国に通過許可を得て、はるばる辺境の島からやってきたのでした。王はローマ教会に金や銀の豪奢な贈り物や献納金を奉納し、本人の切望によりレオ四世より戴冠されます。敬虔なキリスト教徒だったエゼルウルフはフランク族のように教皇から額に聖油を注いでもらう聖別の儀式を受けることを願っていたのです。王の来訪はローマに居住していたサクソン人にとっては思いがけない幸運でした。彼らはボルゴの火災（131ページ）で家を失っていました。ローマに一年ほど滞在したエゼルウルフは、彼らの家の再建に努め、サント・スピリト聖堂のそばにサクソン人の巡礼者のための宿泊施設も完成させています。

■女教皇ヨハンナの物語

レオ四世は八五五年七月一七日に亡くなります。前任の教皇セルギウス二世は貪欲な兄弟のいいなりになってネポティズム（縁故主義）と聖職売買で負の印象を残していました。それとは対照的にレオ四世は清く正しい聖職者であり続け、ローマ教会とローマ市民のために尽くした教皇でした。のちに列聖されています。

次の教皇はベネディクトゥス三世でしたが、ここに一つ中世の伝説があります。レオ四世とベネディクトゥス三世の間に**「女教皇ヨハンナ」**が存在していたというのです。それは次のようなお話です。

ヨハンナはイングランド出身の女性でドイツのマインツで教育を受けました。彼女は愛する修道士のそばで暮らすため、男装してヨハン・アングリクスという名で修道士となります。二人で様々な町へ移り住み、アテネで恋人を亡くすとローマへ行きます。彼女は学識が高く人望もあったため、枢機卿の推薦を受けてレオ四世の死後、八五五年に教皇ヨハネス八世として登位します。ある日、サン・ピエトロ大聖堂で復活祭のミサを終えてラテラーノ宮殿へ戻る途中、行列がサン・クレメンテ聖堂あたりを通る頃、教皇は急に産気づいて出産します。沿道にいたローマ市民は、男性であるはずの教皇が突然子どもを産んだことに驚いて、石を投げつけて彼女を殺してしまいました。

公式の記録には残っていませんし、レオ四世とベネディクトゥス三世の間には彼女が在位したという二年数ヶ月の空白もありません。それは、同じ年の九月に亡くなった皇帝ロタール一世の名で発行された貨幣でも証明されます。歴史家は後年の創作だとしています。確かに、この伝説が初めて年代記に記されたのは一三世紀半ばで、同時代ではありませんでした。もしこれが本当のことなら、四〇〇年も経ってから初めて記述されたことになり、しかも、それ以前には伝承レベルでも存在していませんでした。ヨハネス八世は実在の教皇ですが、八七二年の登位で時代が少しずれており、このような出来事とは無縁です。

一〇世紀のローマにポルノクラシーと呼ばれ、教皇との愛人関係によって教皇庁を操ったマロツィアという女性が権勢を誇った時代がありました。これに影響を受けて創作した風刺物語ではないかと考える研究者が多いようです。この伝説はローマ教会と対立する側には格好の材料でしたから、のちのアヴィニョン捕囚から宗教改革の時代まで、ヨーロッパ中で拡散されていきました。そして、ローマの面白いところは、女教皇ヨハンナが出産して殺されたとされる場所に小堂が建てられているのです。ただし一五世紀のものですが。ローマ教会には迷惑な話でしょうが、本当だったら面白いと思うのは、いつの世も同じで、こうして都市伝説は形成されていくのです。

レオ四世の治世は、イスラムによる襲撃でローマを再建したり海戦を交えたり、また、皇帝やラヴェンナ大司教とも問題を抱える大変な時代でした。女性が男装して教皇位へ登れるような、のどかな雰囲気はありませんでした。だからこそ、生まれた伝説なのかもしれません。

7 ボニファティウス八世

ダンテが『神曲・地獄篇』に描いた憎むべき敵

人生の道半ばで深い森に迷い込んだというダンテは、著書『神曲』の中で古代ローマの詩人ヴェルギリウスに導かれて、彼岸の国、地獄、煉獄、天国を遍歴します。地獄の第八圏・悪徳の巣窟・第三巣窟に到達した時、そこには岩盤の地面に開いた丸い穴の中に頭を突っ込み、腿から先の脚を地面から出して足の裏を炎で焼かれる罪人たちがいました。ダンテはその中で誰よりも苦しむ者がいるのに気づきます。

私は尋ねた。「師よ、他の罪人よりはるかに赤い炎で焼かれ脚をばたつかせて苦しんでいる、あの呪われた者は誰でしょうか?」（ダンテ『神曲・地獄篇』第一九歌三三　訳／上野真弓、以下同）

師は私にいった。「もし、下まで行きたいなら、壁に沿ってそれほど急ではない坂道を下りよう。そして、その者が誰なのか、どんな罪を犯したのかを本人に聞くがよい」（ダンテ『神曲・地獄篇』第一九歌三六）

そうして狭苦しい穴がたくさんある地面にダンテは師と下りていき、脚をバタバタ動かしながら苦しむ罪人のいる穴までたどり着きます。

「頭を地面に突っ込んだお前が何者であるかは知らないが、棒くいのごとき悲しき魂よ」と私は問いかけた。「できるなら、何か喋ってくれ」（ダンテ『神曲・地獄篇』第一九歌四八）

その者は叫んだ。「お前はもうそこにいるのか？　お前はもうそこにいるのか？　ボニファティウスよ。予言の書に記された時よりずいぶん早いようだが。お前はあれだけの富に早くも飽きてしまったのか？　それを手に入れるためになんのためらいもなく美しい婦人（ローマ教会）をペテンにかけて、そのあと台無しにしてしまったくせに」（ダンテ『神曲・地獄篇』第一九歌五二～五七）

ダンテの問いに答えたのは、聖職売買の罪に堕ちたオルシーニ家出身のニコラウス三世、**ボニファティウス八世**（在位一二九四～一三〇三年）の五代前の教皇でした。逆さになって上半身が地面の穴の中に入っているため目で見ることができず、声を聞いて、ダンテを教皇ボニファティウス八世だと勘違いして答えたのです。ダンテが『神曲』の中で彼岸を旅したのは一三〇〇年という設定で、その頃ボニファティウス八世は存命中でしたから、まだ彼を地獄に堕とすことはできませんでした。巧みな仕掛けによって、ダンテはこの教皇が地獄の住人になるのは当然だということを描いたのでした。

ダンテにとってボニファティウス八世は憎むべき敵でした。二人の因縁を語る前に、この教皇がどんな時代のどのような人物であったのかをお話ししなければなりません。

一三世紀末のイタリアとローマ

一三世紀は西ヨーロッパ経済の高度成長期でした。封建諸侯を基盤とした農業経済は終焉に近づき、それに代わって自治都市を基盤とする商業活動が飛躍的に発展しました。ミラノやジェノヴァ、特にヴェネツィアの隆盛は凄まじく、東方貿易を独占し、『東方見聞録』で有名なマルコ・ポーロの冒険もその中で生まれたものです。フィレンツェも毛織物業で繁栄し、西ヨーロッパ各国に商業圏を拡大していきます。これに伴い、貨幣経済と金融業が発展していき、ヴェネツィアの銀行は東方へ伸び、フィレンツェの銀行は西方を押さえ、莫大な富を蓄えるようになりました。さらに商業経済の発展は、陸路、水路、海路のインフラ設備も進めます。

この経済発展の恩恵を最も受けたのがローマ教皇庁と高位聖職者でした。修道院は大農園と工場を経営し、莫大な収益を上げながら税金を払う必要もなく、かつての厳格な風紀もゆるんでいました。教皇庁はヨーロッパ全教区から十分の一税を徴収していたため、経済の発展はそのまま巨額の増収となったのです。とはいえ、当時のローマの人口は三、四万人ほどで、大半のローマ市民は貧困にあえいでいました。

いっぽう政治的には、一二五四年にホーエンシュタウフェン朝が、皇帝フリードリヒ二世の息子の代で滅び、ドイツ人皇帝のイタリア支配は終わりました。そして皇帝が兼任で治めていた南イタリアを含むシチリア王国もフランスのシャルル・ダンジューに奪われたのち、アラゴン家のシチリア王国とアンジュー家のナポリ王国に分割されました。**一三世紀末のイタリアは限りなく分裂し、ミラノ、ジェノヴァ、ヴェネツィア、フィレンツェ、ナポリ、そして教皇領のローマがせめぎ合っていました。また、自治都市体制は崩れ始め、独裁体制に移っていく時期でもありました。**

ローマ教会の権威は高まるばかりで、その絶頂期に教皇となったのがカエターニ枢機卿でした。

大拒否

カエターニ枢機卿は、ローマ南東のアナーニに領地を持つバローネ、カエターニ家の出身で、法学と教会法を学び、聖職者の道へと進みました。一二六四年にはアンジュー家のカルロ（シャルル・ダンジュー）のナポリ王への即位をめぐって外交団の一員としてフランスに行っています。一二六五年から六八年まではイングランドに滞在しました。この時はイングランド王ヘンリー三世と諸侯たちの紛争を調停するのが目的でした。途中でロンドン塔に幽閉されるというハプニングもありましたが、数日で解放されました。

一二九二年四月に教皇ニコラウス四世が死去すると、様々な思惑が入り乱れて新教皇がなかなか決まらず、教皇空位という状態が二年も続きました。このような場合は誰の害にもならない病弱か高齢の枢機卿が選出されるのが普通で、つなぎ役となったのは八〇歳を超えた修道士ピエトロ・ダ・モントーネでした。本人は教皇になる気などまったくなく、自分がそんな器でもないことを知っていたため辞退を望みましたが、周りに説得されて**教皇ケレスティヌス五世**として登位しました。

修道院で瞑想にばかりふけっていた新教皇に政治的能力があるはずもなく、ケレスティヌス五世はナポリ王カルロ二世を無条件で頼るようになります。いわれるままに教皇宮殿をナポリのカステル・ヌオヴォに移し、教皇庁の要職もカルロの息がかかった人物に与えます。たとえば、新たに任命した一二名の枢機卿のうち、六名がフランス人、三名がナポリ人でした。また、わずか二一歳のカルロの息子をリヨンの大枢機卿に任命しています。これはローマ教会にとって憂える事態でした。

ケレスティヌス五世もそれを十分認識しており、瞑想にふける中でますます退位の意向が深まっていきました。伝承によると、そのうち教皇は夜な夜な聞こえる天使のささやきに悩まされるようになります。

「私は情け深い神の命により遣わされた天使です。直ちに教皇位を辞退して、隠者の生活に戻りなさい」

天使の声は、カエターニ枢機卿が教皇の寝室に伝声管を引いて毎晩ささやいたものだといわれます。にわかには信じがたい話ですが、もしそれが本当なら、ケレスティヌス五世には気の毒ですが、少し笑えるエピソードです。彼は臆病で気が弱い上に、教皇という大任に憔悴しきっていましたから、天使のささやきは、あるいは幻聴だったのかもしれません。

いずれにしても精神的に追いつめられたケレスティヌス五世は、教会法に詳しいカエターニ枢機卿やビアンキ枢機卿に相談して助言を受け、教会法に教皇辞任の規定を作り、自らそれに従ってわずか五ヶ月で退位するのです。ダンテは、この教皇退位を「大拒否」と呼び、ケレスティヌス五世を臆病者だと非難して地獄の玄関へ置いています。

教皇位は終身制であるため、存命中の教皇退任は滅多にありませんが、それ以前にも罷免による教皇退任はありました。教会法に辞任が制定されたケレスティヌス五世以降は、一四一五年の教会大分裂収束のため辞任したグレゴリウス一二世、二〇一三年の健康上の理由から辞任したベネディクト一六世が知られています。

ボニファティウス八世

一二九四年、カエターニ枢機卿がボニファティウス八世として教皇に登位すると、まず教皇宮殿をナポリからローマに戻し、ナポリ王カルロ二世の影響下で教皇庁に入った者たちを罷免します。そして、フランス派の枢機卿たちが前教皇を担いで対立教皇に置くのを避けるため、ケレスティヌス五世をアナーニに所有するフモーネ城に幽閉することにします。この時、前教皇は、おそらくボニファティウス八世へ向けたのでしょう。「キツネのように教皇位を得て、狼のように統治し、犬のように死んでいくだろう」と、予言めいた言葉をつぶやいています。

ボニファティウス八世は次にシチリア問題にとりかかり、一二九五年にアナーニ条約を調印します。これは、シチリア王ハイメ（ジャコモ）二世がシチリアを教皇に寄進し、それを教皇が、父の代からシチリア奪還を悲願としていたナポリ王カルロ二世に授けるというものでした。しかしシチリア人がハイメ二世の弟をフェデリーコ二世としてシチリア王に擁立したため、シチリア（アラゴン家）とナポリ（アンジュー家）の間で再び戦争が起こる結果となりました。この戦争は一三〇二年まで続きます。

この頃のローマのバローネの勢力図は変わっていました。かつて最も勢いのあったピエルレオーニ家とフランジパニ家は没落し、代わってカエターニ家、コロンナ家、オルシーニ家、アンニバルディ家が繁栄し、互いに反目するようになっていました。ボニファティウス八世が教皇に登位して以来、カエターニとコロンナの対立はいっそう激しく深刻になっていました。コロンナはボニファティウス八世を不正行為と聖職売買で教皇の座に就いたと執拗に非難し、それは暴力の応酬に発展します。ボニファティウス八世はコロンナ家当主と一族を破門し、彼らの本拠地パレストリーナの城を破壊します。コロンナ一族はフランスへ亡命せざるを得なくなりました。

一二九四年、フランス王**フィリップ四世**は、フランドルやフランス南西部ガスコーニュをめぐってイングランド王エドワード一世と戦争を始めました。莫大な戦費を調達するためフランスで初めて全国的課税に踏み切り、その対象は教会にも及びました。教会課税はフランス教会からの献金が減少することを意味し、ローマ教会にとって大きな痛手でした。ボニファティウス八世は、一二九六年に世俗君主に対して聖職者への課税を禁止し、従わなければ破門とする教皇勅書を公布します。フィリップ四世は、これに対してフランスから外国への送金を禁止する法令を発布して対抗します。さすがのボニファティウス八世も譲歩するしかなく、翌年、条件つきの課税を認め、フィリップ四世の祖父ルイ九世を列聖します。フィリップ四世は外国送金禁止令を取り消しました。

ボニファティウス八世は、教養深く、野心家でエネルギッシュ、政局に常に注意を払い、自分の考えを臆することなく口にしました。そのため誤解されやすく、悪い噂を招いたり厳しい批判を受けたりしています。もちろん、そこには真実もあったことでしょう。贅沢が好きで美食家、美しい女性や若い男性と戯れていたといわれています。また、魔術や錬金術を愛好し、最も大切な信仰の原則である霊魂の不滅を否定したという噂もありました。これは当時、一三一五年に世界の終末が来るという予言の書があり、教皇の主治医で占星術家でもあったヴィッラノーヴァも一三七六年から一三七八年の間に世界の終末が訪れると予言したことに対して、教皇の発した次の言葉が原因だったようです。

「世界の終末を待っている愚か者たちよ、誰にとっても、死ぬ時に世界は終わるのだ。そんなことも知らないのか？」

教皇の身でこんなことがいえるとは、なかなかの人物ではありませんか。

聖なる年

一三〇〇年のローマは、再び「世界の首都」になったかのような賑わいを見せました。ボニファティウス八世の発案で、史上初の大恩赦の年**「聖年」**が制定されたのです。この年にローマを訪れ、サン・ピエトロ大聖堂と城壁の外のサン・パオロ大聖堂へお参りし、ゆるしの秘跡（洗礼後に犯した罪を司祭に告白すること）とミサを受ければ、すべての罪が許されるというものです。教皇の才気煥発ぶりがうか

図11　聖年を宣言するボニファティウス八世
ジョットが描いたフレスコ画の一部　サン・ジョヴァンニ・イン・ラテラーノ大聖堂　ローマ　撮影／上野真弓

がわれる発想ではないでしょうか。大恩赦はすべてのローマ教会の信者に有効でしたが、ボニファティウス八世はコロンナ家の人間を除外することを忘れませんでした。

人種や習慣、言語の異なる大勢の人々が、救済の希望を胸にローマ巡礼にやってきました。その数は二〇万人から三〇万人だったと伝えられます。宿泊施設、飲食店、商人たちは大儲けでした。ローマの町は活気に満ちて経済が潤い、それはローマ教会も同じでした。わずかなお布施しか置けない信者もいたことでしょう。それでも二つの大聖堂の主祭壇の前にある賽銭箱はすぐにいっぱいになって、そばに立つ二人の助祭はせっせと熊手でかき集めていました。

なお、聖年は、現在でも二五年に一度、開催されています。直近では教皇フランシスコ一世が二〇一六年にいつくしみの特別聖年を実施しました。

ボニファティウス八世は初の聖年にあたって、多くの聖堂を修復し、ジョットをはじめとする芸術家を招いて美しく飾りました。もし、破壊の歴史がなかったなら、ローマはルネサンスやバロックだけでなく中世美術の宝庫としても決定的な役割を果たしたことでしょう。サン・ジョヴァンニ・イン・ラテラーノ大聖堂にはジョットが描いた壁画がありましたが、今では一メートル四方の小さなカケラが残っているだけです。そこには、聖年を宣言するボニファティウス八世の姿が描かれています（図11）。

教皇は、芸術だけでなく、教育や聖職者の育成も重要視し、一三〇三年にローマ大学「ラ・サピエンツァ」を創設しています。

フィレンツェとダンテ

フィレンツェでは教皇派が二つに分裂して、暴力と流血の惨事が続く激しい抗争をしていました。商人として財を成したチェルキ率いる白派は自立政策を掲げ、由緒ある貴族のドナーティ率いる黒派は教皇との結びつきを重視していました。ダンテは白派に属し、一三〇〇年の選挙で白派がフィレンツェの実権を握ると、白派最高行政機関プリオラートの三人の統領（プリオーレ）の一人に選出されます。それでも暴動は相次ぎ、これを機にボニファティウス八世はフィレンツェの政治に介入します。フランス王の弟シャルル・ド・ヴァロワ率いるフランス軍を送るのです。おりしもシチリア問題でフランスに援軍を頼んでいたため、その前にフィレンツェへ入城するよう要請したのでした。そうして一三〇一年末には教皇の息のかかった黒派のドナーティが政権を奪還し、白派粛清を開始するのです。

その頃ダンテは、教皇を牽制するため教皇庁へ特使として派遣されていましたが、ボニファティウス八世は交渉を巧妙に引き延ばし、ダンテは虚しく日々を重ねるだけでした。そしてローマにいたダンテは、黒派による欠席裁判で「国外追放、帰国すれば死罪」という判決を受けるのです。フィレンツェの家屋も破壊されました。こうしてダンテの長い流浪生活が始まります。ダンテは、自分に不幸をもたらしたのはボニファティウス八世だと、恨みを募らせるようになりました。

しかし、その恨みの本質は政治的理念の相違にあったのではないでしょうか。**教皇権の拡大に突き進むボニファティウス八世の教皇至上主義は、市民による自立した政治を理想としたダンテには相容れない**ものでした。ボニファティウス八世の息のかかった黒派に敗北して流刑となったのはあくまでも結果であって、個人的な恨みはそれに付随するものです。

政争に敗れ、政治の場で自己実現の道を絶たれたダンテは、詩人として思索を深めていきます。自らの辛い経験を通して人間存在について考え、精神的な愛による魂の浄化を求めます。それらをすべてつぎ込んで書いたのが『神曲』なのです。聖書や哲学書からの引用も多く、さらに古代ギリシアやローマ、同時代の実在の人物を登場させており、優れた構成と描写となっています。当時としては珍しく、ラテン語ではなくトスカーナの方言で書かれたことも特徴の一つです。イタリアでは高等学校の国語で必ず学ばなければならない古典文学の最高峰に位置しています。

ダンテが『神曲』を書き始めた時期ははっきりしませんが、著書の中で彼岸の旅へ出るのが一三〇〇年の聖金曜日ですから、着想自体は聖年祭の頃からあったのでしょう。完成したのは、流浪生活最後の地ラヴェンナで落ち着いた日々を送っていた頃です。冒頭には序として第一歌があり、地獄篇三三歌、煉獄篇三三歌、天国篇三三歌、合計一〇〇歌の長編叙事詩となっています。三という数字にこだわったのはキリスト教の三位一体説に奉じたためです。地獄で永遠の罰を受ける罪人の姿、煉獄で罪を清めるために苦行する人々を見たあとで天国へ昇り、その至高天で三位一体の神の姿を見ることになります。

もしボニファティウス八世が、『神曲』の中で自分が地獄行きのチケットを手にする者として描かれていると知ったなら、いったいどんな反応をしたでしょう。きっと笑い飛ばしたに違いありません。この教皇は地獄や天国は存在しないと信じていたようですから。

アナーニ事件

ボニファティウス八世とフランス王フィリップ四世の関係は、一筋縄ではいきませんでした。シチリア問題とフィレンツェ工作で協調体制にあった関係にも暗雲が立ちこめ始めます。教会課税の問題が再燃したのです。さらにフランスに亡命していた教皇の政敵コロンナ一族が宮廷に迎えられ、事態は複雑な様相を見せ始めます。教皇と対立する中で、一三〇二年四月、フィリップ四世は国民の支持を得るために聖職者、貴族、平民で構成される三部会をパリのノートルダム寺院に設けます。これに対し、ボニファティウス八世は「ウナム・サンクタム」という教皇勅書を発令し、教皇権の優位性を宣言し、破門を宣告します。フィリップは臆することなく、コロンナ一族を証人とする教皇弾劾の公会議を開くよう求めます。そしてレジスト（法曹官僚）のギヨーム・ド・ノガレに教皇を拘束するよう命じるのです。

一三〇三年九月、ボニファティウス八世は出身地アナーニの離宮に滞在していました。ノガレは、ジャコモ・コロンナ（通称シャルラ）と共謀して襲撃します。彼らは「フランス王ばんざい！　教皇に死を！」と叫びながら宮殿に乱入したため、騒動を耳にしたボニファティウス八世は教皇衣に着替えて司教座にすわり、二人の枢機卿を従えて反逆者が来るのを待っていました。教皇退位を迫り、弾劾公会議に出席するよう求める彼らに、誇り高い教皇は決然と答えます。

「余の首を持っていくがいい」

この時、シャルラが教皇に平手打ちをくらわせたと伝えられますが、真実かどうかは分かりません。ただ、今でもアナーニ宮殿には「教皇ボニファティウス八世が平手打ちを受けた場所」という案内板があります（**図12**）。監禁は三日間続き、ローマからフィエスキ枢機卿が四〇〇人の騎士を連れ、アナーニ市民とともに教皇を救出しました。

ボニファティウス八世は民衆の大歓声に迎えられてローマに戻りました。しかし、強靭な精神を持っていた教皇もこの事件はこたえたようで、約三週間後の一〇月一一日、高熱が続いたあとで亡くなりました。これを人々は憤死と呼んでいます。

アナーニ事件後に選出された教皇はベネディクトゥス一一世でしたが、八ヶ月後に急死します。毒殺の噂もありました。その後、約一年もの空白を経てフィリップ四世の介入でフランス人の新教皇クレメンス五世が選出されます。さらに一三〇九年には南フランスのアヴィニョンへ教皇庁が移されてしまいます。

ついに、教皇の権威がフランス王権に屈してしまったのです。教皇庁の移転とともにローマの財源はなくなり、巡礼者も来なくなります。教皇庁は腐敗の巣窟ではありましたが、ローマにとっては金の成る木で、文化の担い手でもあったのです。町の荒廃とともに人々の心も荒《すさ》んでいきます。暴力が支配し、至るところで抗争が起こり、治安も悪化します。追い打ちをかけるように、一三四八年にはペスト（黒死病）がヨーロッパ全土を襲いました。

図12　教皇ボニファティウス八世が平手打ちを受けたとされる部屋
アナーニ宮殿　ローマ　撮影／吉川尚美

結局、ボニファティウス八世もダンテも時代の潮流にのみこまれてしまったのです。そして、ローマも同じく。

番外編　フランジパニ一族

■フランジパニ、香りの魔法

本書では、大まかなローマ史をたどりながら、永遠の都ローマを作った一四人の物語を紹介しています。ここでは、その番外編として、中世ローマで権勢を誇った貴族、フランジパニ一族の物語をお伝えしましょう。

花やお菓子の好きな方なら、フランジパニという名前を一度は聞いたことがあるかもしれません。この、聞き慣れない名前を持つ中世ローマの貴族は、いったい花やお菓子とどんな風に関係しているのでしょうか。

太平洋の島々でレイに使われる、愛らしくて香り高いプルメリアの花は、別名フランジパニといいます。プルメリアという名称は一七世紀のフランスの植物学者シャルル・プルミエにちなんでつけられたといわれますが、実はもう一つの伝説があります。一四九三年にイタリア貴族のムツィオ・フランジパニが西インド諸島のアンティグアを旅した時にこの花を見つけ、それ以来、この花はフランジパニと呼ばれるようになったというのです。けれどもアメリカ大陸への到達が一四九二年であることから、その翌年にかの地を旅行するというのは、どう考えても無理があります。実際には、ムツィオはプルメリアの花の香りによく似た香料を生み出したようです。さらに、ひ孫が、靴や手袋に使われるなめし皮の匂いを消すためにアーモンドのエッセンスをベースにした香料を作ったといわれます。この香りはパティシエに愛され、そこからフランジパニ家とのコラボが始まり、有名なフランジパン・クリームが生まれたという伝承もあります。

フランジパン・クリームとは、カスタードクリームとアーモンドペーストのクリームを混ぜ合わせたものです。フランジパン・クリームを使った最も有名なお菓子は、フランスのガレット・デ・ロワでしょう。このお菓子は、フランジパン・クリームが入ったパイ菓子の上に紙の王冠をのせたもので、パイの中にはフェーヴと呼ばれる陶製の小さな人形が入っています。一月六日の公現祭（主が姿を現したことを祝う日）に切り分けて食べ、フェーヴが当たった人はパイにのせた王冠をかぶって祝福を受け、幸運が一年間続くといわれる縁起のいいお菓子です。ロワはフランス語で王たちを意味しますが、誕生したばかりのイエスを訪問して礼拝した東方三博士をさしています。

フランジパン・クリームは、フランスでどうしてこれほど有名になったのでしょう。実は、このクリームは、一六世紀にメディチ家のカトリーヌ・ド・メディシス（カテリーナ・デ・メディチ）がフランスのアンリ二世へ輿入れした時に伝えたものだといわれています。そのレシピはフランジパニ家のチェーザレから贈られたものだったそうです。当時のイタリアは文化的先進国だったため、料理のレシピだけでなく、ナイフとフォークを使って食事をする習慣（当時のフランス人は手づかみで食べていました）なども、メディチ家のカトリーヌがフランスに伝えています。
香り高い花やお菓子にその名を残したフランジパニ一族。一一世紀後半から一二世紀、中世のローマで権勢を誇った彼らは、いったいどんな人たちで、どんな時代を生きたのでしょうか。

■ローマのバローネ

西暦一〇〇〇年頃から西ヨーロッパの気候は温暖になり、各地で農業生産が増大し、それに伴い商工業が発展して人々は豊かになっていきますが、ローマは同じようにはいきませんでした。これといった産業がなく、巡礼客相手の商売で生計を立てる人が多く、市民は貧困にあえいでいました。ローマ教会や修道院は信者からの寄進や、所有する領地や農園から莫大な富を得ており、バローネと呼ばれる中世貴族もローマの外に領土を持つ特権階級でした。ローマは貧富の差が激しい格差社会となっていたのです。

ローマ教皇とローマ皇帝は、権威の優位性をめぐって対立を続けていました。バローネも教皇派と皇帝派に分かれて、武力を伴う激しい権力闘争を続けます。不安定な政治問題が解決するのは、教皇が確固たる地位を獲得する一五世紀まで待たなければなりません。ローマ市民は殺伐とした世の中に生きていたのです。

バローネは古代ローマの由緒ある貴族とは異なり、急激に財を成した地方の豪族（中世貴族）です。ローマの中で小さな国家のような共同体を作り上げ、そのほとんどは私兵を抱えていました。彼らは支配する区域に威嚇的な砦を築いて塔を建て、自らの豊かさと権力を示し、支配区域の住民を庇護します。ローマ特有の封建社会といえるでしょう。のちに揺るぎない地位を築くカエターニ、コロンナ、オルシーニなど、ローマには二〇あまりのバローネがいましたが、この時期に最も権勢を誇ったのはフランジパニ（イタリア語ではフランジパネ）とピエルレオーニでした。

■フランジパニのローマ

伝承によると、フランジパニは古代ローマの貴族アニキウス氏族のアニキア家の血筋であるといわれますが、フランジパニの家名の由来については別の逸話が残っています。八世紀初頭、ローマが大洪水に見舞われ深刻な食糧危機に陥った時、ピエトロという財を成した大商人が、小さな舟でローマ市内をくまなく周り、パンとビスケットをローマ市民に配ったそうです。人々は彼の姿をみると、「フランジェレ・パーネ」（パンを分けてくれ）と叫びました。この言葉がフランジパニという家名となったのです。

フランジパニは、ローマの南に位置するマリーノ、ニンファ、テッラチーナ、ネミなどを領地に持つバローネでした。フランジパニという名前が初めて公文書に登場するのは一〇一四年のファルファ大修道院に関連する司法会議の記録です。ファルファ大修道院はヨーロッパで最も有名な修道院の一つですから、ここに署名が残っているということは、この時すでに彼らがある程度の権力を持っていたことを意味します。一一世紀後半から一二世紀にかけては、**レオーネ・フランジパニ**と**チェンツィオ・フランジパニ**の名前がローマ中世史に頻繁に登場するようになります。二人は兄弟でした。

彼らは、チルコ・マッシモを含むパラティーノの丘からティトスの凱旋門、コロッセウムまでを支配し、マルスの野やエスクイリーノの丘にも拠点を置いて多くの塔を建てていました。ローマの塔の多くは地震で崩壊しましたが、今でも五〇あまり残っており、後世の建築物の一部に取り入れられたものもあります。

フランジパニはローマの主要地点を押さえ、三つのファミリーに分かれてそれぞれの地区を治めることで、ローマ支配の絶対的優位を獲得していました。フォロ・ボアーリオ（現在の真実の口広場）にあるヤヌスの門を要塞化し、そのそばにある古代ローマ最大の戦車競技場チルコ・マッシモの南端にも砦を築きました。砦にはモレッタの塔があり、ここからオスティエンセ街道やアッピア街道から入ってくる敵を見張ったのです（**図13**）。モレッタは水車の挽き臼という意味で、当時このあたりには水の流れる堀があり、水車小屋で小麦粉を挽いていました。おそらくパンもたくさん焼いていたのでしょう。そして砦の周辺の斜面には市民の住居や商店が集まっていました。今では巨大な野原と化したチルコ・マッシモですが、往時の観客席や通路の一部がモレッタの塔とともに残り、公開されています。

一一三〇年頃、フランジパニはコロッセウムも要塞化します。四階建ての二階までのアーチを閉じて四階の頂上に巡回通路を築きました。ここからは、教皇のラテラーノ宮殿も含めたローマの南方面、さらにオッピオの丘も監視することができました。ローマのシンボルともいえる古代の巨大建造物は、強固な砦として転用するのに便利だったのです。一三世紀半ばにコロッセウムの支配権はアニ

図13　モレッタの塔
ローマ　撮影／上野真弓

バルディ家へ移ります。

いっぽうライバルのピエルレオーニは、もともとユダヤ系の金融業者でしたが、改宗して教皇庁と密接な関係にありました。彼らの縄張りの中心は、アウグストゥスが建造させ、夭折した甥であり娘婿でもあったマルケルスの名をつけたマルケルス劇場でした。この古代劇場は一八世紀にオルシーニ家が優雅な居城に改装して現在に至りますが、ピエルレオーニはここを要塞化していたのです。マルケルス劇場は戦略上重要な位置にありました。フランジパニの支配領域と境界を成すだけでなく、テヴェレ川の小舟の往来や砂州にあるティベリーナ島を監視することができたからです。この島と川の対岸も彼らの支配領域だったため、島には要塞化した居城と塔がありました。

過激派チェンツィオ・フランジパニ

フランジパニは基本的に皇帝派でした。けれども、最初は教皇グレゴリウス七世が始めたローマ教会の改革を擁護していました。一一〇八年に教皇パスカリス二世（在位一〇九九～一一一八年）が南イタリア視察のためローマを離れる際には、ローマ市政長官ピエトロ、レオーネ・フランジパニ、レオーネ・ピエルレオーニの三人にローマの統治を任せたほどでした。

ところが、一一一八年一月、パスカリス二世が死去すると、フランジパニの過激な方向転換が起こります。レオーネの弟チェンツィオが、ゲラシウス二世（在位一一一八～一一一九年）の教皇選出を阻止するために暴力行為で騒乱を起こすのです。教皇選挙会場のサン・セバスティアーノ修道院の扉を壊して乱入すると、新教皇の首元をつかんで引きずり倒し、踏みつけ、罵倒しながら外へ引きずり出しました。その間、手下たちは枢機卿たちを殴りつけていました。そして、フランジパニ所有の塔の一つに鎖でつないで幽閉したのです。

ピエルレオーニは教皇派のバローネを集めて救出しようとします。さらにローマ市民も教皇を支持しました。レオーネは事態を収拾させるために教皇を解放せざるを得なくなり、その足元にひれ伏して赦しを請うたといわれます。ゲラシウス二世はフランジパニを赦し、歓声をあげるローマ市民の中を白いラバに乗ってラテラーノ宮殿へ向かいました。

ところが、その一ヶ月後、チェンツィオは皇帝ハインリヒ五世をローマに呼びます。皇帝は、叙任権問題の解決をめぐって前教皇と皇帝側に都合のいい協約締結の合意をしていました。チェンツィオは、協約の正式な承認を得るためにローマに来るよう皇帝を誘ったのです。ハインリヒ五世はわずかな兵を連れて急いでローマへ向かい、三月二日の夜中に到着します。パニックになったのは教皇とその宮廷です。彼らは直ちにラテラーノ宮殿を出て聖天使城付近の砦へ逃げました。皇帝は使者を送りますが、教皇はこれを信用せず、テヴェレ川から船で南のガエタへの逃避を決めます。不運なことに嵐が起きますが、教皇一行はなんとか脱出に成功しました。

皇帝は激怒して、対立教皇グレゴリウス八世を擁立したあとでドイツへ戻ります。その後、ゲラシウス二世はローマに帰還しましたが、対立教皇はサン・ピエトロ大聖堂と多数の聖堂を支配下に置いていました。城壁の外のサン・パオロ大聖堂だけが教皇ゲラシウス二世の擁護者によって守られていました。

同年七月、ゲラシウス二世はサンタ・プラッセーデ聖堂の枢機卿から聖女プラッセーデ（聖プラクセディス）の祝祭の式典に招かれます。この地区がフランジパニの支配区域であるにもかかわらず、教皇は勇気ある従者とともにそこへ行き、ミサを挙げます。けれども、そのミサが終わることはありませんでした。チェンツィオ・フランジパニ一派が襲撃したからです。聖堂内には石や小石が雨あられのように降り、逃げまどう信者と負傷して血を流す人々で混乱を極めました。ゲラシウス二世はなんとか逃げることができましたが、再度の襲撃に恐怖感を募らせてフランスへ亡命します。そしてクリュニー修道院で亡くなりました。

■レオーネ・フランジパニ

次の教皇は、ブルゴーニュ伯爵家出身のカリストゥス二世（在位一一一九〜二四年）でした。教皇は一一二二年に皇帝ハインリヒ五世とヴォルムス協約を結び、叙任権闘争に終止符を打ちました。これにより、教皇が司教や修道院長の任命権（叙任権）を持ち、土地所有などの教会の俗権は皇帝が付与することが定められます。カリストゥス二世はバローネの横暴さにブレーキをかけていましたが、その死後、フランジパニとピエルレオーニは後任候補をめぐって再び抗争を始めます。

レオーネ・フランジパニは、少し前からフランス人のアイメリコ枢機卿に近づいていました。アイメリコは、グレゴリウス七世の教会改革に反対の立場をとっており、フランスの神学者クレルヴォーのベルナールと近しい関係にありました。一一二四年、レオーネはアイメリコと申し合わせた上でフランジパニ一族の力を結集してオスティアの司教ランベルトを教皇に登位させようとします。狡猾にも表面的にはピエルレオーニの推すテオバルド枢機卿の支持を公言していました。しかし、テオバルドが後任の教皇に選出されてサン・パンクラツィオ聖堂で正式に承認されようかとする時、弟のチェンツィオとロベルトに襲撃させて、これを阻止します。そしてレオーネの介入でランベルトの教皇就任を強要し、ホノリウス二世（在位一一二四〜三〇年）が誕生するのです。この騒乱のあと、レオーネとアイメリコ枢機卿は、ローマ市政長官ピエトロとピエルレオーニと会談し、前者にフラミニア街道沿いのフォルメッロ城を、後者にテッラチーナの領土を提供することで、ホノリウス二世登位の是認を得ました。

一一三〇年、ホノリウス二世の死が近くなると、枢機卿たちは新教皇の選出で再び同じような騒乱が起きないように、事前にフランジパニとピエルレオーニを呼び、誰が教皇に選ばれても受け入れるように要請します。それにもかかわらず、同年二月、二人の教皇が擁立されます。アイメリコ枢機卿の推すインノケンティウス二世（在位一一三〇～四三年）、そしてレオーネ・ピエルレオーニの息子ピエトロ（対立教皇アナクレトゥス二世）です。枢機卿も両派に分裂して激しい抗争が繰り広げられ、最初はインノケンティウス側についていたレオーネ・フランジパニも、状況が不利になるとアナクレトゥス側に寝返ります。しかし、これも長くは続かず、インノケンティウスがフランス王ルイ六世、イングランド王ヘンリー一世、ドイツ王ロタール三世から支持されると、再びインノケンティウス側に立ち、一一三三年の皇帝ロタール三世の戴冠式を率先して準備します。要するに、自分の利益のために風見鶏のようにふるまったのです。

一二世紀のローマは、教皇、皇帝、バローネによる陰謀と暴力に支配された時代でした。そんな状況にうんざりしたのか、一一四三年、ローマ市民は「元老院再建運動」を起こします。ローマの君主はローマ教皇ですから、当然ながら教皇とローマ市民の関係は難しくなっていきます。この年に登位した教皇ケレスティヌス二世は、身の危険を避けるため、フランジパニの保護下で暮らし、六ヶ月後には亡くなります。

いっぽう刷新された元老院は、ジョルダーノ・ピエルレオーニを独裁権のある市政長官に据えます。教皇派の家から反教皇を唱えて自治政府の樹立を目指すコムーネ派が登場したのです。この時の教皇はフランジパニが推したルキウス二世（在位一一四四～四五年）でした。一一四五年二月、教皇は軍を率いて元老院のあるカンピドリオ（カピトリーノ）の丘を包囲しますが、暴動の中で頭に投石を受けて意識不明となり、数日後には帰らぬ人となりました。

この運動には、パリの神学者アベラールのもとで学んだアルナルド・ダ・ブレッシャも参加します。フランスでアベラールが独自の解釈をした三位一体論が問題となり、彼は師とともに異端判決を受けました。そして悔悛のためにローマ巡礼に来たのですが、元老院再建運動に身を投じ、最後は絞首刑の上、燃やされ、遺灰はテヴェレ川に流されました。

■フランジパニ一族

フランジパニ一族は、常に皇帝派だったわけではありません。一一五九年、二人の教皇擁立で再び抗争が起きた時、ローマ皇帝フリードリヒ一世（バルバロッサ）が擁立したヴィクトル四世（対立教皇）ではなく、教皇派が擁立したアレクサンデル三世の側についています。フリードリヒ一世は教皇領内への勢力拡大を目指し、それが理由で先代の教皇ハドリアヌス四世と反目し、自分に都合のいい教皇を擁立しようとしていました。そのため教皇アレクサンデル三世は、在ローマの皇帝の代理人、バイエルンのパラティーノ伯爵オットーによって囚われの身となっていました。これを他のバローネとともに解放したのが**エットレ・フランジパニ**でした。彼は教皇をローマの外へ逃すと、その安全を確保しました。

他にもフリードリヒ一世に対抗した果敢なフランジパニ家出身の女性がいます。ロマーニャ地方ベルティノーロ伯爵に嫁いで早くに未亡人となった**アルドルーラ・フランジパニ**は、一二世紀のイタリア貴族社会で卓越した女性として知られています。一一七三年、自領のアンコーナが、フリードリヒ一世に仕えるマインツの大司教クリスティアン・フォン・ブッフの命令で包囲された時、彼女は自軍を率いて皇帝軍と戦い、町を解放することに成功したのです。

また、一三世紀には、恥ずべき行為の結果、家名を汚した者もいます。ローマ近郊アストゥーラの小君主**ジョヴァンニ・フランジパニ**は、一二六八年にホーエンシュタウフェン朝のシチリア王コッラディーノを裏切るのです。コッラディーノは二歳で父を亡くしシチリア王となりますが、幼少のため叔父のマンフレーディが摂政としてシチリアを治めていました。一二六六年、教皇クレメンス四世にそそのかされてフランス王ルイ九世の弟シャルル・ダンジューがイタリアへ侵攻します。この戦いでマンフレーディが敗死すると、シャルル・ダンジューがシチリア王位を奪ってカルロ一世となりました。そこでコッラディーノは居住先のドイツからイタリアへ侵攻しますが、一二六八年、タリアコッツォの戦いで敗れ、皇帝派を頼ってジョヴァンニ・フランジパニのアストゥーラの城塞へ逃げ込みます。しかし、ジョヴァンニに裏切られ、敵に引き渡され、その後ナポリのメルカート広場で斬首されてしまうのです。この裏切り行為は、ホーエンシュタウフェン家に忠実だったシチリア艦隊の司令官ベルナルド・サッリアーノによって報復されます。アストゥーラの城は占領され、ジョヴァンニの息子ミケーレは殺害されました。

　時は流れ、フランジパニ家はいくつもの分家に分かれ、また婚姻によって各地に広がっていきます。イタリア北部のフリウリ地方のフランジパニ伯爵家、南イタリア、ミラベッロ・サンニーティコのフランジパニ・アレグレッティ公爵家、モントーロのフランジパニ侯爵家、しかし、最も大きな広がりを見せたのはクロアティアのフランコパン（フランジパニ）伯爵家でしょう。そして、なんと、あの詩聖ダンテもフランジパニ家の子孫であると、『デカメロン』で有名な一四世紀初頭の文学者ボッカッチョは、『トラッタテッロ・イン・ラウデ・ディ・ダンテ』という本の中で述べています。第二次十字軍で戦死したダンテの高祖父カッチャグイダがローマのフランジパニ家出身だというのです。

　ローマの血筋はネミ侯爵家フレンジパニで続いていましたが、一六五四年、マリオで断絶します。彼には後継者がいなかったため、遺言状で資産のすべてをアントニオ・バルベリーニ枢機卿に残しました。ローマのフランジパニ家の礼拝堂はコルソ通りのサン・マルチェッロ聖堂にありますが、マリオはネミの町の教会に埋葬されることを望みました。

　過激な武装集団のようだったバローネのフランジパニ家も、時とともに貴族らしくなって、花を愛で、香りやお菓子を楽しむようになっていったのでしょうか。生きる時代、環境によって人間の生き方が変わるのは当たり前なのかもしれません。

第4章

イタリア・ルネサンスとローマ

おおよその人口推移　3万～6万～3万人

15世紀初頭、3万人程度だったローマの人口は、教皇庁がアヴィニョンからローマに戻ると次第に増え、16世紀前半には6万人近くなる。だが、1527年のローマ劫掠で3万人弱にまで激減する。盛期ルネサンスの中心地となったローマ。

ユリウス二世（1443～1513年）
ローマを盛期ルネサンスの中心地とした立役者。芸術家の偉大なパトロン。軍隊を自ら率い、教皇領の再征服や外国勢力駆逐のため戦争に明け暮れ、軍人教皇と呼ばれる。

ラファエッロ（1483～1520年）
容姿と才能に恵まれ、誰からも愛された芸術家。優れた実業家。ルネサンスの精神と理想美を表現し、優美で品格のある画風は西洋絵画の鑑となる。37歳で夭折。

ミケランジェロ（1475～1564年）
気難しく偏屈な孤高の天才芸術家。彫刻家でありながらシスティーナ礼拝堂に驚くべき天井画と祭壇画を描く。栄光をつかむが、政治や権力者に翻弄される。

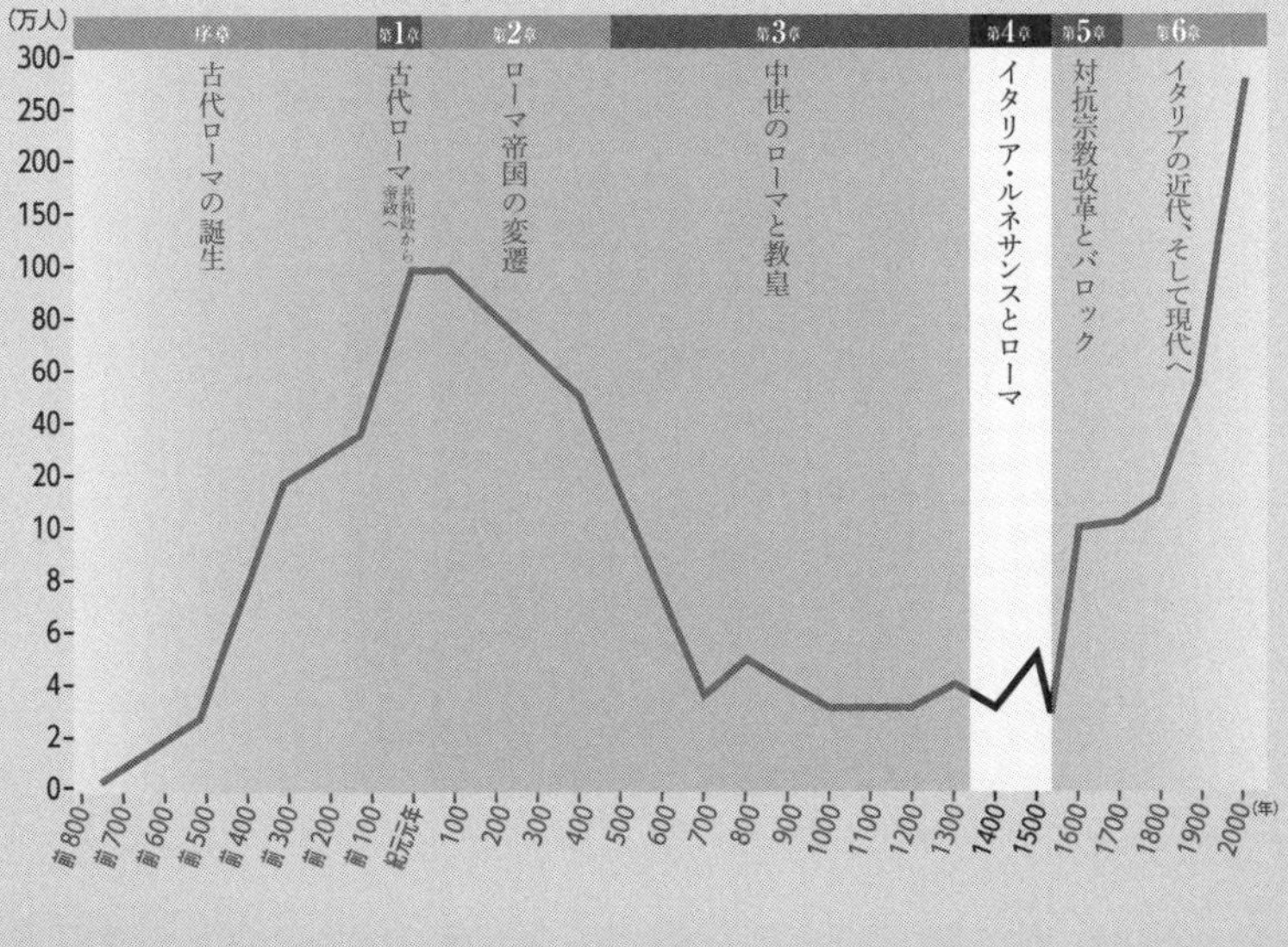

この時代のローマ

■ルネサンス―古代文化の復興

四七六年のいわゆる西ローマ帝国の滅亡後、ヨーロッパでは民族の大移動や戦乱が続き、経済的にも貧しくなりました。また、キリスト教の思想的支配もあって古代ギリシア・ローマの高度な文化や知識は異教のものとして忘れ去られました。それらをしっかりと受け継いで書物に残していたのは東のローマ帝国とイスラム帝国で、彼らは西方よりはるかに豊かで高度な文明を繁栄させていました。一一世紀末に始まった十字軍遠征は、ヴェネツィアなどの都市国家に商圏拡大と富をもたらすのと同時に、知的衝撃も与えました。ヨーロッパよりはるかに高度な文化に触れる機会となったからです。

ルネサンスは、フランス語で**「再生」**という意味ですが、**「文芸復興」**とも呼ばれます。それは、東方に伝わり保存されていた古代ギリシア・ローマの文化がイタリアに逆輸入され、教会に独占されていた知識を人々が共有し、現世を楽しむ人間らしい古代文化の復興がこの時代に起こったからです。キリスト教的価値観から解放され、自分の頭で考え始めたのは、一四世紀半ばのペストの流行も関係したのでしょう。バタバタと多くの人が死んでいく中、どんなに祈っても、神は無力だったからです。

ちなみに、「再生」（イタリア語でリナッシタ）という言葉を初めて使ったのは一六世紀半ばから後半にかけて『芸術家列伝』を書いたヴァザーリですが、ルネサンスというフランス語が広がったのは、後世において、この文化現象の意義を研究し定義したのがフランス人だったからです。

社会全体が経済的に豊かになって文化を楽しむ余裕ができると、文化事業に資金を提供する君主やパトロンが各都市国家に現れます。こうして、芸術、科学、学問の新たな展開が始まり、人文主義の知識人が増え、芸術の花が咲き、科学技術も発達していきます。**火薬、印刷、羅針盤の三大発明**は、もと もと中国由来のものでしたが、ヨーロッパで格段に発達したものです。火薬によって戦争の形態も変わり、印刷は聖書や思想の普及や版画を生みます。そして羅針盤は航海技術の進化をもたらすのです。

プロト・ルネサンス

実は、古代文化の復興はこれ以前にも見られていました。一三世紀、ゴシック末期の**プロト・ルネサンス**です。ホーエンシュタウフェン朝の皇帝**フリードリヒ二世**（在位一二二〇～五〇年）はシチリア王（**フェデリーコ二世**）でもありました。生まれ育ったイタリアを心から愛し、イタリアに統一国家を築き上げるという夢を持っていました。当時のシチリアはイスラムとキリスト教文明が共存する独自の文化を誇り、フェデリーコも六カ国語を操り、あらゆる学問に通じた最高の知識人でした。フェデリーコの宮廷ではすでにアラビア語やギリシア語の文献がラテン語に翻訳され、古代文化を復興させようとしていたのです。フェデリーコは、学問や知識が聖職者階級に限定されていた時代に世俗の知識人を育成するため、一二二四年にはナポリ大学も創設しています。

　また、一二二八年の第五回十字軍を率いたのはフェデリーコでした。アラビア語も流暢に喋りイスラム文化も理解していた彼は、武力を使わずにアイユーブ朝のスルタン、アル・カーミルと外交交渉をし、聖地エルサレムでキリスト教とイスラムが共存する平和的解決をします。このような偉業を成し遂げたのに、フェデリーコはローマ教皇から破門されます。戦わずに和平を結ぶのは悪魔（イスラム教）と手を結ぶことだととらえられたのです。自由で合理的な精神を持ったフェデリーコは早く生まれ過ぎたのかもしれません。

ルネサンスの都市国家

一五世紀をイタリアでは愛情をこめて**クアトロチェント**（一四〇〇年代）といいます。国際ゴシック様式の中世末期から、一四二五年頃に始まるルネサンス初期、盛期ルネサンスの始まりとされる一四九二年頃までをカバーする一世紀です。

　この頃からイタリアの都市国家で次々にルネサンスの花が咲きます。学芸を愛し、芸術家たちのパトロンとなったのは、**フィレンツェ共和国**の**メディチ家**、**ミラノ公国**の**スフォルツァ家**などが有名ですが、その輝きの中心にあったのはフィレンツェでした。**レオナルド・ダ・ヴィンチ**、**ミケランジェロ**、**ラファエッロ**という三人の天才が同時代を生きたというのは奇跡のようなことです。その後、ルネサンスの中心地はフィレンツェからローマへ移り、盛期ルネサンスの頂点を極めます。ルネサンス教皇と呼ばれるパトロンたちが数多の芸術家を招聘し、衰退していたローマを美しく変えていくのです。同じ頃、一四五三年のコンスタンティノープル陥落以来、オスマン帝国の脅威からイタリアを守っていたヴェネツィア共和国では美しい色彩を特色とする独自のルネサンス絵画が展開しました。

▪初期のルネサンス教皇たち

一五世紀初頭のローマは、長年にわたる教皇庁の不在から人口が三万人程度の寂れた田舎町となっていましたが、再び教皇庁が戻ってくると徐々に元気を取り戻していきます。ルネサンス期の教皇は、一般的に一五世紀半ばのニコラウス五世から一六世紀半ばのユリウス三世をさします。

最初のルネサンス教皇と呼ばれた**ニコラウス五世**（在位一四四七～五五年）は、フィレンツェから画家フラ・アンジェリコを招き、ヴァティカン宮殿の教皇の私的礼拝堂「ニコラウス五世の礼拝堂」の天井と壁面全体にフレスコ画を描かせています。また、一四四八年には自らが収集していたギリシア語やラテン語の写本を基にヴァティカン図書館を設立します。さらに古代ローマのヴィルゴ水道を建築家レオン・バティスタ・アルベルティに修復させてローマ市民に水をもたらしました。一四五〇年の聖年にはチフスが流行し、そして巡礼客でごった返す聖天使橋に暴走馬が突っ込み、死者数一六二人という大事故が起きます。これを機に橋の上の土産品屋を撤去し、聖天使広場が作られました。

システィーナ礼拝堂を建立した**シクストゥス四世**（在位一四七一～八四年）は、二つの顔を持つ教皇でした。失われたローマの栄光を取り戻すかのように文化・芸術面で多大な業績を残した反面、政治的には迷走し、メディチ家当主ロレンツォとジュリアーノの襲撃事件「パッツィ家の陰謀」にかかわっています。

■一四九二年の二大事件

一四九二年は、ヨーロッパとイタリアで大きな事件が続きました。

まず、**アメリカ大陸への到達**です。一五世紀半ばから豊かなアジアの富と文化に関心が高まり、航海技術も進歩したため、**大航海時代**が始まりました。ポルトガルが先行し、いち早くインド航路を確立しましたが、スペインのイザベラ女王がジェノヴァ生まれのイタリア人**コロン**（118ページ）の船団をインドへ向けて派遣しました。コロンは地球球体説を信じ、大西洋を西に進むのがインドへの近道だと考え、インドならぬ新大陸へ到達します。

次に**グラナダ陥落**です。イベリア半島からイスラム勢力を追い払う**レコンキスタ**という国土回復運動が続いていましたが、最後のイスラム国家、ナスル朝グラナダ王国が滅亡しました。最後の君主はアルハンブラ宮殿を去る時に涙を流したといわれています。

イタリアでは、フィレンツェの栄華を築いたロレンツォ・イル・マニフィコが死去し、ローマでは**アレクサンデル六世**（在位一四九二～一五〇三年）が教皇に登位しました。

■一四九四年のイタリア戦争

一四九四年は、イタリアにとって悪い意味での転換期となります。ロレンツォの後継者ピエロは愚鈍でした。ナポリ王国の継承権を主張するフランス王シャルル八世の軍事侵攻の際に独断でフィレンツェ入城を許可してしまい、共和政府から追放されます。そして狂信的な修道士サヴォナローラの神権政治が始まるのです。

一四五四年のローディの和でイタリアの五大国（ヴェネツィア、ミラノ、フィレンツェ、ローマ、ナポリ）が協定を結んで以来、四〇年間平和が続いていましたが、フランスの侵攻により平和は壊され、**イタリア戦争**が始まります。教皇アレクサンデル六世は教皇領の支配権を確立するため息子**チェーザレ・ボルジア**を教皇軍総司令官として軍事遠征させますが、諸都市国家の思惑と野心、フランスとスペイン・ハプスブルグ家（神聖ローマ帝国）によるイタリアの覇権争いが絡み合い、乱世へと向かいます。傭兵頼みだったイタリアの都市国家は強大な国軍を持つフランスやスペインに太刀打ちできませんでした。

ルネサンス期は華やかな文芸が円熟するいっぽうで、戦乱の世の中でもあったのです。

■盛期ルネサンスの教皇たち

アレクサンデル六世は、スペインのボルジア家出身で、悪徳の代名詞のように伝えられます。教皇位を初めてお金で買った教皇とされ、好色で多くの愛人から子を得ており、政略結婚に利用した娘のルクレツィアと教皇軍総司令官だった息子のチェーザレがよく知られています。しかし、ローマの美化と大学の発展や、激しい抗争を続けるローマ貴族のオルシーニ家とコロンナ家の排除にも努め、フランスやスペイン・神聖ローマ帝国の勢力の狭間をうまく渡っていきました。ボルジアの間と呼ばれる教皇居室はピントゥリッキオの美しい壁画で飾られています。サヴォナローラを破門して処刑を許可したのもこの教皇です。

ローヴェレ家の**ユリウス二世**（在位一五〇三〜一三年）とメディチ家の**レオ一〇世**（在位一五一三〜二一年）はまったく異なるタイプの教皇でしたが、彼らがローマの華麗なルネサンス文化の立役者となります。ユリウス二世が始めた新たなサン・ピエトロ大聖堂の建立、システィーナ礼拝堂のミケランジェロの天井画、ラファエッロの間と呼ばれる教皇居室の壁画など、唯一無二ともいえる至高の傑作が生まれました。レオ一〇世はメディチ家出身だけあって贅沢が好きで湯水のようにお金を使います。継続するサン・ピエトロ大聖堂造営資金を得るためにドイツで**贖宥状**（罪の償いを軽減する証明書）の販売を行い、一五一七年のルターの**宗教改革**を招くことになります。

ネポティズムと愛人たち

ルネサンス教皇たちは、ローマ教会の精神的指導者というよりは、政治や軍事に力を入れ、芸術家のパトロンになるなど、主に世俗君主の役割を果たしました。**ネポティズム**と呼ばれる縁故主義で、一族や派閥の友人知人たちまでも引き立てて枢機卿の位や教皇庁の要職を与え、出身家系の繁栄のために教皇位を利用します。

たとえば、ルネサンスの理想郷ピエンツァ（世界遺産）を築いた**ピウス二世**（在位一四五八～六四年）は、シエナ出身の人文主義者で優れた外交官でしたが、在位中に枢機卿に任命した甥は、のちに教皇**ピウス三世**となっています。ヴァネツィア宮殿の建設を始めた**パウルス二世**（在位一四六四～七一年）も**エウゲニウス四世**（在位一四三一～四七年）の甥でした。**カリストゥス三世**（在位一四五五～五八年）は在位中に二人の甥を枢機卿に任命し、そのうちの一人がロドリーゴ・ボルジア、のちの教皇アレクサンデル六世です。同じようにユリウス二世もシクストゥス四世の甥でした。

この時代は、愛人を持たなかった教皇を探すのが難しいくらいモラルが欠如しており、愛人関係者や庶子には教皇庁での要職が約束されました。アレクサンデル六世は、ファルネーゼ家のジュリアを愛人にし、そのおかげでジュリアの兄は枢機卿となり、のちに教皇**パウルス三世**として登位します。

ローマ劫掠とルネサンスの教皇たち

クレメンス七世（在位一五二三～三四年）はメディチ家出身で、パッツィ家の陰謀で殺害されたジュリアーノの息子、教皇レオ一〇世の従兄弟にあたります。イタリア戦争やルターの宗教改革運動で不安定な国際状況の中、見通しが甘く優柔不断だったため、神聖ローマ皇帝兼スペイン王カール五世の軍勢とドイツの傭兵ランツクネヒトによる一五二七年五月の**ローマ劫掠**を招きます。クレメンス七世は側近と聖天使城に逃れますが、その際、教皇を守るスイス兵一八九人が死んでいます。ランツクネヒトはルター派プロテスタントだったためローマ教会を憎んでおり、略奪だけでなく、聖堂も破壊し火を放ちました。あらゆる階層の市民、聖職者、逃げ遅れた文化人や芸術家が殺戮され、女性は修道女さえも陵辱されます。しかも劫掠は翌年二月まで続きました。五、六万人くらいに増えていた人口は三万人にまで激減します。ローマ壊滅の知らせにヨーロッパ中が衝撃を受けます。ローマを守れなかったクレメンス七世、自分の責任ではないと弁明するカール五世。一五二九年、両者はバルセロナ条約で和解します。その内容は、教皇領のラヴェンナをヴェネツィア共和国へ、モデナをフェッラーラ公国へ移譲すること、スフォルツァ家のミラノ復帰、メディチ家のフィレンツェ復帰、皇帝のナポリ王国の支配権の保持、さらにローマ劫掠にかかわった者は教皇によって赦免されるという、屈辱的なものでした。クレメンス七世は、死の直前にミケランジェロに**「最後の審判」**を描くことを依頼しています。

ファルネーゼ家出身の**パウルス三世**（在位一五三四～四九年）は、ネポティズムで長男をパルマ公にし、三人の孫を枢機卿にしましたが、政治面でも文化面でも有能な教皇でした。教会改革に熱心でトリエントの公会議を召集し、イエズス会の認可もしています。教皇は人文主義者でミケランジェロを高く評価していました。サン・ピエトロ大聖堂造営主任建築家に任命し、カンピドリオ広場とそこに続く緩やかな石段のある坂道コルドナータの整備、さらに壮大で堂々とした私邸ファルネーゼ宮殿の設計の一部も任せました。何よりシスティーナ礼拝堂の祭壇画「最後の審判」を完成させたことで知られています。ファルネーゼ家がカラカラ浴場跡から持ち出した古代美術の収集は有名ですが、その多くはブルボン家に相続されてナポリにあります。一八世紀にパルマ公女エリザベッタ・ファルネーゼがブルボン朝スペイン王フェリペ五世に嫁ぎ、彼らの息子が、パルマ公カルロ、ナポリ・シチリア王カルロ七世、スペイン王カルロス三世となって受け継いだからです。

最後のルネサンス教皇**ユリウス三世**は芸術の擁護者としてその名を残しています。音楽家パレストリーナをローマに招いて礼拝堂音楽監督に任命し、建築家ヴィニョーラの設計で美しい中庭のある別邸ヴィッラ・ジュリアを建設しました。この別邸は現在ではエトルリア博物館となっていますが、当時はとりまきと享楽的な生活を繰り広げる場所でした。教皇は男色家として知られ、パルマで出会った美少年に夢中になり、縁者の養子として引き取ります。のちにこの子を枢機卿に任命して大きなスキャンダルも引き起こしています。

ローマのルネサンスは、想像を絶する「ローマ劫掠」という悲劇で終わりを告げました。けれども、破壊と再生を繰り返すのがローマだといえます。その芽はすでに育まれていたのです。

8 ユリウス二世

デッラ・ローヴェレ家

一五世紀に入ったばかりのローマは見るも無残な様相を呈していました。一三〇〇年に四万人いた人口は三万人にまで減っており、数多の聖堂や家屋は崩れ、食糧不足で民衆は飢え、街路は泥や汚物にまみれ、治安が悪い上、冬場の夜間には狼もうろついていたといいます。教会大分裂終了後、一四二〇年にローマへ帰還した教皇マルティヌス五世は、聖ペテロの墓所を守る都市ローマの再生を目指して、ローマの秩序回復と大聖堂や公共建造物の修復に努めました。やがて一四四七年に登位した**ニコラウス五世**がルネサンスの花を咲かせ始めます。

ローマにルネサンス最盛期をもたらしたのはデッラ・ローヴェレ家出身の教皇ユリウス二世（俗名ジュリアーノ・デッラ・ローヴェレ）ですが、その前に同じルネサンス教皇だった伯父のシクストゥス四世を語らなければなりません。

シクストゥス四世（在位一四七一～八四年）、俗名フランチェスコ・デッラ・ローヴェレは、ジェノヴァ共和国のサヴォーナ出身で、フランシスコ会に入り優れた神学者として尊敬されていました。先代のパウルス二世の時代に枢機卿となり、その四年後に教皇に選出されます。教皇になると恒例のネポティズムでデッラ・ローヴェレ家とリアーリオ家の縁者をとりたて、甥のジュリアーノはのちに教皇ユリウス二世となります。

シクストゥス四世は、ロマーニャ地方の教皇領拡大政策でメディチ家と対立し、教皇庁の金融管理とトルファの明礬《みょうばん》専売権をメディチ家からパッツィ家に移管させました。これを機にフィレンツェの反メディチ勢力がパッツィ家を中心に**「パッツィ家の陰謀」**（一四七八年）を企てます。この動きには、教皇や甥のリアーリオ枢機卿、ピサの大司教サルビアーティも同調していました。花の聖母大聖堂でリアーリオ枢機卿がミサを挙げる最中に襲撃が起こり、メディチ家当主のロレンツォ・デ・メディチ（イル・マニフィコ）は難を逃れますが、弟のジュリアーノ・デ・メディチが殺害されます。しかし民衆がメディチ家を支持したため陰謀は失敗し、メディチ側の凄まじい復讐が始まりました。ピサ大司教までもが処刑され、窓から逆さ吊りで遺体をさらされます。高位聖職者に対する暴行に激怒したシクストゥス四世は、フィレンツェを破門しました。

シクストゥス四世は政治的には迷走しましたが、文化芸術面での功績は偉大でした。ヴァティカン図書館を拡充し、メロッツォ・ダ・フォルリやギルランダイオに壁画を描かせ、教皇庁所有の「棘を抜く少年」などの古代彫刻をローマ市民に寄贈する形で、世界最古の美術館であるカピトリーノ美術館を創設します。そして、古代ローマの名将アグリッパが架けた橋の土台を利用して美しいシスト橋を築き、一二世紀のサント・スピリト病院や数々の聖堂の修復をさせました。アルテンプス宮殿やカンチェレリア宮殿も建造しています。何より特筆すべきことは、自分の名を掲げる**システィーナ礼拝堂**の建立です。礼拝堂の素晴らしい壁画は、メディチ家と和解後、フィレンツェからボッティチェリやペルジーノらを招聘して描かせたものです。この礼拝堂にはのちに、甥のユリウス二世がミケランジェロに天井画「創世記」を描かせることになります。

ジュリアーノ・デッラ・ローヴェレは、伯父の影響でフランシスコ会の修道院に学び聖職者の道を進みました。一四七一年に伯父が教皇に登位すると、二八歳で枢機卿に任命され、伯父の名義教会だったサン・ピエトロ・イン・ヴィンコリ聖堂を受け継ぎます。一四八〇年にはアヴィニョンの大司教となり、教皇使節としてフランスへ赴き、四年滞在しました。

ジュリアーノはシクストゥス四世のカルディナル・ニポーテ（甥の枢機卿）でした。これはこの時代に始まった慣習で、教皇の実務的秘書を務める国務長官のような役割です。実際、彼には抜群の外交・政治能力と際立った軍才がありました。たとえば一四七三年に教皇領ペルージャで反乱が起きた時には軍の指揮をして鎮圧しています。やがて枢機卿の中でも強い影響力を持つようになり、伯父の死後の枢機卿選挙でインノケンティウス八世（在位一四八四〜九二年）の選出に決定的な役割を果たし、ローマ市民に「教皇より教皇らしい実力者」と呼ばれます。

打倒ボルジア！

ジュリアーノはインノケンティウス八世の死後、以前からライバル関係にあったスペイン出身のロ

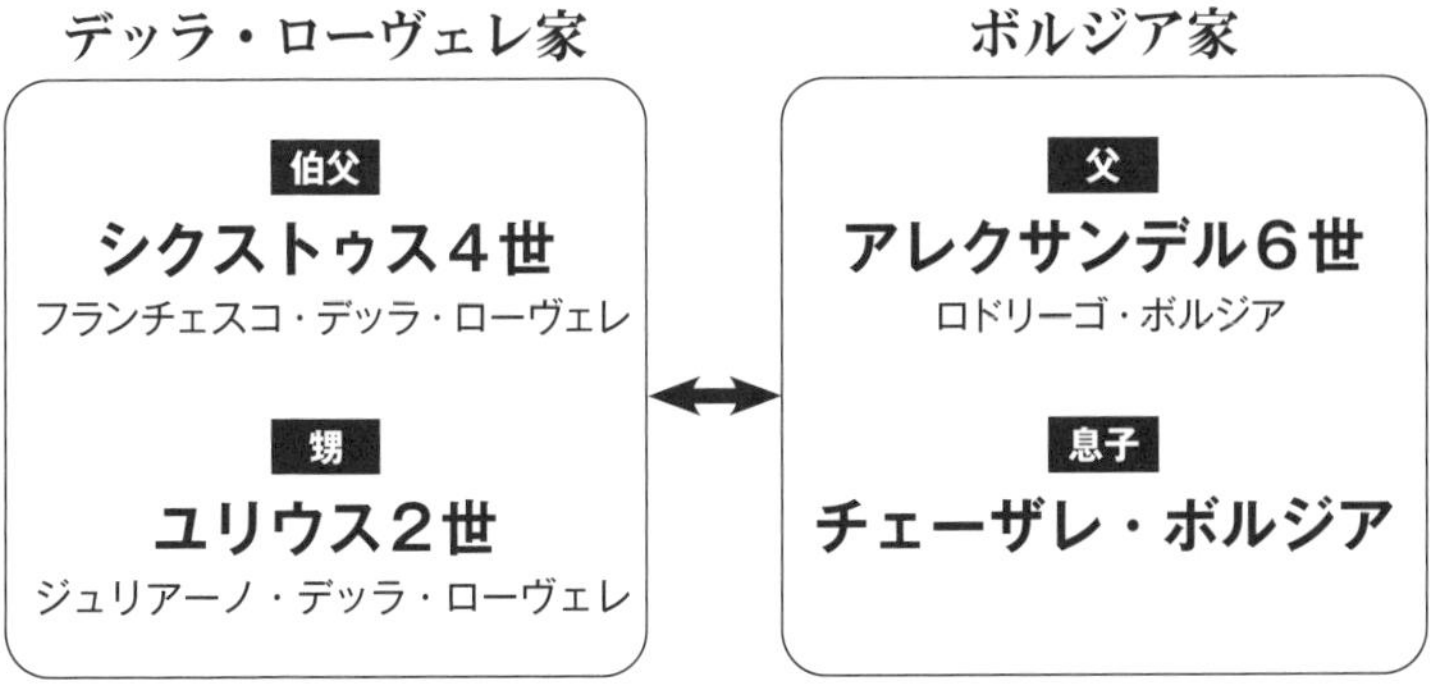

図14　デッラ・ローヴェレ家とボルジア家の対立

ドリーゴ・ボルジアと教皇位を争います。しかしボルジアが巨額の賄賂で枢機卿を買収し、**アレクサンデル六世**として登位したため、フランスに亡命します（図14）。

アレクサンデル六世は、殺人や強盗は当たり前というほどに治安が悪化していたローマに秩序を取り戻そうとしますが、聖職売買、愛人と庶子、派手な生活など、教皇としての品行の悪さが仇となって退廃の象徴とされ、在位中からあらゆる誹謗中傷を受けます。歴代の教皇も同じようなことをしていたのにボルジアだけが悪徳の権化とされたのはスペイン人だったことが関係するのかもしれません。ボルジア家には近親相姦や毒殺の噂が絶えませんでしたが、これは都市伝説のようなものでしょう。教皇自身は明るい性格で何をいわれても気にしなかったといいます。一五〇〇年には大聖年を迎え、聖年に大聖堂の聖なる扉を開くという慣例を開始しました。

一四九四年、フランス王**シャルル八世**がナポリ獲得のためイタリア半島へ侵攻します。仕掛け人は、ミラノ公国のルドヴィーコ・スフォルツァ（レオナルド・ダ・ヴィンチのパトロンの一人）とフランス宮廷に亡命していたジュリアーノでした。ナポリ王国は本来フランス系アンジュー家の所領でしたが、前世紀半ばからスペイン系アラゴン家の支配下にあったため、フランスはナポリの王位継承権を主張していました。そこでジュリアーノは当時ナポリ王国と結んでいた政敵ボルジアを戦乱で苦境に落とし入れるため、シャルル八世にイタリア半島の南下をたきつけたのです。

いっぽう、もう一人の仕掛け人ルドヴィーコには複雑な理由がありました。彼は甥の後見人という立場でミラノを治めており、自分の妻エステ家のベアトリーチェと甥の妻ナポリ王女のイザベラが、それぞれの息子を正式な後継者にしようと争っていたため、自己の野心のために外国勢力を利用しようと考えたのです。さらに別の理由もありました。ルドヴィーコの曽祖父、初代ミラノ公ジャン・ガレアッツォ・ヴィスコンティは、ヴァロア朝フランス王女イザベルとの婚姻の際、直系の男子が途絶えた場合にはミラノ公国の相続権をイザベルとの娘に与えるという契約をしていました。その娘はヴァロア朝の分家オルレアンのルイと結婚しており、当時のミラノ公国は女系となっていたため、フランスに正当な相続権があったのです。つまり、フランスの関心をナポリに向ける必要があったのです。

フランスはすでに国家統一を果たしており、その軍隊は最強でした。無血開城でいとも簡単にイタリア半島を南下してナポリを手に入れます。この状況を見てルドヴィーコは後悔し、フランスの強大化を阻止するため、ヴェネツィアなどの諸侯軍、スペイン王国、神聖ローマ帝国とヴェネツィア同盟を結び、本国へ帰還中のフランス軍を攻撃します。フランス軍はミラノ郊外で惨敗し、シャルル八世の軍事侵攻は失敗に終わりました。しかし、これ以降、諸侯や外国勢力のイタリア半島をめぐる戦い、

「イタリア戦争」が続くことになります。

この経験を通して、アレクサンデル六世は軍事的自立と教皇領の支配権確立の必要性を痛感しました。そこでヴァレンシア枢機卿だった息子の**チェーザレ**を還俗させて教皇軍総司令官とし、シャルル八世の後継者ルイ一二世に近づいて取引をします。教皇がルイの離婚を認める代わりに、ルイはチェーザレにヴァレンティーノ公として公爵領を与え、ナヴァラ国王の妹との結婚をお膳立てし、フランス軍の提供を約束したのです。娘のルクレツィアはすでにイタリア半島の有力者との政略結婚に使っていました。

チェーザレは冷徹非情な政治家・軍人でした。ロマーニャ地方に侵攻して快進撃を続けます。傭兵隊長兼領主たちの反乱に対する「シニガリアの騙し討ち」での徹底した冷酷さは、マキャヴェッリを感心させ、チェーザレにイタリア統一の可能性を見出します。一五〇二年、チェーザレはレオナルド・ダ・ヴィンチを軍事技術者として同行させています。しかし、一五〇三年八月に父親が亡くなるとチェーザレは窮地に陥ります。自身も父親と同じマラリアにかかっていました。つなぎ役の新教皇ピウス三世が一ヶ月で死去して次の教皇選挙が始まると、スペイン系枢機卿の票を握っていたチェーザレは、教皇軍総司令官の地位と自己のイタリア中部の支配権の保持を条件に政敵ジュリアーノと取引をします。それは守られるはずのない約束でした。そして破滅へと向かうのです。

カエサルのように

第二一六代ローマ教皇**ユリウス二世**の教皇名ユリウスは、四世紀の教皇、聖ユリウス一世にオマージュを捧げたわけではありません。敬愛してやまないユリウス・カエサルから取ったものです。ユリウス二世は、教皇というより世俗国家の君主、あるいは軍人として生まれるべきだったのかもしれません。軍隊を自ら率い、カエサルと同じように戦場で兵士たちに戦闘の仕方を教え、彼らと同じ釜の飯を食べ、果敢に軍事行動を行いました。古代ローマ帝国の皇帝以来、優れた政治家であると同時にカリスマ的な軍の指揮官であることを両立させた初めての為政者、それがユリウス二世でした。ユリウス二世はアレクサンデル六世と同じように教皇領拡大政策を取りますが、ボルジアが自らの家系の繁栄を目的にしていたのとは異なり、あくまでも教会国家の権力拡大を目指したものでした。

教皇軍は寄せ集めの傭兵からなっていました。それは教皇軍総司令官だったチェーザレ・ボルジアの時も同じで、だからこそ裏切りや騙し討ちが発生したのです。一五〇五年、ユリウス二世は常備軍を設置することにし、ヨーロッパで最強とされていたスイス傭兵を使うことにします。**今もスイス衛兵がヴァティカン市国と教皇を守っているのは、この伝統が続いているから**なのです。

ところでヴェネツィアは、コンスタンティノープル陥落以降、東地中海の商圏をオスマン帝国に奪われ、海外貿易から国際金融に重点を移し、チェーザレ失脚のどさくさに紛れて教皇領ロマーニャ地方のリミニやファエンツァなどを支配下に置き、北イタリアで勢力を拡大していました。一五〇六年、ユリウス二世は自ら軍隊を率いて教皇領内でありながら半独立状態にあったペルージャやボローニャを攻め、再征服します。そしてヴェネツィアにロマーニャ地方の諸都市の返還を要求しますが、これを拒否されたため、一五〇八年、ヴェネツィアの拡大戦略に反発していた神聖ローマ皇帝マクシミリアン一世とフランスのルイ一二世、スペイン王フェルナンド二世とともに反ヴェネツィアのカンブレー同盟を結成し、戦争を起こします。

ところが翌年、ルイ一二世が指揮する同盟軍がヴェネツィアを大敗させると、ユリウス二世はフランスの影響力の強さを危惧して、ロマーニャ地方の諸都市の返還を条件にヴェネツィアと和平を結びます。これに神聖ローマ皇帝もスペイン王も追従し、カンブレー同盟は崩壊します。憤懣やるかたないルイ一二世は、ユリウス二世を教皇の座から引きずり下ろすため宗教会議の開催を宣言しますが、失敗に終わります。これに激怒したユリウス二世も負けてはいません。ラテラーノ公会議を開催してルイ一二世を破門し、ヴェネツィア、ドイツ、スペイン、さらにイングランド王ヘンリー八世も巻き込んで反フランスの神聖同盟を結成して対仏戦争を始めます。スローガンは、「外国勢力をイタリア半島から追い払え！」でした。

ユリウス二世は、「パパ・グエッリエロ」（戦士の教皇）の呼称にふさわしく、優れた政治的駆け引きで外国勢力を巧みに操り、たぐい稀な行動力で、戦い続けました。この対外政策がのちのスペイン・神聖ローマ帝国のイタリア侵攻の種を蒔いたという見方もありますが、それをいうのは酷ではないでしょうか。

偉大なパトロン

カエサルのように有能な政治家であり軍人だったユリウス二世は、ローマを再び壮麗な都にするための明確なヴィジョンも持っていました。公共建造物の建設を含む丹念な都市計画を立て、多くの芸術家のパトロンにもなります。**ローマをルネサンスの都に変えた第一人者**といってもいいでしょう。その点では初代皇帝アウグストゥスを意識していたのかもしれません。そしてローマは、政治と文化の中心地となっていくのです。

ユリウス二世は、「恐るべき教皇」と呼ばれただけあって、意欲的で実行力はありましたが、高圧的で激しい気性をしていました。短気で思い立ったことはすぐに実行しないと気が済まず、思い通りにならないと杖を振り回して怒りました。

教皇は、迷路のような中世の町並みを変えて行政組織を合理的に配置しようと考えます。そこで、建築家**ブラマンテ**を起用します。彼はすでに聖ペテロの殉教地に古代建築から着想を得た美しい礼拝堂「テンピエット」を建造し、名声を博していました。

ヴァティカン宮殿のベルヴェデーレの中庭を設計させ、ローマ市内にはシスト橋を底辺として長方形になるような直線道路をテヴェレ川の両岸に造らせます。現在ではトラステヴェレ側をルンガラ通り、旧市街側を教皇の名にちなんでジュリア通りと呼びますが、道幅が広い直線道路の建造は実に画期的なことで、共和政ローマ時代以来といっても大げさではなかったのです。

ジュリア通りに沿って各行政機関を建設する予定でしたが、頻繁に氾濫するテヴェレ川に近い不安定な地盤の安定化に時間がかかり、そのうち教皇も亡くなったため、ブラマンテが裁判所の建物の土台を築いたところで工事は中断されました。大きなトラヴァーティン石の土台は今もベンチのような形で残り、これをローマっ子は愛情を込めて「ソファー」と呼んでいます。

ユリウス二世は老朽化したサン・ピエトロ大聖堂の問題にも取り組みます。過去の教皇のように構造の補強や拡張にとどめることもできたはずでしたが、コンスタンティヌスの古い大聖堂はローマの栄光にはふさわしくないと考え、取り壊して新築することに決めました。計画では、白い大理石を使ったギリシア十字形の大聖堂で、聖ペテロの墓の上に主祭壇を作り、上方にはパンテオンのような巨大ドームを置く予定でした。さらに主祭壇のそばにはミケランジェロの彫刻に飾られた自身の墓廟を作る計画もありました。教皇は短期間で建設できると楽観していましたが、一五〇六年に開始された大事業は完成までに一二〇年の歳月を要し、本来の計画とは異なっていきます。教皇の墓廟も完成せず、ミケランジェロのモーゼ像を中心とする小さなものとなり、サン・ピエトロ大聖堂ではなく、ローヴェレ家枢機卿の名義教会サン・ピエトロ・イン・ヴィンコリに置かれることになります。

■ユリウス二世とミケランジェロ

ところで**ミケランジェロ**もユリウス二世に負けず劣らず気難しく激しい性格をしていました。彼は、墓廟制作のために買った大理石の支払いで揉めたあと、怒りのあまりフィレンツェへ戻っていました。誰がなだめても教皇と和解しようとせず、ついにフィレンツェ共和国との政治問題にされ、最終的にはボローニャまで軍事的偉業を達成したばかりの教皇に会いに行く羽目となります。

ユリウス二世は散々嫌味をいいながらも、すべてのボローニャ市民の目に触れる聖ペトロニウス聖堂の正面扉の上に教皇の銅像を作ってほしいと、ミケランジェロに依頼します。制作にあたって、教皇が片手で市民を祝福し、もう片方の手に何を持たせようかと思案していたミケランジェロが、「教皇聖下、書物を持たせましょうか？」と尋ねると、ユリウス二世は「書物？　余が無知だとでもいうのか？　それより剣だ」と答えるのでした。一五〇七年に完成したブロンズ像は、残念ながらボローニャが再び独立を勝ち取った一五一一年に撤去され、フェッラーラ公に贈られた挙句、溶かされて臼砲となってしまいました。

一五〇八年、ユリウス二世はミケランジェロを再びローマに呼ぶと、システィーナ礼拝堂の天井画を描くよう依頼します。彫刻家のミケランジェロに絵の経験はあまりなく、最初は断りますが、ブラマンテの鼻を明かそうとこれを受けます。たった一人で身体がボロボロになるほど大変な苦労をして天井画の半分ほどを描き上げた頃、様子を見にいったユリウス二世はその出来栄えに感嘆し、喜びのあまりここまでの仕事を皆に見せたいといい出します。ミケランジェロが拒否すると、教皇は怒って「それではいつ仕事が終わるのだ？」と大声を上げました。相手が教皇でも負けてはいないミケランジェロは「私ができる時です」と答え、ユリウス二世の怒りを増幅させます。「私ができる時？　私ができる時だと？」。教皇はこういって杖でミケランジェロの身体を叩き「余の言葉は命令だ」と、いいわたしました。一五一〇年に完成したシスティーナ礼拝堂の天井画**「創世記」**は、西洋美術史上あらゆる意味で後世に影響を与える至高の傑作となります。

■ユリウス二世とラファエッロ

ユリウス二世は、敵対していたアレクサンデル六世が使っていたボルジアの居室を使うのに我慢ならず、その上階にあるニコラウス五世が使っていた居室を整備することにします。そこには素晴らしいピエロ・デッラ・フランチェスカの描いた壁画がありましたが、これを一新させるために著名な画家たちに壁面装飾の仕事をさせていました。ところが突然、彼らを解雇してしまいます。

教皇は、ローマに来たばかりの新参者**ラファエッロ**の画風に魅せられてしまったのです。当時のラファエッロはまだ二五歳と若く知名度が低かったため、教皇は試し描きをさせました。そして、まるで生きている人間がそこにいるかのように描くラファエッロの優美な世界に震えるほどの感動を覚え、すっかり心を奪われてしまったのです。すでにこの事業に従事していた画家たちを解雇してラファエッロ一人に任せることは大きな賭けでしたが、教皇は戦場で素早い決断をするのと同じように臨んだのでした。

「署名の間」に描かれた**「聖体の論議」**ではローマ教会の三位一体の教義とローマ教会の勝利が巧みな構成によって描かれ、**「パルナッソス」**ではアポロンやミューズが佇む丘の上で古代の詩人たちが集う姿が優美に表現され、**「アテネの学堂」**では古代ギリシアの哲人賢者たちが描かれ、ルネサンスの古典的精神を見事に具象化しています。プラトンのモデルがレオナルド・ダ・ヴィンチであるように、実在の人物をモデルに描いたのは偉大な芸術家に対するオマージュでもありました。ローマ教会の歴史を彩るエピソードを描いた壁画には、過去の偉大な教皇に重ね合わせてユリウス二世が描かれました。

ユリウス二世はラファエッロに公式肖像画も描かせます。この絵の教皇は、いつもの闘争的な誇り高い姿ではなく、白いひげを長くのばして物思いに耽った表情をしています。絵が描かれたのは一五一一年頃で、ボローニャがフランス軍の庇護のもと教皇領から独立した頃でした。ユリウス二世は辛い時期にあったのです。あるいは、イタリア半島の未来を憂いていたのかもしれません。ラファエッロは教皇の内面までも見事に表現したのでした。

ユリウス二世の果たした役割

ユリウス二世は即位後すぐに教皇領をめぐる都市国家や外国の勢力を一掃しようと考え、政治的駆け引きと行動力でその考えを実行しました。また、ローマでもボルジアが排除しようとした貴族たち、オルシーニ家やコロンナ家との関係改善に努めました。その政治的手腕は教皇国家の世俗的君主としては傑出した存在だったといえるでしょう。その反面、芸術を愛し、多くの芸術家を起用してローマにルネサンスの最盛期をもたらしました。しかも、芸術作品にはローマ教会のプロパガンダを巧みに表現させたため、ある意味、精神的指導者としての役割も果たしたといえます。大げさにいえば、古代ローマの栄光を取り戻そうとした人なのかもしれません。人口も五万人を超えました。

いわゆるネポティズムも他の教皇に比べるとかなり少なく、即位後に縁者を三人ほど枢機卿に任命しただけでした。また、女性関係の派手だった歴代の教皇に比べて、ユリウス二世には浮いた噂があまり出てきませんが、愛人はいたのでしょうか？

実は、枢機卿時代、四〇歳前後で娘を一人もうけています。彼女の母親はローマ貴族の出であるルクレツィア・ノルマンニ、娘はフェリーチェ・デッラ・ローヴェレで、もし男性に生まれていたならカルディナル・ニポーテ（甥の枢機卿）として教皇庁で国務長官となっていたところです。

彼女は歳の離れたオルシーニ家のジャン・ジョルダーノと結婚し、オルシーニ家を仕切ります。そして父ユリウス二世だけでなく、レオ一〇世、クレメンス七世の治世にも大きな影響を与えたといわれています。彼女の二人の娘、ジュリアはサンセヴェリーノ公、クラリスはカラファ公と結婚し、その子孫はイタリア半島の名家、スフォルツァ家、ボルゲーゼ家、ボンコンパーニ・ルドヴィシ家と縁戚を結んでいます。

一五一三年二月、市民に絶大な人気を誇ったユリウス二世は、病で亡くなります。ミケランジェロによる墓廟が完成するのは、その三二年後、一五四五年のことでした。

9 ラファエッロ

ルネサンス絵画

ルネサンス芸術は絵画抜きには語れません。けれども、どの時点からルネサンス絵画が始まるのかを線引きすることは難しくもあります。一六世紀後半に活躍した画家ヴァザーリは、著作『芸術家列伝』の中で**ジョット**（一二六六年頃～一三三七年）をルネサンスの黎明期に位置づけしています。それまでの絵に比べると、画面に奥行きが感じられ、作中人物の表情や身ぶりに感情の表出が見られるからです。

ルネサンス絵画は、中世のキリスト教的価値観からタブー視されていたものを解放しました。具体的には、神を人間的に描くこと、異教のギリシア・ローマ神話の神々や裸体を描くことなどです。聖母子を美しい人間の母子で描いたフィリッポ・リッピの「聖母子と二人の天使」、異教の女神を裸体で描いたボッティチェリの「ヴィーナスの誕生」などがよい例です。

さらに絵画技法も進化します。一五世紀前半には、建築家ブルネレスキとレオン・バッティスタ・アルベルティが**透視図法**（遠近法の一種）を理論化し、これを使って多くの画家が奥行きのある空間を描くようになっていきます。**ピエロ・デッラ・フランチェスカ**（一四一二～九二年）がウルビーノの宮廷で描いた「キリストの鞭打ち」が傑作として知られるのは、透視図法によるリアルな描写と完璧な幾何学的構図が画期的だったからです。ピエロは高度な数学や幾何学を熱心に研究した最初の画家でした。レオナルド・ダ・ヴィンチも空気遠近法（遠くのものは色が変化して境界線がぼやける）とスフマート（輪郭をぼかして描く技法）と呼ばれる新技法を案出し、一点透視図法とあわせて用い、描写しました。

そしてネーデルラント地方（現在のベルギーとネーデルランド）から**油彩画技法**も伝わります。それまでは黄卵を使ったテンペラ画が主流で、湿気に弱く絵の具がはがれやすいという難点がありましたが、油彩を使うと何度でも塗り重ねることができ、表現に深みが増すようになりました。また、船の帆布を木枠に張った**キャンバス**も登場します。ヴェネツィアの画家たちが使い始めたといわれ、それまでの板絵から徐々に移行していきます。

神に愛された画家

ルネサンスを代表する天才芸術家というと、真っ先に思い浮かぶのは万能の天才と呼ばれる**レオナルド・ダ・ヴィンチ**でしょう。次に、彫刻家でありながらシスティーナ礼拝堂に驚くべき天井画「創世記」を描き上げた**ミケランジェロ**、そして三番手が**ラファエッロ**でしょうか。三人の天才は、ある時期フィレンツェに居合わせ、その後もそれぞれ異なる時期にローマへ来ています。

レオナルドは不遇の時代が長く、ミラノで名声を得たあとフィレンツェへ偉大なマエストロとして凱旋帰国しますが、ローマで活躍することはありませんでした。工房は抱えていたものの、名のある弟子は生まれていません。ミケランジェロは彫刻家として若いうちからフィレンツェとローマで絶大な成功を収めましたが、その人生は苦痛に満ちたものでした。気難しく偏屈で、狭量な性格から人望がなく、弟子を育てたことはありません。

いっぽうラファエッロは容姿に恵まれ、その物腰は貴公子のようでした。性格もよく、誰からも愛され、努力家ではありましたが大した苦労をすることもなく、若くしてローマで栄光をつかみます。ローマ教皇や大富豪、洗練された知識人や美しい女性たちに囲まれ、当代一の大工房を構え、弟子にも恵まれました。

ラファエッロの生きた一四八三年から一五二〇年までの年月は、そのままイタリア美術における盛期ルネサンスの時期に一致します。ラファエッロはその画業において非の打ちどころのない理想美を完成させ、ルネサンスの頂点を極めました。そして、彼の作り上げた様式は一九世紀半ばまで西洋絵画の鑑であり続けるのです。

ラファエッロは「神に愛された画家」と呼ばれます。二人の絶対的天才をさしおいて、末っ子のラファエッロが特別な存在として神話化されたのはどうしてなのでしょう。

■ウルビーノ宮廷

ラファエッロは、一四八三年四月六日にウルビーノで生まれました。ウルビーノは、イタリア中部の山の上に位置し、一五世紀の半ばから洗練された初期ルネサンスの宮廷文化が栄えた小都市国家です。ルネサンス建築の傑作ドゥカーレ宮殿と大聖堂を中心にした都市は今も当時のままの姿が残り、世界遺産となっています。

名君フェデリーコ・ダ・モンテフェルトロ（一四二二～八二年）は優れた傭兵隊長であると同時に大変な教養人で、宮廷に多くの文化人を集めました。多くの古典書を収めた寄木細工の美しい書斎には画家ピエロ・デッラ・フランチェスカや数学者ルカ・パチョーリも出入りしていました。

ラファエッロが生まれた時にはフェデリーコの息子グイドバルドの時代になっていました。グイドバルドに仕えたバルダッサーレ・カスティリオーネは、ウルビーノ宮廷を舞台に宮廷人の社交術や備えるべき教養を説いた『宮廷人』を書いています。この本は大ベストセラーとなりました。カスティリオーネはラファエッロの親しい友人でもあり、パリのルーヴル美術館に肖像画が残っています。「この絵に皆が挨拶する」とカスティリオーネが語ったほど、生身の本人がいるかのようなリアルな作品です。

ラファエッロの父ジョヴァンニはウルビーノの宮廷画家で、洗練された教養人でもありました。宮殿に近い坂道のメイン通りに工房を備えた立派な家を構え、おそらくラファエッロも幼い頃から父親に連れられて宮廷に出入りしていたのでしょう。そうでなければ、貴族階級でもないのに優雅で上品な立ち振る舞いが自然に身につくわけがありません。ラファエッロにとって宮廷は身近な存在で、数多の傑作に触れられる場でもありました。ピエロ・デッラ・フランチェスカの絵も見ていたことでしょう。

八歳で母を亡くしたラファエッロは、一一歳の時に父親も亡くします。その後は父の遺した工房で絵の仕事を始めたようで、一五〇〇年にはわずか一七歳でマエストロの肩書きを得ています。チッタ・ディ・カステロの豪商からの注文「バロンチの祭壇画」が評判となり、しだいに活動の場を広げていきますが、一五〇四年にフィレンツェへ現れるまでの正確な足取りはよく分かっていません。

おそらくウルビーノの政治情勢も関係するのでしょう。一四九四年にフランス王シャルル八世がイタリアへ軍事侵攻して以来イタリア半島では戦乱が続いていましたが、一五〇二年、教皇アレクサンデル六世の息子チェーザレ・ボルジアがウルビーノを占領したのです。翌年、ボルジア失脚後にグイドバルドが復帰すると、ラファエッロは一五〇四年に公爵家の人々の肖像画を描いています。そして、この年の終わりにグイドバルドの姉ジョヴァンナの推薦状を得てフィレンツェへ向かうのです。

ちなみに、ジョヴァンナの夫は教皇ユリウス二世の弟で、グイドバルドに後継者がいなかったため、彼女の息子フランチェスコ・マリア・デッラ・ローヴェレが一五〇八年に公爵位を継いでいます。

■先輩に学び、凌駕する

ラファエッロは、フィレンツェへ向かう前に、中部イタリアで名声を得ていた画家ペルジーノのもとで仕事をしていました。師弟関係というよりは共同制作者に近い形だったと考えられていますが、この時、ラファエッロはペルジーノの画風を完全にマスターし、あっという間に凌駕してしまいます。ほぼ同時期に同主題で二人がそれぞれ制作した、まったく同じ構図の**「聖母の結婚」**という作品がありますが、ペルジーノが線遠近法を用いながらも静止した型通りの美と感情表現をしたのに対して、ラファエッロは背景をより広く奥行きのある空間にし、前景の人物像も生きた人間であるかのように自然で生き生きと描きました。並々ならぬ才能が表出し始めたのです。

ラファエッロがフィレンツェに着いた一五〇四年末は、すでにメディチ家が追放され、サヴォナローラも火刑にされたあとでした。ジョヴァンナ・デッラ・ローヴェレの推薦状は共和国行政長官ソデリーニに宛てたもので、ラファエッロは公的作品の注文を狙っていました。けれども当時のフィレンツェにはレオナルドとミケランジェロがいたのです。ラファエッロは富裕層や貴族のための聖母子画や肖像画を制作するにとどまりますが、二人の巨匠の作品を模写した素描が多く残っていることから、彼らから多くを学んだことが分かります。

ミケランジェロとは同じパトロンの邸宅で会う機会もあり、彼の作品からは主に筋肉描写を学びました。しかし最も大きな影響を受けたのは、なんといってもレオナルドでした。学んだことはすぐに自分の作品に取り入れます。レオナルドがアトリエで公開して大変な評判を博した、今では失われてしまった「聖アンナと聖母子」のカルトンからはピラミッド型の構図を取り入れ、この上なく美しい聖母子画 **「牧場の聖母」**（ベルヴェデーレの聖母）を描き、「モナ・リザ」の構図を生かした肖像画 **「一角獣を抱く貴婦人」** や **「マッダレーナ・ドーニの肖像画」** が残っています。さらにレオナルドが宙で静止した手の描写に用いた短縮法やスフマート技法も学び、自分のものとしました。

しばしばラファエッロは剽窃の画家といわれますが、それは正しい評価ではありません。画家はまず優れた芸術作品の模写から始めるものです。偉大なマエストロの作品に刺激を受けない画家はいません。ただ、それを吸収して独自に消化し、より美しく昇華できるのは限られた人間だけです。フィレンツェ以降、ラファエッロの聖母子画や肖像画の画風はすっかり変わります。**レオナルドからの学びを通してラファエッロ独自の様式を築く**のです。ラファエッロの絵にレオナルドの神秘性を見出すことはできませんが、その代わり彼の描く人物像には天真爛漫さがあり、背後の風景も優しく穏やかになっています。そこには、誰にも表現できない特別な何かが秘められています。洗練された色彩の美しさや卓越した表現力という技術力では説明がつかない特別な何かです。優美で品格があり、完璧な調和に満たされた悦びの世界、プラトン的にいえば、不完全な地上の世界を完全な天上の世界に描いた理想美とでもいえばいいのでしょうか。

■アテネの学堂

一五〇八年後半、ラファエッロは突然、フィレンツェからローマへ移ります。ウルビーノのデッラ・ローヴェレ家の縁を頼ったとも、同郷のサン・ピエトロ大聖堂造営主任建築家**ブラマンテ**の推挙ともいわれますが、一五〇九年一月には教皇庁からの支払いの記録が残っているため、ローマで直ちに**ユリウス二世**に仕える立場になったことが分かります。当時、ミケランジェロはすでにシスティーナ礼拝堂の天井画制作に取りかかっていました。

ユリウス二世は、天上的なラファエッロの画風にすっかり魅せられ、教皇居室の壁面装飾を彼に任せることにします。ラファエッロはわずか二五歳でした。最初の装飾は、現在**「署名の間」**（一五〇八〜一一年）と呼ばれる教皇の私的図書室で、「神学」「哲学」「法学」「詩学」という、四つのジャンルに分かれた教皇の蔵書を各壁面に収めることになっていました。ラファエッロはまず天井に四つの学問の擬人像を描き、それに呼応するような壁画「聖体の論議」「アテネの学堂」「枢要徳（最も重要な美徳）」「パルナッソス」を展開させます。ルネサンス人文主義が理想とする真善美の探求における、古代文化とキリスト教の真理、そして宗教と世俗の英知の融和がテーマでした。図像プログラムはヴァティカン宮廷第一級の知識人インギラーミの示唆があったようですが、ラファエッロ自身がそれを完全に理解していなければ到底表現できるものではありません**（図15）**。

神学の壁**「聖体の論議」**では、まず画面中央に上から下へ直線でつなぐように父なる神、キリスト、

「パルナッソス」
詩学の壁（北側）

「聖体の論議」
神学の壁（西側）

「アテネの学堂」
哲学の壁（東側）

「枢要徳」
法学の壁（南側）

図１５　「署名の間」にあるラファエッロの壁画
ヴァティカン宮殿　署名の間（署名の間は「ラファエッロの間」と呼ばれる一連の部屋のうちの１つ）

聖霊を象徴するハト、祭壇の上の聖体を描いて基軸とし、三位一体の概念（キリストが神や精霊と同質であること）を示します。さらに画面を上下二つ、雲の上の天上の世界と地上の世界に分け、天上の世界はキリストを中心に聖人たちを置いた「勝利の教会」、地上界には教会博士たちが祭壇上の聖体の秘跡（祝福されたパンがキリストの肉体へ変質すること）を論議する「戦う教会」を描きます。この壁画でラファエッロは、ローマ教会の教義と神学によって真理を探求することを示したのです。

　向かい側の哲学の壁**「アテネの学堂」**は対になっています。哲学が真理を探究するもう一つの方法だからです。ここでは、フォロ・ロマーノのマクセンティウスのバジリカ、あるいはブラマンテ構想の新たなサン・ピエトロ大聖堂をモデルにしたといわれる壮大な古代風建造物の中に、二大思想体系を代表するプラトンとアリストテレスを中心に哲人賢者が集い、六〇人あまりの人物が自由に動いています。ラファエッロは深い尊敬と感謝の念をこめてプラトンにレオナルドの顔を与えました。哲人賢者の中にはプラトンの師ソクラテス、快楽主義者のエピクロス、コンパスで図形を描くユークリッド、和声を発見したピタゴラス、天文学者プトレマイオス、さらにラファエッロ自身も署名がわりに登場しています。ラファエッロは卓越した美で、見事に古代文化の本質と真理への到達を理想とする知的世界を視覚化することに成功したのです。

法学の壁には、三つの場面を描きます。上部に正義を軸とする美徳（節制、剛毅、賢明）の擬人像**「枢要徳」**、窓を挟んだ両側には歴史的出来事、左側にローマ皇帝ユスティニアヌス（在位五二七〜五六五年）が『学説彙纂』（ローマ法大全）を受け取る場面、右側にローマ教皇グレゴリウス九世（在位一二二七〜四一年）が『教令集成』（教会法）を受け取る場面です。グレゴリウス九世はユリウス二世の顔で描かれています。

詩学の壁**「パルナッソス」**では、美の霊感を与えるパルナッソスの山にアポロンとミューズ、その周辺にホメロス、ヴェルギリウス、ダンテなどの詩人たちを置きます。有名な「ベルヴェデーレのアポロン」像がユリウス二世の中庭の古代彫刻コレクションに加わったのは、ラファエッロがここで壁画制作をしていた頃でした。

「署名の間」で劇的デビューを果たしたラファエッロは大きな名声を得て、ローマの美術界を征服していきます。また、上品な物腰と裏表のない性格のよさは人々を魅了し、誰からも愛されるのです。

実業家ラファエッロ

ラファエッロは、次の教皇**レオ一〇世**からもローマ随一の画家として絶大な信頼を得て、寵愛を受けます。

レオ一〇世はメディチ家の出身でした。同い年のミケランジェロは少年時代にロレンツォ・デ・メディチに見出されメディチ邸で住み込みの修業をしていたため、二人は旧知の仲でした。しかし、それだけに教皇はミケランジェロの気難しい性格を熟知しており、彼を好まず、大きな仕事は与えませんでした。

ロレンツォの息子レオ一〇世は、フィレンツェの文化的成熟を経験しており、享楽的で贅沢好きな人間でした。費用を顧みず、派手な祝宴や祭典を催し、教皇登位の際に公言した「神が与え給うた教皇の座を大いに楽しもうではないか」という言葉をそのまま実践します。そのため教皇庁の国庫は空っぽになり、ユリウス二世から引き継いだ新サン・ピエトロ大聖堂の工事費用を捻出するためにドイツで贖宥状の販売をし、それがルターの宗教改革につながっていきます。

ラファエッロは、教皇居室「火災の間」の装飾やシスティーナ礼拝堂を飾る華麗なタペストリーの原画制作の注文を受けます。一五一四年にブラマンテが亡くなると、サン・ピエトロ大聖堂造営主任建築家にも就任します。多くの肖像画や聖母子画の注文もあり、シエナ出身の大富豪アゴスティーノ・キージ邸の装飾、サンタ・マリア・デル・ポポロ聖堂のキージ家礼拝堂の制作など、あり得ないほど多くの仕事を抱えていました。

ラファエッロがこれらの仕事を全部こなせたのは、大きな工房を持っていたからです。この頃になると、構想や素描はラファエッロ自身が行っても、実際の制作は助手や共同制作者に任せることが増えてきました。そのため、教皇居室の「火災の間」や「コンスタンティヌスの間」は、ユリウス二世時代の二つの居室に比べると、出来栄えがずいぶん違っています。

また、作品制作にあたって多くの素描を描いたラファエッロは、これを利用して当時のヨーロッパで成長していた版画ビジネスを大々的に始めることを思いつきます。優秀な版画家マルカントニオ・ライモンディと組んで、ヨーロッパ中で版画の販売を始めるのです。これは、富を増やしただけでなく、ラファエッロの名声を広げることにもなりました。**天才画家は、優れた実業家でもあった**のです。

古代への情熱

ラファエッロがローマで魅せられたのは、古代ローマの遺跡でした。時間があると友人たちと散策し、古代建造物を研究しています。地下に埋もれた洞窟のようなネロの黄金宮殿の跡にも共同制作者のジョヴァンニ・ダ・ウディネと一緒に下りています。内部には色鮮やかな壁画やスタッコ装飾があり、人間と植物を組み合わせて曲線でつないだ不思議な文様がありました。いわゆるグロテスク文様です。洞窟をイタリア語でグロッタということから、洞窟内の文様をグロテスクと呼ぶようになりました。ラファエッロはこれをヴァティカン宮殿の「ラファエッロの回廊」の装飾やジュリオ・デ・メディチ枢機卿の依頼で建造していた別邸ヴィッラ・マダーマの装飾に使っています。

一五一五年には古代遺跡監督官にも任命され、ローマに残る古代遺跡を調査の上、測量しました。一六年には三人の友人とティボリのハドリアヌスの別荘の遺跡を調査旅行しています。このあとラファエッロはバルダッサーレ・カスティリオーネとともにレオ一〇世に手紙を書きます。古代建造物が破壊され建築資材に使われるのに心を痛めていた彼らは、古代遺跡を保護するよう教皇に直訴するのです。残念ながら、その後も古代遺跡の資材転用は続きますが、五〇〇年以上も前にラファエッロがこのような近代的な考えを持っていたことには驚かされます。

■女性への情熱

ラファエッロは、誰にも実現できなかった優美な人物像を描きましたが、それが特に表れるのが女性像です。彼の描く聖母マリアや女性の肖像画には、美しさだけでなく、たおやかな品格があり、輝くような肌を持っています。まさにルネサンスが理想とする女性美です。ラファエッロは、「美しい女性を描くには、より美しい女性を見る必要がある」とカスティリオーネにいっています。レオナルドやミケランジェロと違って、ラファエッロは多くの女性と恋愛を楽しんでいたため、それだけ女性というものを分かっていたのかもしれません。

「ラファエッロはたいそう情愛の深い女好きで、いつも女性たちの機嫌をとっては奉仕していた。性愛の楽しみにふけってばかりの彼は、いささか大げさなほど友人たちから尊敬され羨まれていた。親しい友人のアゴスティーノ・キージが自邸の第一の開廊に絵を描かせた時、ラファエッロはある女性への熱情のあまり、長時間の仕事に身が入らないようになった。困り果てたアゴスティーノは、他の者の力も借りて手を尽くし、ラファエッロが仕事をしていた部屋に件《くだん》の女性がいつも一緒にいられるように取り計らった。そのおかげで、この仕事は完成に至った」

ヴァザーリの伝えるこの話は、**「ラ・フォルナリーナ」**伝説、つまりキージ邸の近くにあったパン屋の娘マルゲリータ・ルーティがラファエッロ最愛の女性だったという伝承を生みました。「ラ・フォルナリーナ」は、ラファエッロの死後に見つかった注文主のいない絵です。この絵の女性はふくよかで庶民的な雰囲気があり、乳房をあらわにしながらも恥じらいを感じさせ、健全な官能性を漂わせています。マルゲリータと同一人物なのかどうかは分かりませんが、ただ一つ確かなことは、ラファエッロがこの絵の女性を愛していたことです。女性の腕には腕輪があり、そこには彼の名前が記されているのです。しかもこの絵を隠し持っていたわけですから、謎が謎を呼びます。「ラ・フォルナリーナ」は、レオナルドの「モナ・リザ」のようにまぼろしの女性なのでしょうか。

■ミケランジェロとの確執

ミケランジェロもまた、システィーナ礼拝堂の天井画「創世記」（一五〇八～一二年）によって、絶大な名声を得ていました。それは比肩するものはないほどの傑作で、多くの画家たちに影響を与えています。その独創性、革新性、解剖学に基づく人体表現には、ラファエッロは及ばないかもしれません。けれどもルネサンスの精神を具象化し、理想美を表現する画家という点において、当時のローマではラファエッロに軍配が上がっていました。彫刻家としてのミケランジェロは天才でも、絵画においてはラファエッロのほうが優れているという意見が多数を占めていたのです。フィレンツェでは良好な関係にあった二人ですが、ミケランジェロは嫉妬心からラファエッロを憎むようになります。

図16　ラファエッロ「キリストの変容」
ヴァティカン美術館蔵

ラファエッロ最後の作品は、高さが四メートル以上もある巨大な板絵**「キリストの変容」**です（**図16**）。この作品は、フランスのナルボンヌ大司教だったジュリオ・デ・メディチ枢機卿が、当地の大聖堂に送るため一五一六年にラファエッロに注文したものでしたが、ミケランジェロの入れ知恵で、セバスティアーノ・デル・ピオンボにも「ラッザロの蘇生」を描かせて、二人に競合させることになりました。この競合は、実際にはミケランジェロとラファエッロの対決でした。

なぜならミケランジェロは、なんとかラファエッロの鼻をへし折ろうと、ピオンボへ素描を提供したからです。

ラファエッロは、この対決のために二〇年近い画業で培った技量のすべてをつぎ込み、構想と制作に四年の歳月をかけて完成させます。画面上部に、タボル山で神に変容したキリストがモーゼとエリアに挟まれ、光に包まれて中空に浮かぶ場面を描き、まだ神の救済が届いていないため闇に包まれた下部には、悪魔にとりつかれた少年と絶望する人々や使徒たちがひしめく様子を、多様なポーズや手ぶりで劇的に描きました。

ナルボンヌの大聖堂に送られたのは「ラッザロの蘇生」でしたが、ピオンボ（ミケランジェロ）が対決に勝ったわけではありませんでした。枢機卿は「キリストの変容」の素晴らしさに言葉も出ないほど感嘆し、フランスへ送る気持ちをなくしてしまったのです。

「キリストの変容」は、ラファエッロ芸術の最後の到達点といえる最高傑作なのかもしれません。彼が得意とした、人をうっとりと優しい気持ちにさせるような絵ではありませんが、劇的な場面、光と影、大げさな身ぶりは、ルネサンスを超えてバロックに通じるものがあります。ラファエッロは常に変化を続ける画家だったのです。

■ラファエッロ伝説

一五二〇年四月六日、生まれた日と同じ、復活祭の聖金曜日、ラファエッロは三七歳の若さで亡くなります。三一歳も年長だったレオナルドがフランスのアンボワーズで亡くなった翌年のことです。ミケランジェロはラファエッロより八歳年上でしたが、ラファエッロの死後、四四年も生きています。高熱が出た原因はマルゲリータ・ルーティとの過度な情事だとヴァザーリは伝えますが、これも本当のところは分かりません。

ラファエッロは、生前の希望通りパンテオンへ葬られました。盛大な葬儀が営まれ、教皇レオ一〇世もその死を悲しみ、涙にくれました。弔問客の一人、美術収集家の貴族マルカントニオ・ミキールは、友人への手紙の中でラファエッロの死を悼むのと同時に、ラファエッロの死の前に不吉な前兆が生じたことを伝えています。ヴァティカン宮殿に亀裂が入り、見る見るうちに天候が崩れていったというのです。

これは、当時、神のごとき画家と呼ばれ、最高の名声を得ていたラファエッロに関して同時代人の多くが抱いた考えを反映しています。神のごときラファエッロは、キリストの生まれ変わりにたとえられたのです。亡くなる前に描いた「友人との自画像」（一五一八～二〇年）のラファエッロは、頭髪の分け目が真ん中で直毛の長い髪とひげを持ち、多くの画家が描くキリストにそっくりでした。しかも、若くしてキリストと同じ聖金曜日に死んだのです。

こうして、ラファエッロ伝説は完璧なものとなりました。

ラファエッロは、神に愛され過ぎて、少しばかり早く天上に呼ばれてしまったのかもしれません。

10 ミケランジェロ

絵画と彫刻はどちらが優れているか?

ルネサンス期には、パラゴーネ・デッレ・アルティと呼ばれた芸術比較論、中でも絵画と彫刻はどちらが優れているかという論争が盛んに行われました。**レオナルド・ダ・ヴィンチ**は、「絵画は自然を的確にできるだけ真実に近く表現する科学である。模倣することは再び創造することと同じだ。画家の仕事は神が創造する行為に最も近い」と、絵画の優位性を公言しました。いっぽう**ミケランジェロ**は、彫刻作品はその周りを歩くだけで多種多様な視点から対象物の真価を理解できる唯一のものとして、大理石彫刻の優位性を支持しました。

レオナルドは「手稿」に芸術比較論を書き残しており、自身も絵画と彫刻を扱うことを明記した上で、絵画と彫刻の相違について書いています。「彫刻は肉体的努力で、絵画は知的努力で創造する。彫刻家は大理石を削るのに腕力を要し大汗をかく。身体も住居も粉塵にまみれて汚れる。いっぽう画家は綺麗な身なりで作品の前に座り美しい顔料を使って筆を走らせる。住居も美しい絵にあふれ清潔である」「絵画は彫刻より知的探求が必要で、自然法則を理解し、自然の様々な様相をとらえなければならない。光と影、遠近法を用いて目に映る自然を描写しなければならない。彫刻家は細工をせずにありのままの自然を見せるが、画家は空気の色合いの変化から距離を示し、霧や雨、背景の山や谷、雲も描写できる。戦闘やそれによって起こる埃、水面と水底の藻や色とりどりの光景、頭上の空や星さえも表現できる」

ミケランジェロも絵を描きましたが、あくまでも自身を彫刻家だと考えており、彼の描く絵は人体の表現を重視した極めて彫刻的なものでした。二人は、芸術比較論だけでなく、世界観も宗教観も違っていました。レオナルドが科学的、宇宙的スケールで世界を見つめていたのに対して、ミケランジェロはキリスト教的世界観の中に生きていました。絵画と彫刻のどちらが優れているかの比較論は現在ではあまり意味のないことです。二人がイタリア・ルネサンスを代表する天才であることは間違いありませんし、レオナルドの絵だけでなく、ミケランジェロの彫刻や天井画を見れば、一人の人間が生み出した奇跡のような芸術に感嘆せざるを得ません。

ミケランジェロという人

ミケランジェロ・ブオナッローティは、気難しく頑固で無鉄砲、誰とでも衝突する情動的な人でした。偏屈でうまく人間関係を構築することができなかった彼は、たった一人で作品に向き合い、傑作を生み出しました。芸術家同士の競争が激烈だった時代のせいで、他人を信用することができなかったのかもしれません。友人ができても、多くの場合、その関係は破綻しています。ミケランジェロは、被害妄想的な思い違いからレオナルドやラファエッロに対して敵意をむき出しにしていましたが、それだけ強い自意識を持っていたのでしょう。あるいは彼の歩んだ人生が過酷なものだったからかもしれません。芸術家として栄光をつかみながらも、政治や権力者の気まぐれに翻弄され続け、父親や家族の問題に苦しみ、晩年は宗教的葛藤もありました。

一四七五年三月六日、ミケランジェロは父ルドヴィーコが役人をしていたアレッツォ近郊のカプレーゼという小さな町に生まれます。ルドヴィーコはトスカーナ女伯マティルデ・デ・カノッサ（「カノッサの屈辱」でローマ教皇グレゴリウス七世を保護していた女伯）の末裔だと自称していましたが、真偽のほどは定かではありません。ただ、貴族とまではいかなくても手を汚すような仕事をしたことがなかったのは事実のようで、ミケランジェロが美術の道を進もうとした時に猛反対をしています。当時の画家や彫刻家は肉体労働の職人扱いをされていたのです。

ルドヴィーコは役人の職を失うとフィレンツェへ戻り、生後まもないミケランジェロをセッティニャーノ村の石切り工の家に里子に出します。ブオナッローティ家は貧しく、わずかな地所から上がる収入を頼りにしていました。母フランチェスカはミケランジェロが六歳の時に亡くなってしまいます。ミケランジェロは五人兄弟の次男坊でしたが、父親も兄弟も不甲斐なく、経済的困窮から父親はミケランジェロを一家の働き手として羊毛組合で働かせようとします。

しかし美術に対する思いが強かった一三歳のミケランジェロは、父親に引っ叩かれても我を通し、当時のフィレンツェで名声を博していた画家ギルランダイオの工房で見習いを始めます。そこで得た給料はすべて父親に渡しました。

ルドヴィーコは常に文句しかいわず、自分の望まぬ道に進んだミケランジェロに罪を償わせるかのようにブオナッローティ家全員を養う義務を負わせます。口を開けばお金の無心ばかりで、ミケランジェロが出世すればするほど金銭的要求はエスカレートしていきます。ミケランジェロは彼らを養うだけでなく、家屋敷や土地を買い与えもし、生涯にわたって甥一家の面倒まで見ています。

■ミケランジェロの若き日

ミケランジェロは工房で徹底的に素描を学び、その並々ならぬ才能は師匠のギルランダイオを嫉妬させるほどのものでした。そして一年後に転機が訪れます。メディチ家当主**ロレンツォ・イル・マニフィコ**がサン・マルコ庭園に開いた彫刻学校に推薦されたのです。庭園には古代彫刻のコレクションが並び、彫刻家の卵たちには天国のような場所でした。

ある日ロレンツォは、最年少のミケランジェロが彫った年老いた牧神ファウヌスに目をとめて、声をかけました。

「君は、この年齢の老人は歯がいくつか欠けていることを知らないのかい？」

ミケランジェロは、ロレンツォが去るとすぐさま穴あけ機でファウヌスの歯を引き抜きました。しばらくしてそれを見たロレンツォは少年の素直さに大笑いし、彫刻の才能を感じたためメディチ邸に寄宿させることを決めます。ミケランジェロが一五歳の頃でした。

ちなみにミケランジェロの鼻がつぶれているのは、この時期に三歳年上の徒弟がミケランジェロを嫉妬して顔を殴り、鼻の骨が折れてしまったからです。つぶれた鼻はミケランジェロの才能の証といえるのかもしれません。

ミケランジェロがメディチ邸で世話になることを父ルドヴィーコは喜びませんでした。給料をもらえるわけではないからです。けれども実際にロレンツォに会うと、彼は態度を変えてフィレンツェの支配者の下にひれ伏しました。

「我が息子ミケランジェロだけでなく、ブオナッローティ家の者全員がその命と財産とともに殿下にお仕えいたします」

ロレンツォがルドヴィーコに望みの仕事を与えることを約束すると、ルドヴィーコは税関吏の職を望みます。ロレンツォは微笑みながらいいました。

「ルドヴィーコ、お前はいつまでたっても貧しいままだろう」

ミケランジェロはメディチ宮廷の一員となり、彫刻の勉強をしながら、ロレンツォの私的サークル、プラトン・アカデミーで当代一の人文主義者や詩人たちと交流します。食事や祝宴の席でもロレンツォとその家族、客人たちと一緒でした。彼はここで多くのことを学び、いくつかの作品を制作しました。

メディチ邸に寄宿を始めて二年後の一四九二年四月八日、ロレンツォが亡くなると、ミケランジェロはメディチ邸で知り合ったサント・スピリト修道院長の計らいで、修道院附属病院で死んだ人たちを解剖させてもらい、人体の勉強をします。そして修道院長のために木彫の「キリスト磔刑像」を制作します。

いっぽうロレンツォの後継者ピエロは、イタリアに侵攻したフランス軍のフィレンツェ入城を許可したため市民の怒りを買い、フィレンツェを追放されます。代わってサヴォナローラの神権政治が始まりました。ミケランジェロの長兄レオナルドは、この前年サヴォナローラの属するドメニコ会修道士になっていました。

ミケランジェロは政変の前にすでにボローニャへ逃れており、メディチ邸で会ったことのある貴族と再会し、サン・ドメニコ聖堂の彫刻の仕事を受けます。何もかもがうまくいくかに見えましたが、ボローニャの彫刻家たちの凄まじい反発を受けてフィレンツェへの帰還を余儀なくされます。フィレンツェでは大した仕事もなく、メディチ家傍系の通称イル・ポポラーノに古代ローマの発掘品に見せかける細工をした彫刻を依頼されて制作しますが、これを買ったユリウス二世の甥リアーリオ枢機卿に偽物だと見破られました。けれども枢機卿は彫刻の出来栄えに感心してミケランジェロをローマへ召喚するのです。

■至高の名作ピエタ

一四九六年、二一歳のミケランジェロはローマへ行き、リアーリオ枢機卿に「古代彫刻と同じくらい美しいもの」を依頼され、「バッカス」を彫りますが、枢機卿に受け取りを拒否されるという屈辱を受けます。幸いミケランジェロを自邸に泊めて工房まで用意してくれた銀行家ガッリがきちんと報酬を支払い、作品を引き取ってくれました。さらにガッリは、かつてフランス大使だったラグロラ枢機卿から**「ピエタ」**の依頼を取りつけてくれます。「ピエタ」とはイタリア語で「哀れみ」「同情」「深い信仰心」という意味ですが、美術においては十字架から降ろされたイエスの遺体を抱いて悲しむ聖母マリアの姿をさします。

図17　ミケランジェロ「ピエタ」
サン・ピエトロ大聖堂　ローマ　撮影／上野真弓

今もサン・ピエトロ大聖堂を訪れる人を魅了してやまない「ピエタ」が完成したのは、ミケランジェロが二四、五歳の頃で、それはまるで大理石に生命を吹き込んだかのような美しい古典的な彫刻でした。聖母が十字架から降ろされたばかりのイエスの遺体を膝の上に抱き、目を伏せています。美しいドレープが幾重にも重なる衣服の下には聖母の肉体が感じられ、イエスの遺体はぐったりとして右手をだらりと垂らしています。聖母は息子の亡骸《なきがら》の重さをまったく感じていないように見えます。下ろした左の掌は上向きで、そこに人間的な感情、悲しみが凝縮されています（**図17**）。

「ピエタ」はミケランジェロの実質的デビュー作

です。この傑作で彼の才能は注目されるようになりますが、批判の声も上がりました。聖母が息子より若々しいと非難されたのです。ミケランジェロは自分の信念で弁明します。

「貞節な女性がそうでない女性に比べてはるかに瑞々《みずみず》しさを保つことを知らないのか。みだらな欲望とは無縁の高潔な処女であれば、なおさらだ」

ミケランジェロがまだ若くて有名でなかったことから、「ピエタ」がロンバルディア出身の彫刻家の作品だという噂が流れました。それを知って激怒した彼は、彫像によじ登って聖母の肩から胸にかかる飾り帯に「この作品はフィレンツェのミケランジェロ・ブオナッローティが制作した」と刻みます。**ミケランジェロの署名が入った唯一の彫刻**となりました。

レオナルドとラファエッロ

サヴォナローラ処刑後、ミケランジェロはフィレンツェに戻ります。彫刻家として大きな収入が入るようになっても、何の贅沢もしませんでした。家族のことだけを考えて、自身は衣服にまったく構わず、少食で短時間の睡眠しか取りませんでした。この生活スタイルは、裕福な家庭で育ち優雅な振る舞いが身についたレオナルドやラファエッロと正反対で、その点でもミケランジェロは二人に反感を持ったのかもしれません。当時のフィレンツェには三人が居合わせていました。

「ピエタ」で名声を得たミケランジェロは、一五〇一年、フィレンツェ共和国政府から公的作品の依頼を受けます。そして、もう一つの古典美を極めた傑作**「ダヴィデ」**が誕生します。それは四メートル以上もある巨像で、ダヴィデが巨人ゴリアテに石を投げる直前をとらえたもので、落ち着いた外見の中にも激しい緊張感を感じさせます。誇り高く勇敢で、何者にも屈服しない強い意志を感じさせる「ダヴィデ」は、フィレンツェ市民のアイデンティティとなりました。

一五〇四年一月、ダヴィデ設置委員会が開催され、レオナルド・ダ・ヴィンチやボッティチェリなど錚々たるマエストロたちが集まり、「ダヴィデ」をどこに設置するかが話し合われました。政庁舎シニョリーア宮殿の前か中庭かという案の他、レオナルドが悪天候から彫刻を守るためにランツィのロッジャ（宮殿前の屋根つきの彫刻開廊）への設置を提案しました。それを知ったミケランジェロは、レオナルドが嫉妬から「ダヴィデ」をロッジャの他の彫刻の中で目立たなくさせようとしていると思って、深い恨みの気持ちを抱きます。結局、「ダヴィデ」は市庁舎前に設置されることになったのですが、ミケランジェロは最初の機会にレオナルドに仕返しをします。

トリニタ橋の上で、「ミケランジェロ殿、この若者たちがダンテの『神曲』の一節について助言を求めているのだが、君が解釈してくれないだろうか」とレオナルドに呼び止められた時、「あなたが解釈したらどうですか。ミラノでブロンズ像の設計をしながらも鋳造することができず、恥ずかしさのあまりに投げ出したあなたが」と、レオナルドを侮辱するのです。二三歳も年上の偉大なマエストロに対してなんという言葉でしょう。

また、ラファエッロとは、毛織物の交易で財を成した美術愛好家タッデオ・タッデイを同じパトロンとしていたため、タッデイ邸で出会っています。その時ミケランジェロは、若く美しく上品で人を褒めるのがうまいラファエッロに好感を持ちますが、のちにローマで実質的ライバルになると、勝手な思い込みから憎むようになります。

天才ミケランジェロは、かなり屈折した性格だったようです。

墓廟の悲劇

フィレンツェ共和国はシニョリーア宮殿の大会議室に壁画装飾をすることに決め、レオナルドに「アンギアーリの戦い」、ミケランジェロに「カシーナの戦い」を依頼します。しかし完成することはありませんでした。レオナルドは壁に描く段階で取り返しのつかない間違いを犯して仕事を放棄し、ミケランジェロは下絵が終わって宮殿で描こうとする時に教皇**ユリウス二世**から召喚され、仕事を断念するからです。教皇の召喚は大変な名誉でしたが、同時に有無をいわせない強制力がありました。こうしてフィレンツェは二つの偉大な作品を得る機会を失ってしまったのです。

一五〇五年二月末、ミケランジェロはローマに到着し、ユリウス二世と墓廟制作について打ち合わせをします。それは、等身大より大きな一〇あまりの大理石の彫像で装飾され、四方から見ることができる壮大な建造物でした。ミケランジェロは五月に大理石購入のためカッラーラへ行き、石を選ぶため八ヶ月も滞在します。

しかし、この仕事はミケランジェロがいうところの**「墓廟の悲劇」**となり、完成まで四〇年を要してしまうのです。

まず、大理石の代金がなかなか支払われず、激怒したミケランジェロはフィレンツェへ戻ります。結局、教皇とはボローニャで和解しますが、今度はユリウス二世の心変わりが起こります。システィーナ礼拝堂の天井画制作に興味が移ってしまうのです。そして天井画を描き終えたあとでいざ取り組もうという時に、教皇は崩御してしまいます。遺族と墓廟制作の契約が新たに交わされますが、教皇の代が変わると、先代の教皇の契約は優先されなくなります。次の教皇レオ一〇世はミケランジェロにフィレンツェのサン・ロレンツォ聖堂のファサード（正面）の建設を依頼し、カッラーラではなくピエトラサンタで大理石発掘をするように命じます。ところがミケランジェロが苦労の末に大理石運搬路を開拓したところで教皇は心変わりをし、この計画は破棄されました。レオ一〇世の死後、ユリウス二世の遺族は墓廟遅延を提訴しますが、ミケランジェロは新教皇クレメンス七世から「メディチ家礼拝堂」と「ラウレンティアーナ図書館」の建設を依頼され、断わることができません。いつまでたっても墓廟制作に戻れず、再びユリウス二世の遺族から訴えられます。

政治的にも翻弄されました。一五二七年に起こったローマ劫掠の影響でフィレンツェでも政変が起き、復活していたメディチ家は再び追放され、共和政府が樹立します。ミケランジェロは共和政府のフィレンツェ防衛を担当する委員に選ばれます。三年後にメディチ家が復活した時、ミケランジェロはは日和見主義者だといわれ、メディチ家の刺客に狙われ、メディチ家礼拝堂の地下に潜伏することになります。結局、クレメンス七世のとりなしで事なきを得て「メディチ家礼拝堂」の仕事を続けますが、ユリウス二世の墓廟が完成したのは、その次の教皇パウルス三世の時代にシスティーナ礼拝堂の

「最後の審判」とパオリーナ礼拝堂の壁画を描き終えたあとでした。

■システィーナ礼拝堂天井画「創世記」

一五〇八年初頭、ユリウス二世の命で**システィーナ礼拝堂の天井画「創世記」**を描き始めます。ヴァザーリやコンディヴィの伝記によると、ミケランジェロは、この件は彫刻家の自分に絵を描かせて恥をかかせようとするブラマンテとラファエッロの陰謀だと考えたようですが、これはミケランジェロの一方的な思い違いではないでしょうか。

二〇メートル以上の高さの天井の下に作った足場は、夏は死ぬほど暑く冬は凍えるほど寒い環境でした。ミケランジェロは着衣のままで眠り、ブーツも脱がず、ひげも剃らず、倒れない程度の食事をとるだけで、制作に没頭します。足場の上で上を向いて、顔や目に絵の具の滴がたれ落ち、大変な作業を続けました。描き終えた時、ミケランジェロの身体はボロボロで、長い間、目を天井に向けていたため、目を下に向けることができず、しばらくは手紙などを読む時には頭の上にかざさなければ読めなかったそうです。

ミケランジェロは天井全体を多くの区画に分け、それぞれの区画を見せかけの建築モティーフで立体的に描きました。天井四隅の大スパンドレル（天井隅の局面部分の三角形）には旧約聖書の四つの物語、中央帯には、旧約聖書の「創世記」の九場面、その周辺には旧約聖書の預言者や異教のシビュラ（巫女）を描き、側壁にはキリストの祖先たちを描きました。中央の九場面「光と闇の分離」「太陽と月の創造」「水と地の分離」「アダムの創造」「エヴァの創造」「原罪／楽園追放」「ノアの燔祭」「大洪水」「ノアの泥酔」の中で最も有名なのが「アダムの創造」です。右側の大きなマントの中でたくさんの天使に支えられた神が右手を伸ばし、その人差し指が、左側の岩に横たわった最初の人間アダムの差し出す左手の指と触れ合おうとしています。創造主が被造物へ生命のエネルギーを伝える瞬間です。人間は神の似姿として作られたというルネサンスの理想が表現された素晴らしい作品です。

なぜ喋らない！

ミケランジェロのローマの住まいは、ユリウス二世の遺族デッラ・ローヴェレ家に提供された家屋で、マチェル・デ・コルヴィ（カラスの虐殺という意味）という、いわゆる貧民街にありました。ローマの公衆便所と呼ばれるゴミ捨て場のような場所でした。ここにミケランジェロは生涯の最後の日まで暮らします。

ユリウス二世の墓廟計画案は最終的に壁の一面だけに縮小され、墓廟はサン・ピエトロ大聖堂ではなく、ユリウス二世の枢機卿時代の名義教会だったサン・ピエトロ・イン・ヴィンコリ聖堂に収められました。

モーゼ像をはさんで左右にヤコブの妻だった二人の女性像（観想的人生の象徴ラケルと活動的な人生の象徴レア）、上部にユリウス二世と聖母子、左右にシビュラ（巫女）と預言者を配置しています。本来は、二人の女性像の場所に現在ルーヴル美術館にある「囚われ人」二体を置く予定でしたが、あまりにも官能的で墓廟を飾るには時世的に不謹慎だと判断され、変更を余儀なくされました。「囚われ人」は、ミケランジェロが古代彫刻「ラオコーン」を見て受けた衝撃から得た信念、つまり、石を攻撃して従わせるのではなく、すでに石塊の中にある彫像を引き出すという考えに沿って彫られたものでした。

「モーゼ」は力強い彫刻です。腕の下に十戒の石板を抱えて座っており、身体のねじれに沿って胸の上で曲がりくねるひげに片手で触れています。突然、顔を横に向けたようで、眉をひそめた厳しい顔で、目を見開き怒ったような視線を放っていますが、どこか悲しみも感じさせます。左足はうしろへ下がり、今にも立ち上がろうとするかのようです。自分で彫りながらもあまりにリアルな「モーゼ」に、ミケランジェロは度々「なぜ喋らないんだ！」といったそうです。

■ミケランジェロの恋

ミケランジェロは男色家といわれますが、それが精神的なものなのか肉体を伴ったものなのかは分かりません。ただ、貴族出身の弟子トンマーゾ・デ・カヴァリエリに夢中になったことは確かです。一五三二年頃、ミケランジェロが五七歳の時に出会ったトンマーゾは二〇歳を過ぎたくらいの美しい青年でした。詩人でもあったミケランジェロは、彼に激しい情熱を抱き、愛のソネット（十四行詩）を書き、三枚の素描を贈っています。そのうちの一枚は、ゼウスが鷲に変身して美少年のガニュメデスを背後から抱きかかえて誘拐する場面で、性愛を思い起こさせる体勢にあり、ガニュメデスはまったく抵抗していません。きわどい素描ですが、トンマーゾはとても気に入ったそうです。ただし、男性から男性へ送った愛のソネットは世間的にはスキャンダルとなりました。

一五三六年頃、貴族の未亡人で有名な詩人だったヴィットリア・コロンナに出会った時も、ミケランジェロは同じ情熱を抱きました。ヴィテルボの修道院に入る前にローマに滞在していた彼女は、文学者、開放的な精神を持つ知識人、高位聖職者と集まり、ミケランジェロも参加していました。彼らは教会改革の必要性について討論し、イエスと直接深くつながる原始キリスト教の精神に立ち戻ることが必要だと考えていましたが、それは異端告発ギリギリの線でした。ミケランジェロは彼女の精神的強さと知性に心を奪われ、ソネットと二枚の素描を贈っています。ヴィットリアとの交流は、彼女が修道院に入って亡くなるまで続きます。

システィーナ礼拝堂祭壇画「最後の審判」

一五二七年のローマ劫掠から七年が過ぎ、ローマは再建の熱気にわいていました。復興を加速させたのは、一五三四年に教皇に登位したファルネーゼ家のパウルス三世でした。

パウルス三世は、前教皇がミケランジェロに注文していた**システィーナ礼拝堂の「最後の審判」**を引き継ぎ、この仕事を続行させます。「最後の審判」はこれまで、キリストがアーモンド形の光の中央にそびえ立ち、天使や聖人の集団がそれぞれのグループのヒエラルキーによって順番に配置され、キリストの右側に祝福された者たち、左側に地獄に堕ちた者たちが描かれてきました。

図18　ミケランジェロ「最後の審判」
システィーナ礼拝堂

　ミケランジェロが六〇歳の時から五年かけて完成させた「最後の審判」は、同じ配置をとりながらも、革新的でルネサンス芸術を超えるものでした（**図18**）。全体的に混沌とした終末的な雰囲気ですが、ミケランジェロの心のうちが反映されたのかもしれません。

　キリストは若く美しく逞しく、ひげがありません。右手を高く掲げ、天国へ行く人を導くというよりは、自分の身体へ引き寄せた左手とともに画面を振り回すかのようです。作中人物は裸体で自由自在に動いています。天使には翼がなく、代わりに受難の道具を持たせています。聖人からは光輪を取り、殉教の道具を手に持たせることでそれと分からせています。聖バルトロマイははがされた自身の皮を手に持っていますが、この皮にミケランジェロは自画像を描いています。現在ヴァティカンで見られる「最後の審判」は陰部に布を加筆したものですが、ナポリのカポディモンテ美術館には当時のままを模写した絵が残っています。それを見ると布の加筆だけでなく、きわどい体勢にあった聖人たちも修正されていることが分かります。

このように尋常ではない描写は多くの批判を巻き起こしました。教皇が儀典長に意見を求めた時、彼は「教皇聖下の礼拝堂にふさわしいフレスコ画ではありません。公共浴場か居酒屋にぴったりのように思えます」と答えました。それを聞いたミケランジェロは復讐を誓い、地獄の入り口に立つミノスを儀典長の顔で描きました。ミノスはロバの耳を持ち、身体に巻きついた蛇が彼の生殖器を嚙んでいます。

パウルス三世はミケランジェロを批判から守り、さらに自分の個人的礼拝堂（パオリーナ礼拝堂）のために一辺が六メートルもある二つの壁画を描くよう命じました。ミケランジェロは六七歳になっており、体調もよくありませんでしたが、八年かけて「聖パウロの回心」と「聖ペテロの磔刑」を描き上げました。また、一五四六年にはサン・ピエトロ大聖堂造営主任建築家にも抜擢されます。

一五四九年、最大の理解者だったパウルス三世が亡くなると、ミケランジェロは激しい非難にさらされるようになります。かつての友人、詩人のアレティーノは、ミケランジェロとトンマーゾは淫らな関係にあると言及して、「最後の審判」を徹底的に糾弾しました。著名な詩人の言葉はイタリア中に広まっていきます。そして、トリエント公会議でこの絵の人物像の陰部を布で覆うことが決まったのでした。

ミケランジェロは、対抗宗教改革の最中にあったローマ教会に多くの疑問を持ち、キリスト教徒として精神的苦悩にありました。それを解決するためヴィットリア・コロンナを訪ねて対話を続けていたのです。しかし、教会はもはや、ローマ教会への信仰心と教義の規範を守るかどうかを裁く司法機関となり、共感を持てない体制となっていました。そんな状況から自分が人生をかけて取り組んできた芸術にも無力感を感じていました。「最後の審判」にはミケランジェロのそんな心情も込められているのかもしれません。

ミケランジェロが最後に残したのは未完の「ピエタ」（ロンダニーニのピエタ）でした。もはや手を動かせる健康状態ではなかったのに、ノミを持ち、亡くなる直前まで彫り続けました。最後の「ピエタ」では聖母とイエスは直立の体勢にあり、聖母が背後からイエスの亡骸を必死で抱き上げようとしています。母と息子がまるでただ一つの存在であるかのように溶け合っています。ミケランジェロは、六歳で失った母フランチェスカを思っていたのでしょうか。

「ピエタ」に始まり「ピエタ」で終わるミケランジェロの人生は、八九歳で幕を閉じました。

第5章 対抗宗教改革とバロック

おおよその人口推移　3万〜10万人

ローマ劫掠で3万人弱に激減していた人口は17世紀、10万人前後に回復する。ヨーロッパ北部でローマ教会の堕落と腐敗を批判する宗教改革が起こり、対抗宗教改革の一環としてバロック芸術が生まれるローマ。

ベルニーニ（1598〜1680年）
永遠の都ローマを再建した天才芸術家。奇跡のように美しい彫刻、広場と噴水、サン・ピエトロ広場、建築と彫刻と絵画が一体化した劇場的演出で観る者を幻の世界へ引き込む。

クリスティーナ（1626〜1689年）
教養深い男装のスウェーデン女王。退位してルター派プロテスタントからローマ教会へ改宗し、ローマへ移り住む。対抗宗教改革におけるローマ教会勝利の象徴。

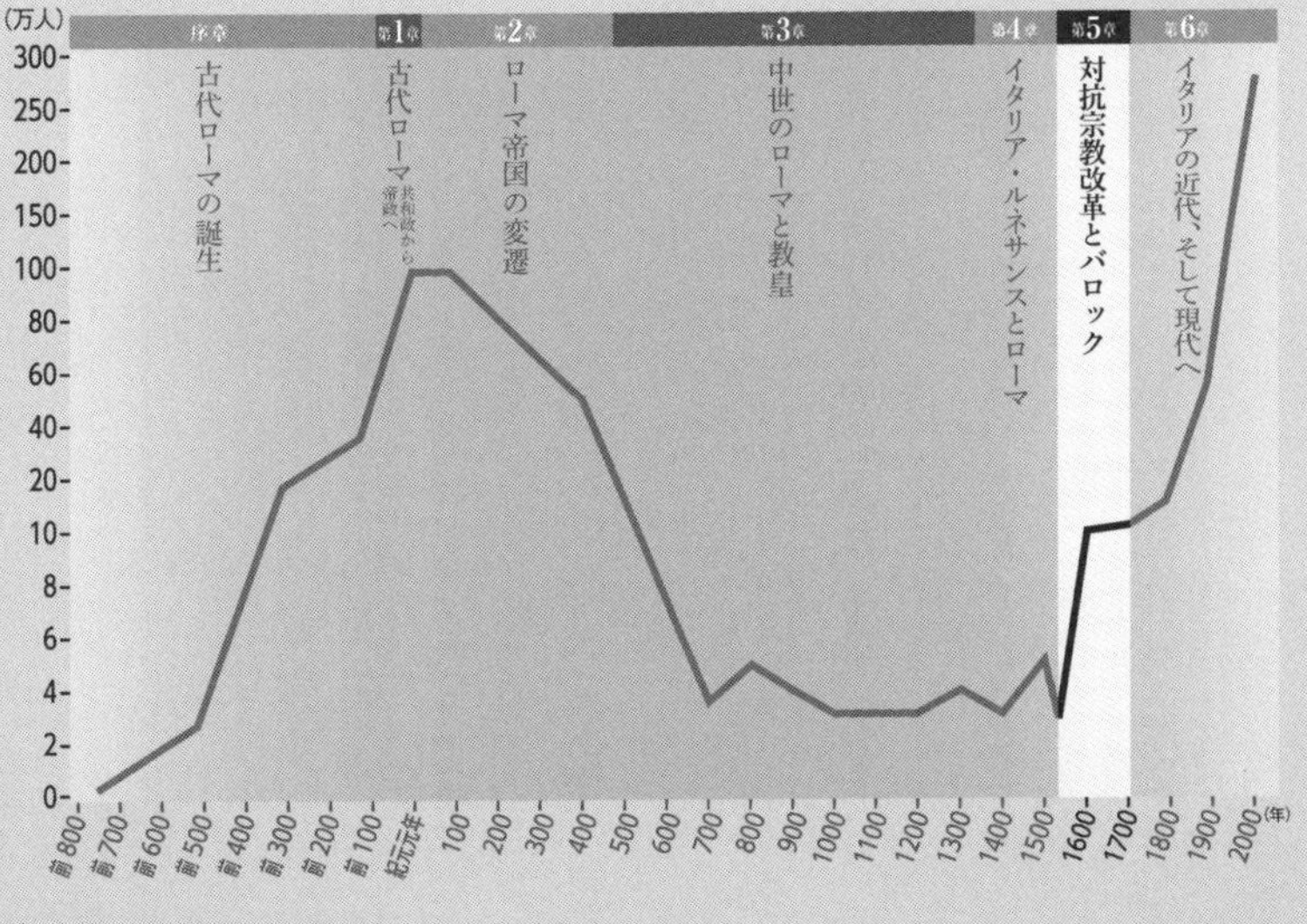

この時代のローマ

宗教改革の始まり

ローマ教会の堕落と腐敗を批判する教会改革運動は、すでに一四世紀前半から見られました。教会大分裂の時代（127ページ）、イングランドの神学者**ウィクリフ**はローマ教会の教義と教皇の権威を否定し、聖書を信仰の基礎と考え、一三八二年に史上初の英文の聖書を出版しました。これに影響を受けたベーメン（ボヘミア）の**フス**も、十字軍の遠征費用を捻出するため**贖宥状**の販売を始めたローマ教会を批判し、改革論を発表します。贖宥状とは、買うだけであらゆる罪から逃れられるという証明書です。フスは破門され、一四一四年のコンスタンツ公会議で有罪判決を受けると、翌年、火刑に処されました。しかし、一四一九年、第一次プラハ窓外放出事件（フス派がローマ教会派のプラハ市参事会員を市庁舎の窓から突き落とした事件）が起こり、**フス戦争**（一四一九〜三四年）が始まります。

一五一五年、教皇レオ一〇世は、サン・ピエトロ大聖堂造営費用を調達するためドイツで大々的に贖宥状を販売しました。十字軍の遠征時に始まり、聖年のローマ巡礼者にも販売され、手っ取り早い集金手段として乱用されるようになっていたのです。

贖宥状がドイツで販売されたのは、ドイツが神聖ローマ帝国内で諸侯領に分裂していたため、「ローマの雌牛」と呼ばれるほど教皇の干渉や搾取を受けやすかったからです。また、バイエルンで金融業を営む富豪フッガー家の存在もありました。レオ一〇世と販売独占権を得たマインツ大司教アルブレヒトはフッガー家に多額の負債を抱えていました。贖宥状の売上金から借金を返済する目的もあったのです。

マルティン・ルターとカルヴァン

一五一七年、ドイツ中部ザクセンのヴィッテンベルク大学の神学者**マルティン・ルター**は、贖宥状の悪弊を糾弾し、「九五カ条の論題」を発表します。聖書が信仰の基盤であり、信仰によってのみ人は救われるという福音信仰を提示したのです。この主張が**グーテンベルグ**の印刷技術でドイツ各地に広がると、教皇庁の搾取に反発する諸侯や市民、農民たちに支持されるようになります。これが**宗教改革**、プロテスタントの始まりです。

一五二一年、ルターは教皇に破門されますが、ザクセン選帝侯フリードリヒ三世の庇護下で新約聖書をドイツ語に訳して出版します。これによって民衆は自国語で聖書を読み、直接キリストの教えに触れることができるようになりました。なお、プロテスタントの呼称は、皇帝カール五世が一五二六年に認めた信教の自由を二九年に取り下げた際に、ルター派諸侯が抗議したことに由来します。

一五三六年、スイスではフランス出身の**カルヴァン**がプロテスタントの教義を体系化した『キリスト教綱要』を出版して、独自の宗教改革を行いました。人が神の救済にあずかれるか否かはあらかじめ神によって予定されており、善行に励もうと教会に寄進しようと、それが変わることはないという**予定説**を唱えました。これは、救済を定められた人間は天命（職業）を務める者だという思想につながり、商工業者の心をつかみます。ルター派が司教制度を維持したのに対して、カルヴァン派は信仰心の厚い長老を選び、牧師を補佐させる長老主義をとりました。カルヴァン派はフランスでユグノー、イングランドではピューリタンと呼ばれました。

一五五五年、アウクスブルクの和議が成立し、カール五世はドイツ諸侯のルター派の信仰を認めますが、領民は諸侯の宗派に従わなければならず、自ら選ぶことはできませんでした。ルター派プロテスタントは、ドイツ北部や北欧諸国に広がっていきます。いっぽうイングランドではヘンリー八世が王妃離婚問題から一五三四年に国王至上法を発布し、**英国国教会**の首長となりました。フランスとスペインはローマ教会にとどまりました。

対抗宗教改革とイエズス会

ローマ教会は、従来の教義の正当性を確認した上で聖職者の風紀を正し、教会のあり方を改め、さらに勢力を挽回するためローマ教会の布教に力を入れるようになります。これを**対抗宗教改革**と呼びます。

ミケランジェロのパトロンだったパウルス三世は、芸術を擁護したことからルネサンス教皇の一人として数えられますが、本格的な教会改革を始めた教皇でもありました。一五四五年にトリエント公会議を開きます。

イグナティウス・デ・ロヨラとフランシスコ・ザビエルらが一五三四年にパリで設立した男子修道会**イエズス会**も、一五四〇年、パウルス三世が正式に認可しました。ロヨラが初代総長となり、高い学識を持った彼らは、厳しい規律のもと、ヨーロッパ各地で教育事業（学校や神学校の設立）と新たな布教活動を開始します。非ヨーロッパ諸国へも積極的に宣教師を派遣し、一五四九年にはザビエルが日本を訪れています。彼らは、対抗宗教改革の原動力となりました。

トリエント公会議

ローマ教会の教義を明確にして教会改革を打ちだすための**トリエント公会議**（一五四五～六三年）は、終結するまで一八年かかります。三回の会期に分かれて断続的に続き、一五六四年、ピウス四世がそれまでの会議で決議されたことを承認しました。当初はプロテスタントとの分裂を回避して妥協点を見出そうとしましたが、教義の再確認をするうちに主張の違いは決定的となりました。この公会議で決まったことが二〇世紀までローマ教会の基本となります。

再確認されたローマ教会の教義は次のようなものです。教皇の至上権、ウルガタ訳聖書（ラテン教父ヒエロニムスによる標準ラテン語訳の聖書）の権威、原罪、義認（罪から善に移行させる神の行為）

は神の恩寵と人間の自由意志との協働であること、七つの秘跡（洗礼、ゆるし、聖体、堅信、叙階、婚姻、終油）の重要性などです。ゆるしは告解、聖体はパンとワインがキリストの肉体と血に変化する実体変化をさし、堅信は確固たる信仰の表明、叙階は貞潔、清貧、従順の三つの請願を立てた聖職者の任命、終油は臨終の床にある病人のゆるしにおいて塗油を行うことです。また、巡礼、聖人や聖遺物の崇拝、聖母マリアへの信仰や聖画もあらためて認めました。

教会改革面では、聖職売買と贖宥状の販売が禁止され、司教の役割を明確化しました。教皇はネポティズムによって縁者を司教に任命し、複数司教区を兼任させたため、司教が司教区に定住せず代理司祭に任せるという事態が多発していました。これを禁止したのです。さらに、宗教裁判所の設置や禁書目録の作成、芸術作品の表現には厳しい規則を課すことも決まり、ミケランジェロの「最後の審判」も裸体の人物像の陰部に腰布を加筆することになりました。

対抗宗教改革の教皇たち

パウルス四世（在位一五五五～五九年）は対抗宗教改革の強硬派でした。反ユダヤ主義でユダヤ人をゲットーに押し込め、異端告発を日常化するとともに禁書目録を制定して恐怖政治をしきます。一五五九年にはイタリアを舞台にフランスとスペイン・ハプスブルグ家が覇権を争ったイタリア戦争が終結しました。そして、次の教皇**ピウス四世**（在位一五五九～六五年）の代でようやくトリエント公会議が再開し、決議承認に至ります。

ピウス五世（在位一五六六〜七二年）は異端審問所を強化し、『神学大全』で知られるスコラ学の**トマス・アクィナス**を教会博士に認定します。また、オスマン帝国対策ではスペインへ呼びかけて連合艦隊を組み、七一年にはオスマン帝国艦隊を**レパントの海戦**で破りました。

グレゴリウス一三世（在位一五七二〜八五年）は、ユリウス暦と実際の暦日のずれを修正して**グレゴリウス暦**を制定し、司祭の教育機関を創設しました。今もヴァティカンの最高学府はグレゴリアーナ大学と呼ばれています。一五八五年、**天正遣欧使節**がローマへ来訪し、この教皇に謁見しました。使節団は世界布教活動の成果として大歓迎されましたが、彼らは日本へ帰国後、悲惨な運命をたどります。

シクストゥス五世（在位一五八五〜九〇年）は、劫掠後のローマを本格的に復興させた立役者です。俗名フェリーチェを冠したフェリーチェ水道を引き、水道の終着点にはモーゼの泉を作ります。さらにサン・ピエトロ大聖堂のドームを完成させ、オベリスクや記念柱を広場の中央に建てて直線道路で結ぶという都市計画を推進しました。また、教皇庁の制度改革にも取り組み、聖省を設けて官僚制度を整えています。

バロック芸術

ルネサンスで完成された調和に満ちた理想美は、ラファエッロが最後の作品「キリストの変容」（206ページ、**図16**）で、光と影や大げさな身ぶりを駆使して劇的な場面を構築したように、変化が現れていました。ミケランジェロの「最後の審判」（224ページ、**図18**）も厭世的で混沌としており、ルネサンスの理想美とはほど遠いものでした。新たな芸術様式の芽はすでに生まれていたのです。このあとの社会的・精神的危機の時代には、盛期ルネサンスの巨匠たちの手法をまねながらも自由に多彩な技巧を凝らしたマニエリスム様式が流行し、一六世紀末にはイタリア文化の頂点ともいえる**バロック芸術**がローマで花開きます。ルネサンスは古典への回帰で自己完結性の高い理想美を追求し、宮廷という閉ざされた世界の中にありました。いっぽうバロックはダイナミックで華々しく劇的で民衆に開かれた芸術で、非現実な何かを本当にあり得ることのように説得する目的から始まりました。つまり**虚像の世界を現実世界へ投影した**のです。したがって、バロックの芸術家には何よりも想像力と写実性が要求されました。

　バロック芸術は対抗宗教改革の一環としてローマ教会のプロパガンダ的役割を果たします。教会建築や天井画で神とローマ教会の栄光を謳い上げて民衆を圧倒し、美しい絵や彫刻で文字の読めない民衆を教化するのです。

　イエズス会を認可したパウルス三世の孫、アレッサンドロ・ファルネーゼ枢機卿は、イエズス会の総本山イル・ジェズ聖堂の建立に出資しました。一五八四年に完成したヴィニョーラ設計（ファサードはデッラ・ポルタ）の聖堂には側廊がなく、広々とした一つの空間の中で、天井を見上げればガウッリの描いた「イエスの御名の勝利」が広がっています。遠近法で描かれた天上の世界は浮き上がり、今にも下に迫ってくるかのようなイルージョンの世界です。このような舞台装置の中でロウソクの火がゆらめき、香がたかれ、厳かなミサが行われると、信者の心は高揚します。つまり視覚イメージを通して、理性ではなく感覚に訴え、神と人間が一つになる祝祭の空間を作り出したのです。

祝祭の空間は、建造物の内部にとどまらず、町中に造られた広場も同じでした。宗教的目的に限らず、貴族の婚姻や戦勝記念などの祝典、民衆の行事や楽しみのためにも使われ、聖と俗の両面で祝祭性が好まれ、劇場化したのです。ローマは、実に開放的なバロック都市となりました。

一七世紀のローマで活躍したのは、画家で建築家の**ピエトロ・ダ・コルトーナ**、彫刻や建築で圧倒的な存在感を示した**ジャン・ロレンツォ・ベルニーニ**、そのライバルの**フランチェスコ・ボッロミーニ**です。絵画でいえばカラヴァッジョが分岐点でしょう。カラヴァッジョはありのままの人間の姿を写実的に描きながらも光と影で聖性を劇的に演出し、ヨーロッパの多くの画家に影響を与えました。また、歴史画の**ニコラ・プッサン**や風景画の**クロード・ロラン**や弟子の**ガスパール・デュゲ**はフランス人ですが、生涯のほとんどをローマで過ごしています。

ローマにはすでに多くの芸術家が集まるようになっていましたが、バロック芸術は国際的な広がりを見せ、一八世紀半ばまでヨーロッパを席巻します。フランスの宮廷や貴族が好んだロココ様式もこの流れです。

ちなみに、バロックという名称は一九世紀に生まれたものですが、この言葉には否定的なニュアンスがあり、本来不完全な形をした真珠に使う用語でした。この頃はバロックを奇抜で悪趣味なものと過小評価していたのです。けれども二〇世紀以降は再評価されています。

一七世紀の危機とローマ

一七世紀前半、凶作や疫病、人口増加の停滞で経済成長が止まり、危機の時代に入ります。不安定な経済状況は社会や政治にも影響を与えました。一六一八年、第二次プラハ窓外放出事件（プロテスタントを弾圧するハプスブルク家のボヘミア王に反発してプロテスタント勢力がプラハ城を襲撃し、王の側近を窓から突き落とした事件）が起こり、これを機にチェコの民族運動や宗教戦争にとどまらずヨーロッパ諸国が介入する国際戦争へと発展します（**三〇年戦争**、一六一八〜四八年）。いっぽうローマでは貧富の差が激しく、乞食と娼婦の数が膨大なものとなっていました。その上治安も悪く暴力が支配していました。それでも、ローマ劫掠後に三万人ほどに減少していた人口は、一〇万人前後にまで回復していました。

クレメンス八世（在位一五九二〜一六〇五年）は、有徳の人物だと評価されていましたが、一五九九年九月、サンタンジェロ広場でベアトリーチェ・チェンチとその家族を処刑したことでローマ市民の信頼を失います。家庭内暴力で追い詰められた貴族一家が父親を殺害した事件で、二二歳の美しい娘ベアトリーチェに同情が集まり、多くの助命嘆願書が出されました。それでも教皇は処刑を強行し、チェンチ家の財産を没収しました。また、聖年の年、一六〇〇年二月には、異端判決を受けたドメニコ会の修道士**ジョルダーノ・ブルーノ**をカンポ・デ・フィオリ広場で火刑に処しました。これも大きな汚点となりました。

ボルゲーゼ家出身の**パウルス五世**（在位一六〇五～二一年）は、再構築されていたヴィルゴ水道とフェリーチェ水道に加えて、パオラ水道を建設し、ローマに再び豊富な水をもたらします。一六一五年にはサン・ピエトロ大聖堂を完成させ、同年、ローマに到着した**慶長遣欧使節**の**支倉常長**らに謁見し、彼らの姿をクイリナーレ宮殿の謁見の間の壁に描かせました。また、甥のシピオーネ・ボルゲーゼ枢機卿は芸術愛好家で、若き彫刻家**ベルニーニ**の才能を独占し、**「プロセルピナの略奪」**や**「アポロンとダフネ」**を彫らせ、ラファエッロやカラヴァッジョなどの絵を手に入れます。これらの美術コレクションが現在のボルゲーゼ美術館の核となりました。一六一六年、ガリレオ・ガリレイは第一回異端審問で地動説を唱えないよう注意を受けます。

グレゴリウス一五世（在位一六二一～二三年）の甥、ルドヴィコ・ルドヴィシ枢機卿も美術のパトロンとして活躍します。カラヴァッジョのパトロンだったデルモンテ枢機卿から邸宅を買い取ると、グエルチーノに有名な天井画「アウローラ」を描かせ、数多の古代ローマ彫刻を収集しました。これらはルドヴィシ・コレクションと呼ばれ、現在ローマ国立博物館アルテンプス宮殿に展示されています。

バロック黄金期のローマ

ユリウス二世がラファエッロとミケランジェロを起用して盛期ルネサンスを開花させたように、バルベリーニ家出身の**ウルバヌス八世**（在位一六二三～四四年）はベルニーニとともにローマに華麗な花を咲かせ、美の都を作っていきます。ただ、派手な都市計画で、レオ一〇世のように巨額の負債を抱えることになりました。それに続くのが、パンフィーリ家出身の**インノケンティウス一〇世**（在位一六四四～五五年）とキージ家出身の**アレクサンデル七世**（在位一六五五～六七年）です。

ピエトロ・ダ・コルトーナはバルベリーニ宮殿に、まるで天空へつながるかのような錯覚を起こさせる壮大な天井画「神の摂理」を描きます。ベルニーニは、サン・ピエトロ大聖堂の**バルダッキーノ**（大天蓋）や美しい列柱廊で囲まれたサン・ピエトロ広場、トリトーネの噴水や四大河川の噴水、聖テレサの法悦、サンタンドレア・アル・クイリナーレ聖堂などを制作しました。ライバルのボッロミーニも多くの作品を残しています。特に、限られたスペースに建立したサン・カルロ・アッレ・クアットロ・フォンターネ聖堂は、波打つ壁面と幾何学格子のドームが素晴らしく、見る者を驚かせてくれます。

ところでウルバヌス八世のバルベリーニ家の紋章はミツバチ、インノケンティウス一〇世のパンフィーリ家の紋章はハトで、彼らが依頼した作品には必ずこの象徴が刻まれました。サン・ピエトロ大聖堂内のミツバチとハトの数を数えると、意外にもハトの数が多いそうです。

ウルバヌス八世の時代、一六三三年には**ガリレオ・ガリレイ**が第二回異端審問で有罪判決を受けています。また、アレクサンデル七世の在位中には、ルター派プロテスタントを国教とするスウェーデンの**クリスティーナ女王**が退位してローマ教会に改宗し、ローマに移り住みました。これは、対抗宗教改革の最中にあったローマ教会にとって大きな勝利でした。彼女はローマでその生涯を終えます。

一八世紀半ば、啓蒙主義や自然科学の時代が到来すると、イタリア美術の頂点で輝いたバロック芸術は終焉を迎えます。けれども、バロック都市ローマは今もその輝きを失っていません。訪れる人を誘惑し続けるのです。

11 ベルニーニ

■広場と噴水

「羅馬（ロオマ）に往きしことある人はピアツツア・バルベリイニを知りたるべし。こは貝殻持てるトリイトンの神の像に造り做《な》したる、美しき噴井《ふんせい》ある、大なる広こうぢの名なり。貝殻よりは水湧き出でてその高さ数尺に及べり。」（訳・森鷗外）

森鷗外の名訳で知られるアンデルセンの「即興詩人」の冒頭の文章です。ローマのバルベリーニ広場とトリトーネの噴水で始まるこの小説には、アンデルセンが訪れた一九世紀前半（一八三三～三四年）のローマとイタリアが生き生きと描かれています。古代、中世、ルネサンス、バロックという異なる時代が一つの町に混在し、今も生き続けていることを実感させられる物語です。

ローマの美しい広場と噴水はバロック期の賜物で、それは主にこの時代の天才芸術家ベルニーニに負っています。**「ベルニーニはローマのために生まれ、ローマはベルニーニのためにある」**とは、教皇**ウルバヌス八世**の言葉ですが、一人の芸術家と一つの都市がこれほど深く結びついた例は他にはないでしょう。

バルベリーニ広場の中央にある**「トリトーネの噴水」**は、一六四三年、ウルバヌス八世の死の前年にベルニーニが完成させたもので、特異なデザインが人目を引きます。半神半魚のトリトンが一人、四頭のイルカに支えられた貝殻に座って上を向き、ホラ貝を口にあてています。ホラ貝からは噴水の水が一直線に吹き上がり、余計な装飾は何もありません。とりまきの妖精や仲間のトリトンもいません。異教の神話が詩を奏でるかのような、噴水の概念を変えた優れた彫刻です。広場の入り口には貝の形をした石板にバルベリーニ家の紋章である三匹のハチを刻んだ「ハチの噴水」もあり、通りすがりの人々が泉で手を洗ったり水を飲んだりする姿が見られます。また、広場のそばには教皇の実家バルベリーニ宮殿があり、これもベルニーニが完成させたものです。

これより前の一六二九年、ウルバヌス八世はスペイン広場にも**「小舟の噴水」**を作らせていました。ベルニーニが手がけた最初の噴水です。楕円形の水盤に半ば沈んだかのような小舟があり、舟にたまった水が水盤に流れ出るようになっています。イタリア語の名称「バルカッチャ」(おんぼろの小舟)にピッタリです。この広場は駐ヴァティカン・スペイン大使館があったことからスペイン広場と呼ばれますが、当時はまだ、トリニタ・ディ・モンティ聖堂へ続く大階段(一七二五年完成)はありませんでした。

ベルニーニは、一六四〇年にヴィルゴ水道の終着点「トレヴィの泉」の装飾も任されますが、アッピア旧街道の遺跡からの大理石調達に反対が起こり、加えて教皇庁の財政悪化で中止を余儀なくされます。ニコラ・サルヴィによる「トレヴィの泉」が完成するのは一七六二年、一二〇年のちのことでした。

ところで古代ローマのドミティアヌスが一世紀末に作った競技場は、シクストゥス五世によってきれいな長方形のナヴォーナ広場に整備され、広場の両端にはグレゴリウス一三世の時代に噴水が二つ作られていました。この広場の中央に噴水を作らせたのがパンフィーリ家のインノケンティウス一〇世でした。一六五一年、ベルニーニは**「四大河川の噴水」**を見事な着想で完成させます。中が空洞になった岩山の台座にオベリスクを載せ、その周りを四大河川（ドナウ、ナイル、ガンジス、ラ・プラタ）の寓意像や動物（馬、ライオン、蛇、アルマジロ）などで飾りますが、これは四つの大陸に君臨するローマ教会を意味しました。さらにオベリスクの頂上に十字架ではなく、オリーヴの小枝をくわえたハトを置きます。ハトは精霊の象徴ですが、パンフィーリ家の紋章でもありました。ベルニーニは従来の伝統を破ってローマ教会とパンフィーリ家を称賛したのです。

一六六七年には、アレクサンデル七世の命でサンタ・マリア・ソプラ・ミネルヴァ聖堂前の広場に小さなオベリスクを背中に載せた子象の装飾プランを練ります。実際の制作は弟子に任せたため出来栄えの点では少し劣りますが、着想は一四九九年の小説『ポリフィルス狂恋夢』で主人公がオベリスクを支える石の象に出会う場面から得たといわれます。アレクサンデル七世の「確固たる叡智は頑強な心で支えられる」というラテン語の碑文が刻まれていることから、象は頑強な心を表しているとも考えられています。ユーモアあふれる可愛らしい子象の彫像は、当時から現在に至るまでローマっ子に愛され続けています。また、一六三三年の異端裁判で有罪判決を受けたガリレオは、この聖堂で地動説を撤回しました。

■神童ベルニーニ

ローマを再び永遠の都に作り変えた天才芸術家**ジャン・ロレンツォ・ベルニーニ**（一五九八～一六八〇年）は、いったいどういう人で、どんな人生を歩んだのでしょう。

ベルニーニはフィレンツェ出身の彫刻家ピエトロ・ベルニーニの長男としてナポリに生まれます。母はナポリ人でした。父ピエトロがナポリでの仕事を終えると、一家は一六〇五年にローマへ戻ります。ピエトロは優れた彫刻家で、息子ジャン・ロレンツォも幼い頃から父の仕事を見よう見まねで覚えて遊んでいました。ピエトロは教皇パウルス五世と甥の**シピオーネ・ボルゲーゼ枢機卿**の庇護を受けて様々な仕事に従事していましたが、そのうち美術愛好家の枢機卿はジャン・ロレンツォの早熟の才能に目をとめるようになります。

ベルニーニ最初の作品「雌山羊アマルテア」（幼児ゼウスに乳を与える山羊）は、ヘレニズム時代の作品と間違うほど完璧なものでした。伝記作家とベルニーニ自身の言葉で一一～一二歳頃の作品だとされていましたが、その年齢で彫れるとは思えない出来栄えだったため、現代の美術史家は一七歳頃の作品だと考えていました。しかし、最近の研究で本当に子どもの頃の作品だったということが分かりました。ベルニーニが一〇代の頃から古代彫刻を学んでいたことは間違いなく、それはこの時代の他の小品にも表れています。

ベルニーニは肖像彫刻でもその才能を発揮しました。本人と見間違うほどの写実性だけでなく深い内面性も表現できるほどの腕前でした。ボルゲーゼ枢機卿は二〇歳を過ぎたばかりのベルニーニに次々と彫刻を注文します。「アエネイアスとアンキセス」（一六一八〜一九年）、「プロセルピナの略奪」（一六二一〜二二年）、「アポロンとダフネ」（一六二二〜二五年）、「ダヴィデ」（一六二三〜二四年）、いずれも、「アマルテア」や肖像彫刻とともにボルゲーゼ美術館で見ることができます。

この中で最も有名なものは、メタモルフォシス（変身）を詩的に表現した**「アポロンとダフネ」**でしょう。ここで表現されたのは、人を好きになる黄金の矢を射られたアポロンが、人を嫌いになる鉛の矢を受けたダフネを追い求めるというオウィディウスの『変身物語』のクライマックスの瞬間です。恋焦がれるアポロンが逃げるダフネを追い詰めて、まさにその手で彼女に触れた瞬間に月桂樹に変わり始めるダフネ、窮地にあったダフネの恐怖心と助かったという安堵、月桂樹に変わっていくダフネに驚き、彼女を永遠に失ったことを知るアポロンの落胆、これらのすべてが見事に表現されています。まるで、ルネサンス期の「絵画と彫刻のどちらが優れた芸術か」という論争を笑うかのように、ベルニーニは彫刻で物語を絵画のように視覚化したのです。躍動する身体の動きはリアルで、風にゆれる髪の毛まで繊細に彫られ、大理石は柔らかな肉体のように見えます。奇跡としかいいようのない作品です。アポロンの顔は古代彫刻「ベルヴェデーレのアポロン」に類似していますが、印象はかなり異なります。これはベルニーニが古代彫刻から学んだことを自由自在に応用したという証でしょう。二七歳の頃にこの作品を完成させたベルニーニは、名声をほしいままにします。

バルダッキーノの謎

ウルバヌス八世はベルニーニに噴水だけでなく様々な仕事を注文し、同時に建築と絵画の勉強に励むようにいいました。ベルニーニもまたルネサンス期の天才たちと同様に、彫刻、建築、絵画に才能を発揮しますが、なんといっても彫刻が彼の本領でした。サンタ・ビビアーナ聖堂の建設と聖女の彫像の制作、同時にサン・ピエトロ大聖堂内部の装飾を手がけ、主祭壇を覆う**バルダッキーノ**（大天蓋）ではブロンズ彫刻に挑戦しています**（図19）**。

（A）全体像

（B）台座の装飾

図19　ベルニーニ「バルダッキーノ」
サン・ピエトロ大聖堂　ローマ
撮影／上野真弓

バルダッキーノは高さが二八・五メートルという巨大なもので、多くのブロンズが必要でした。パンテオンの玄関口のブロンズの梁もはがして使いますが、その時、「蛮族もしなかったことをバルベリーニ（教皇の家名）がやった」という落首が生まれています。四つの大理石の台座の上にねじれたブロンズの柱が立ち、柱の装飾には、金で月桂樹をからめ、ハチが飛び、トカゲが這っています。月桂樹は人文主義者ウルバヌス八世を讃えたもの、ハチはいうまでもなくバルベリーニ家の紋章、トカゲは再生を意味します。ブロンズは重いため上部は軽量化し、頂上には十字架だけを置き、周りを天使やプットーなどで装飾しました。至るところにハチがちりばめられています。一六三三年に完成したバルダッキーノは、ブロンズが大理石の中で映え、ドーム下の巨大空間にふさわしい作品となりました。ベルニーニはまたしても大変な成功を収めたのです。

ところで、このバルダッキーノの台座の部分には不思議な装飾があります。柱を支える巨大な大理石の四つの台座にはそれぞれ四つの面がありますが、外側に面した二つの面、合計で八つの面に装飾があるのです。中央にバルベリーニ家の紋章・三匹のハチが刻まれた盾があり、その上部に聖ペテロの鍵と教皇冠が彫られていますが、よく見ると鍵と盾の間に小さな女性の顔があり、盾の下にも小さな仮面のようなものがあります**（図19－B）**。正面右の側面から八つの面を反時計回りに見ていくとこれらの装飾は変化していきます。女性の顔は次第に苦痛で歪んでいき、最後の八つ目は子どもの顔になります。盾にある三匹のハチは、女性の身体にたとえるなら、二匹が乳房、その下の一匹はヘソのあたりにあり、真横から見ると次第に厚みが増して膨らんでいき、最後は元通りになっています。いっぽう仮面の頬や口やひげは女性器そのものになって次第に開いていく様子を示し、最後は閉じています。つまりこの装飾は女性が陣痛で苦しみながら出産する過程を表しているのです。

ローマ教会の総本山であるサン・ピエトロ大聖堂にどうしてこのような装飾がされたのでしょう。様々な解釈があって、中にはベルニーニ個人の恋愛事情だという都市伝説レベルのものもありますが、彼が独断でこのような装飾を制作することは不可能です。おそらく、ウルバヌス八世の姪が無事に出産を終えたことを感謝するエクス・ヴォート（病や難産の無事を祈願し、それが叶えられると奉納する絵や装飾）で、そこにマーテル・エクレッシア、つまり聖母マリアを教会の母とする概念を象徴させたのではないかと考えられています。

■スキャンダル

サン・ピエトロ大聖堂で仕事をしていた一六三八年、ベルニーニは大事件を起こしています。コスタンツァはベルニーニの下で働く彫刻家の妻でしたが、ベルニーニと愛人関係になります。男性ばかりの宮廷で仕事をしていたベルニーニは女性の肖像を滅多に彫りませんでしたが、コスタンツァの胸像（フィレンツェ・バルジェッロ美術館所蔵）は自分のために彫っています。また、彼女はサン・ピエトロ大聖堂内のウルバヌス八世の墓を飾る「慈悲」のモデルだともいわれますが、可能性は否定できないものの、確証はありません。

胸像を見る限りコスタンツァは官能的な美貌の持ち主ですが、どうやら身持ちの悪い女性だったようで、ベルニーニの弟とも関係を持っていました。その噂を聞いたベルニーニは真偽を確かめようと待ち伏せし、決定的瞬間をおさえます。そして激怒のあまり、弟を鉄の棒で投打して大怪我させるのです。さらに、コスタンツァの顔を傷つけるため召使いを送ります。情熱の裏返しとはいえ自分の愛した女性に危害を加えて復讐するとは、ベルニーニはなんという人なのでしょう。

この事件は裁判沙汰となり、ベルニーニは罰金を課せられますが、教皇は彼を無罪放免とします。そして独身だった四〇歳のベルニーニに結婚を勧めました。翌年、ベルニーニはローマ一の美女といわれた弁護士の娘カテリーナと結婚し、その後は穏やかで幸せな生活を送りました。一一人の子どもにも恵まれています。ちなみにコスタンツァは事件後、修道院へ送られましたが、夫の嘆願でそこを出ると、美術商を始めて大成功を収めました。

挫折

ベルニーニはローマやサン・ピエトロ大聖堂での事業を大勢の同業者を使いながらこなしていきますが、一六四一年、マデルノの引き継ぎで進めていた大聖堂の鐘塔の建設で窮地に陥ります。亀裂が見つかり、工事が中断されてしまったのです。ローマの芸術界に君臨していたベルニーニを快く思っていなかったライバルたちは、ここぞとばかりにベルニーニを糾弾し、誹謗中傷します。中でもボッロミーニは執拗に攻撃しました。ベルニーニの立場はウルバヌス八世が在命中は安泰でしたが、一六四四年、パンフィーリ家のインノケンティウス一〇世が登位すると風向きが変わります。

教皇庁の財政難は救いようのないほど悪化していました。インノケンティウス一〇世はウルバヌス八世と対照的に学問や芸術に興味がなく、反バルベリーニだったことから前教皇に寵愛を受けたベルニーニを冷遇します。ベルニーニは、重要な仕事をすべてライバルたちに奪われ、その上、鐘塔が取り壊しとなり、その費用のため財産の差し押さえという屈辱も受けるのです。バロックの寵児ベルニーニの挫折の始まりでした。

■ベルニーニ劇場

しかしながらベルニーニは、人生で最も辛い挫折の時期にあっても最高傑作を生み出すのです。それは、サンタ・マリア・デッラ・ヴィットリア聖堂内にあるコルナーロ礼拝堂の**「聖テレサの法悦」**でした**(図20)**。この聖堂はアヴィラの聖女テレサが創設した跣足カルメル会のものでしたが、ヴェネツィアの大司教だったフェデリーコ・コルナーロが自分の墓所として礼拝堂の権利を取得しており、ベルニーニに礼拝堂の建築と装飾を依頼したのです。

ベルニーニは、対抗宗教改革の神秘主義を体現した聖女テレサのクライマックスの瞬間を彫刻で表現した祭壇を作ります。彼女は自身の幻視と法悦の体験を自伝に書き、「金の長い矢を持った天使に何度も心臓を射られた。矢を抜かれる時に感じる痛みは激しかったが、この苦しみがもたらす快さのほうが強く、それは神と霊魂と一体化した愛の交換だった」と述べています。

法悦の聖女テレサと金の矢を持つ天使が雲の上に乗って浮かんでいます。左手の天使は微笑みながらテレサの衣をつかみ、再び矢を彼女の心臓に突き刺そうとしています。目と口を半開きにして法悦の中にいるテレサは身体が麻痺したかのように動けずにいます。テレサの頭上には金色の彫刻で表現された神の光が降り注いでいます。しかも、その光は隠れ窓から入る本物の光で輝いているのです。さらに、彫刻の上部の天井にはフレスコ画で天国が描かれ、それを取り囲むアーチには白いスタッコの天使たちが舞っています。この礼拝堂には建築と彫刻と絵画が一体化した劇場のような美しいイ

（A）部分

（B）全体像

図20　ベルニーニ「聖テレサの法悦」
サンタ・マリア・デッラ・ヴィットリア聖堂
コルナーロ礼拝堂　ローマ
撮影／上野真弓

ルージョンの世界が広がっているのです。

さらに、ここに劇中劇が発生します。礼拝堂の左右の壁面はあたかも劇場のバルコニー席であるかのように作られ、そこに注文主フェデリーコとヴェネツィア総督を務めたフェデリーコの父親や高位聖職者の一族たちが四人ずつ座り、聖女テレサの幻視を眺めながら議論する姿が彫られているのです。遠近法で彫られた背景も見事なものです。見る者を幻の世界へ巻き込んでしまう、バロック芸術の魔力がここにはあります（図20-B）。

一六五二年にコルナーロ礼拝堂が完成すると、さすがのインノケンティウス一〇世もベルニーニの偉大さを認め、数年後にナヴォーナ広場の「四大河川の噴水」を注文するのです。

■アレクサンデル七世とベルニーニ

アレクサンデル七世が登位した時、ローマは経済状況のさらなる悪化とペストの流行で、厳しい時代にありました。しかし学問と芸術を愛する新教皇は、何よりローマを美しくすることに熱意を持っていました。教皇はベルニーニにすべてを任せ、すでに五〇歳半ばに達していた彼もまた、それにしっかりと応えるのでした。二人はウルバヌス八世の時代から旧知の仲で深い信頼関係にありました。

この年、ベルニーニは早速、サンタ・マリア・デル・ポポロ聖堂のキージ家礼拝堂の整備を依頼されます。アレクサンデル七世は、ラファエッロのパトロンだったアゴスティーノ・キージの子孫でした。ベルニーニは、ラファエッロが設計した盛期ルネサンスの傑作である礼拝堂に二体の彫刻「ダニエルとライオン」「ハバククと天使」を加え、聖堂内部の整備もします。

同じ年の終わりには、退位したスウェーデン女王**クリスティーナ**がプロテスタントからローマ教会に改宗し、ポポロ門からローマに入城します。これに際してベルニーニはポポロ門の装飾を手がけ、今もそこにはキージ家の紋章（六つの山と星）とクリスティーナ女王の紋章（麦）のついた花飾り、女王を歓迎する教皇の簡潔な銘文を見ることができます。

聖堂建築の最高峰

ベルニーニは数多くの聖堂を建築しましたが、彼の持ち得るすべての力を出し切った最高傑作は、一六七〇年に完成した**サンタンドレア・アル・クイリナーレ聖堂**でしょう。本人もこの出来栄えに満足し、心より愛したそうです。ただ、建設にあたっては問題がありました。すでにイエズス会の修練院（修道士になるため修行をする場所）があったため、狭い横長の敷地しかなかったのです。しかしベルニーニは、この厳しい条件で前例のない大胆な試みをします。横長の楕円形の聖堂を建設するのです。

ファサードは最小限に抑え、両側から聖堂本体の円形がはみ出しています。そして玄関部分に末広がりの階段を作り、その両脇に前方を包み込むようにカーブを描く壁を置きました。こうして実際より広々とした空間を演出し、聖堂の中へ誘い込むような雰囲気を作り上げたのです。

中に入ると、横長の楕円形であるため、すぐ目の前に主祭壇があります。色とりどりの大理石を使ったバロックらしい絢爛豪華な内部には、建築と彫刻と絵画が一体化したベルニーニ劇場が見事に演出されています。サンタンドレア（聖アンデレ）の殉教シーンが描かれた祭壇画の上方には、同じ聖人の彫刻があります。雲の上で両手を天に向かって広げ、天国を目指して昇っているかのようです。そして、その上には天井、楕円形のドームが続きます。ドームの入り口には白いスタッコの天使が無数に並び、聖人を天国へ歓迎しています。ベルニーニは完全に調和のとれた世界を作り上げたのです。なお、二階にはポーランドの聖人コストカを祀った部屋があり、一八世紀初頭の彫刻家ピエール・レグロスの傑作があります。そこは非常に精神性の高い場所で、信者でなくても聖なる空気を感じることができます。

この聖堂のある通りには、もう一つの傑作があります。犬猿の仲だったボッロミーニが一六四六年に完成させたサン・カルロ・アッレ・クアトロ・フォンターネ聖堂です。絢爛豪華なベルニーニ作品と異なり、ボッロミーニ独自のスタイル、波打つ形状が見られるシンプルな聖堂ですが、幾何学と象徴学を駆使して緻密に計算された作品で、一見の価値があります。なお、神経症だったボッロミーニは、剣で自殺を遂げています。

■永遠のローマ

アレクサンデル七世はサン・ピエトロ大聖堂の整備にも情熱を傾けました。大聖堂前にはオベリスクとマデルノ制作の噴水が一つあっただけでした。そこでまず、この広場の整備をベルニーニに任せます。彼はまたしても独創的なプランを構築します。広場は教皇の祝福を受けるために集まる大勢の信者が入る大きさが必要で、宗教的行事の行列が通れる場所がなければなりません。そこで大聖堂前に四角形の広場を作り、それに続く広場本体を楕円形にし、周りを四列の柱廊で囲んだのです。そしてオベリスクを楕円の中央に位置させ、噴水を移動させて対になる新たな噴水を作り、左右に配置しました。

この広場は実際には楕円形ではなく円形を二つ重ねたもので、円の中心点からそれぞれの柱廊を見ると四列の柱は放射線状にまっすぐ並んでいます。したがって、他の地点からはバラバラに見える列柱も、それぞれの円の中心（オベリスクと噴水の中間点）に立つと、四列が重なって一列になるという奇跡のような光景が生まれるのです。柱廊の円柱は二四〇本、角柱は四四本、そして柱廊の上には一四〇体の聖人像を飾るという途方もないものでした。完成まで一一年かかった**サン・ピエトロ広場**は、壮大なベルニーニ劇場でもありました**（図21）**。

ベルニーニは、大聖堂後陣の聖ペテロの司教座もブロンズで制作します。司教座とは司教が座る椅子のことで、聖ペテロはローマ初代の司教でした。ちなみにローマ教皇は伝統的にローマ司教でもあります。ヴァティカンには聖ペテロの木製の司教座が聖遺物として保存されていたのです。これは、実際には九世紀に西フランク王国のシャルル二世から贈られたものでしたが、この古い司教座を収める巨大なブロンズの司教座をベルニーニは作り上げます。色大理石の台座に立つ四人の教会博士が司教座を支え、司教座の上にはアラバスター石で作った精霊の象徴ハトのステンドグラスを中心にブロンズの天使たちが栄光を讃えています。劇場的効果を重視したベルニーニは、見え方にも注意を払い

図21　サン・ピエトロ広場
ローマ　撮影／上野真弓

ました。大聖堂に入った時に、まるで絵画のようにバルダッキーノの中に司教座がきれいに収まって見えるようにしたのです。

　ベルニーニは聖天使橋も天使像で飾ります。二体のみベルニーニが彫り、他は弟子たちに任せましたが、ベルニーニ作品は、屋外で傷まないようにサンタンドレア・デッレ・フラッテ聖堂に置かれ、橋には模刻が飾られています。かつてのハドリアヌスの霊廟、聖天使城と、その前にかかる天使の橋の情景には、永遠のローマを感じずにはいられません。そして、ローマを再び永遠の都にしたのは、ベルニーニなのです。

12 クリスティーナ

■ローマ教会の勝利の象徴

サン・ピエトロ大聖堂を訪れる人は誰でも、ミケランジェロの「ピエタ」を鑑賞することでしょう。けれども、そのそばに一人の女性の記念墓碑があることに気がつく人がどれだけいるでしょうか。彼女は神に仕える身でもなければ、ましてや聖女でもありませんでした。それなのに、大聖堂内の記念墓碑だけでなく、彼女はヴァティカンの地下墓地にも歴代の教皇たちとともに埋葬されています。

それはなぜなのでしょう。

彼女の名は**クリスティーナ**、ルター派プロテスタントを国教とするヴァーサ朝スウェーデンの女王（在位一六三二〜五四年）でした。激動の一七世紀のヨーロッパで、よくも悪くも名の知れた存在でした。

宗教が政治に直接結びついていた時代、一国の君主の改宗は由々しき問題でした。君主の改宗は国全体を左右するからです。そこでクリスティーナは、ローマ教会へ改宗するため退位しました。ローマへ居を移し、この地で生涯を終えたクリスティーナは、対抗宗教改革の最中にあったローマ教会にとって勝利の象徴でした。サン・ピエトロ大聖堂より他に、彼女の墓所にふさわしい場所はなかったのです。

グスタフ二世アドルフの娘

クリスティーナが生まれたのは、ヨーロッパ最後にして最大の宗教戦争、**三〇年戦争**の最中でした。父親は「北方の獅子」と呼ばれたスウェーデン国王**グスタフ二世アドルフ**（在位一六一一～三二年）。北方の小国スウェーデンがバルト帝国となる礎を築いた英雄でした。

三〇年戦争は、一六一八年の第二次プラハ窓外放出事件（236ページ）を機に神聖ローマ帝国（ドイツ）で起こったローマ教会派のハプスブルク皇帝軍とプロテスタント派の諸侯軍の宗教的内戦でしたが、スペインが皇帝派、ネーデルラントがプロテスタント派を支援し、国際的な戦争に発展しました。二五年にはデンマークがイングランドとネーデルラントの資金援助を受けてプロテスタント擁護を旗印に直接介入し、やがて傭兵隊長ヴァレンシュタイン率いる皇帝軍に撃退されます。三〇年、スウェーデンもフランスから資金援助を受けて戦争に介入します。デンマークもスウェーデンも本音はバルト海の覇権でした。けれどもこの戦争にはもう一つの対立軸があったのです。本来は同じローマ教会派であるはずのフランスのブルボン家と神聖ローマ帝国のオーストリア・ハプスブルク家のヨーロッパ覇権をめぐる対立です。フランスの宰相リシュリューは建前より本音の道を選んだのです（**図22**）。

グスタフ二世は優れた君主であると同時に名将でもありました。これまでと同じように、この時も先頭に立って軍を指揮して勝ち進みます。ミュンヘンを陥落させて皇帝軍を追い詰めますが、三二年、リュッツェンの決戦で勝利を得ながらも戦死してしまいます。スウェーデンは国王を失い、六歳

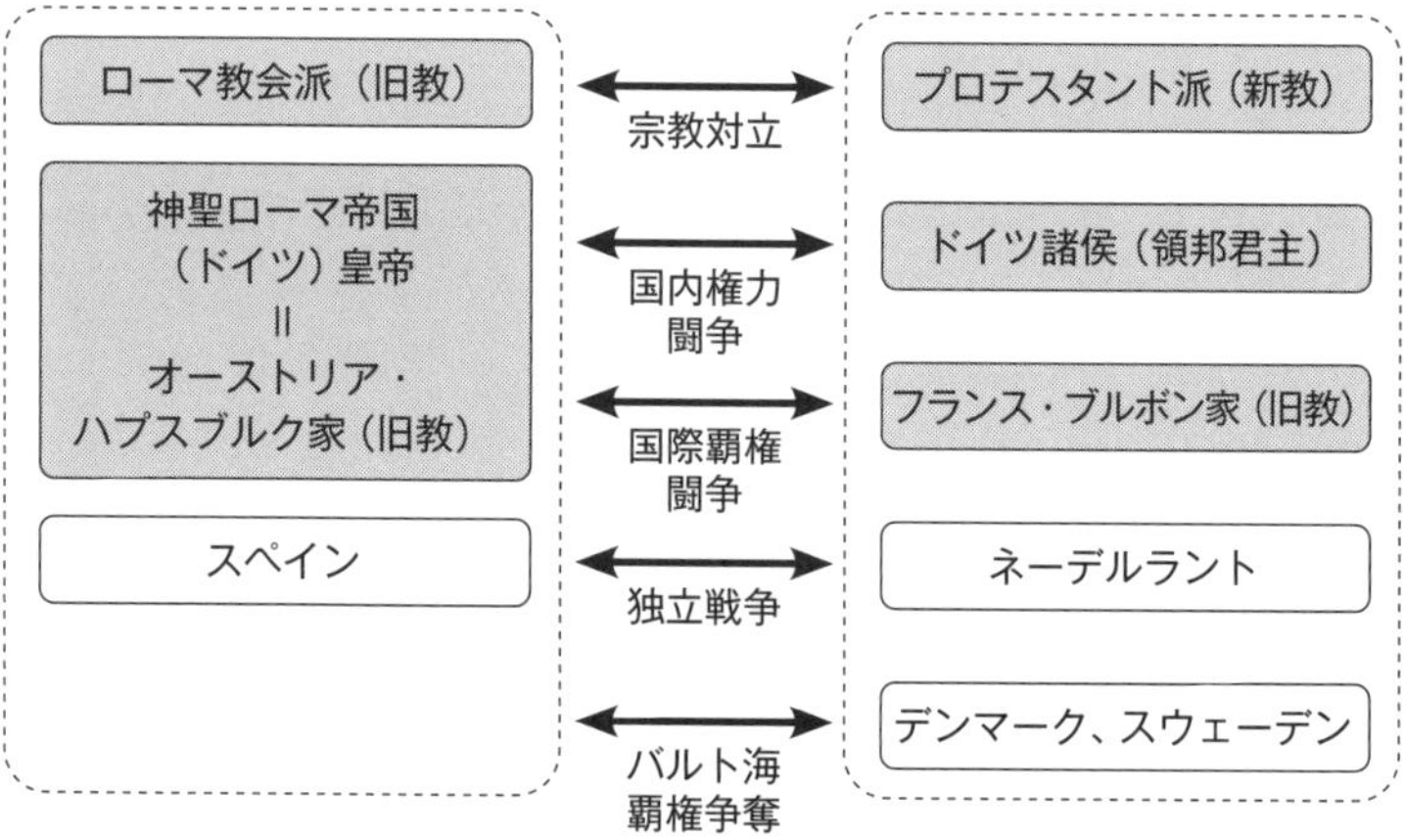

図22　三〇年戦争の主な対立軸

の一人娘クリスティーナが王位を継承しました。なお三〇年戦争は、このあとも十数年続きます。

■神経症の母親

クリスティーナの母親はブランデンブルク選帝侯の娘マリア・エレオノーラでした。美貌の人ではありましたが、結婚後、死産と幼な子の夭折を経て、夫も戦地にいることが多く、何の楽しみもない異国の地で精神を病んでいました。グスタフ二世は結婚前の愛人に産ませた息子グスタフ・グスタフソンの存在を公にしていたため、王妃は男児を熱望していました。一六二六年一二月、クリスティーナが誕生した時、一瞬男児に間違えられて喜んだのも束の間、女児だと分かると彼女は悲嘆にくれ育児放棄をします。クリスティーナはファルツ公に嫁いでいた国王の異母姉カテリーナに育てられました。国王は娘を後継者にすることを決め、ドイツに出陣する前、信頼する宰相オクセンシェルナにクリスティーナの教育について細かい指示を与え、肉体的にも精神的にも王子として教育するよう命じていました。

ところが、夫の死で王妃はますますおかしくなり、それまで見向きもしなかった娘のクリスティーナに異常な執着を見せ、ほとんど軟禁状態にしてしまいます。亡くなった夫の心臓を小箱の中に入れてベッドに置き、一緒に寝るように強要します。宰相オクセンシェルナが母親から引き離すまでに三年半かかりました。

男装の女王

クリスティーナへの帝王教育と乗馬、狩猟、剣術、射撃など、男性による男性的な教育が始まりました。彼女は本質的に男装に近い服装を好み、普通の女の子がするようなことには興味を持ちませんでした。本格的な教育が始まる前から、すでにドイツ語とフランス語を話していましたが、スペイン語も習得し、一〇歳になるとラテン語の読み書きや会話もできるようになりました。古典はすべて原語で読み、加えて数学や神学、天文学など、一日に一二時間の勉強をするというストイックな生活を送りました。誰に強制されたわけでもなく、本人が好きで行ったことでした。

女王が幼いうちは宰相オクセンシェルナを中心とする摂政が行われていましたが、彼女が一八歳になると女王としての親政が始まります。国務にたずさわるようになってからも学問を続け、睡眠時間をけずって早朝と深夜に古典や哲学の勉強を続けました。彼女の学問への情熱と教養の深さは瞬く間にヨーロッパ中に広がっていきました。男装の若き女王であることも人々の好奇心をくすぐったのでしょう。

クリスティーナには初恋の人がいました。母親代わりだった伯母の息子**カール・グスタフ**です。三〇年戦争は、この従兄弟がスウェーデン軍の総司令官として活躍してプロテスタント側の勝利を導き、一六四八年の**ウェストファリア条約**で終了します。条約の締結を主導したのはクリスティーナでした。スウェーデンは和平交渉で膨大な要求を突きつけていましたが、いつまでたっても交渉が進まないことから、彼女が大幅な譲歩をすることで講和が成立したのです。この譲歩にスウェーデン国内では批判が起きますが、キリスト教世界の平和のために二二歳の女王は意志を貫きました。しかし、バルト帝国の拡大化を目指す宰相オクセンシェルナとは軋轢が生じます。

文化政策と財政困窮

クリスティーナは学問を続けるうちに自国の文化的貧困を痛感しました。そこで文化政策に力を入れ、教育制度を整備し大学の発展、図書館の充実に寄与します。彼女自身、学問と教養のない人間にはいっさい興味がなく、上流婦人たちとの社交を蔑視し、学識のある男性や学者とだけ交流を続けました。著名な人文学者を宮廷に招聘すると、誰もが彼女の深い学識に感嘆したといいます。

女王は芸術にも多大な情熱を持っていました。三〇年戦争の戦利品が到着して以来、ストックホルム宮廷は貴重なタペストリー、家具、絵画や彫刻で飾られていましたが、さらにフランスやイタリアへ代理人を派遣して美術品や古文書を収集します。

クリスティーナは自身の衣服や食事には無頓着でしたが、他人には気前がよく、王室の儀式や客人の来訪には贅をもって尽くし、学者たちを援助しました。

スウェーデンは強国にはなりましたが、資源が少なく国家収入が少ない上に戦争が続き、かつてないほど財政が困窮していました。それにもかかわらず、女王は学者の招聘や美術品の収集で自国の能力を超えた支出を続けます。彼女には経済観念が欠落していたのです。王室財産は乏しくなるばかりでした。

結婚への嫌悪

クリスティーナは、容姿や声、趣味、嗜好、行動、思考のすべてが男性的だったことから、ヘルマフロディートス（両性具有）ではないかと疑われましたが、死後の調査で女性だったことが判明しています。クリスティーナは一五〇センチと小柄でしたが、がっしりした体格をしており、父親譲りの顔立ちで、額が広く、大きな目と大きなわし鼻が特徴でした。長いドレスを着て髪を結えば、それなりに綺麗だったでしょうが、風変わりな男装を好み、外見をまったく気にしなかったため、美しい女性という印象は与えませんでした。けれども女王の威厳を感じさせるに十分なオーラを放っていたようで、彼女に謁見する誰もが緊張で言葉も出なくなるほどでした。

当然ながら若きスウェーデンの女王には結婚問題が浮上します。元老院はクリスティーナと従兄弟カール・グスタフの結婚を視野に入れていました。カール・グスタフはクリスティーナに献身的に尽くし、彼女もまた思慕の情を持っていました。

けれども三〇年戦争末期に彼を総司令官としてドイツへ送る時、クリスティーナはいいました。「結婚の希望を奪わないが与えもしない。しかし、もし結婚するなら貴方以外の誰とも結婚しない。もし結婚しないなら貴方を後継者とする」と。傲慢な言葉です。けれども彼女は、支配するために生まれてきた女王は何者にも隷属しないがゆえに、男性に隷属する結婚をすることはできない、と考えていたのです。何より、子どもを産むことを女性の使命とする結婚に嫌悪感を持っていました。この感情は生涯変わることなく、「農民が畑を耕すような関係に、男性と自分を置くことはできない」という言葉を残しています。

一六四九年、スウェーデン国民がクリスティーナとカール・グスタフの結婚を望む中、彼女は元老院で結婚しないことを宣言し、カール・グスタフを王位継承者に定めることを提案しました。

デカルト

クリスティーナは二〇歳の頃から退位と改宗を考えていたと回想しています。女王として生まれたことを神の恩寵だと認識していた彼女が、どうして女王の座を捨てたいと思ったのでしょう。伝記作家は動機として結婚問題や財政破綻の危機、あるいは気まぐれとまで記していますが、一般的には宗教的葛藤とされています。後年自ら語るように、彼女は、素朴な疑問を封じて従順を強制したルター派の説教師に幼い頃から不信感を持っていました。改宗後、その説教師に「なぜ改宗したのか」と問われ、「貴方の説教ゆえに」と答えています。

若いだけに自由を求める気持ちもあったでしょう。フランスやスペインの文化人と交流するうちに文化的先進国で豊かな南に憧れる気持ちも芽生えたことでしょう。そして一六五〇年にはポルトガル大使館付きの司祭マセド経由で、ローマのイエズス会と連絡を取り合うようになっていました。

フランス大使シャニューは女王が早くから心の内を打ち明けていた友人でした。デカルトの友人だった彼は、哲学者との対話を勧めます。クリスティーナは何度か親書でやりとりしたあと、軍艦を派遣してデカルトを迎えにやります。

近代哲学の父**デカルト**はフランス人でしたが、ネーデルラントに移り住んでいました。彼はその地で一六三七年に『方法序説』をフランス語で刊行し、誰もが理性を備えており、疑うことを方法として理性を正しく導けば真理に到達することができると説きました。「徹底的に疑っていくと、確実な存在は何もない、けれどもすべてを疑っている自分は確実に存在している」、これを「我思う、ゆえに我あり」という言葉で表し、自分の存在こそが絶対的真理だとしたのです。そして、すべてを疑う自分(人間)は不完全だが、完全な神の恩寵で作られた世界の真理は、理性と自分の意志でつかむことができると考えたのです。

クリスティーナにはデカルト哲学を学べるだけの知性と学識がありました。しかし、厳冬の氷の国で、女王の政務時間の前、早朝五時からのレッスンはデカルトには堪えました。部屋には暖房もなかったといいます。女王は寒さにも早起きにも慣れていたでしょうが、五四歳の高名な哲学者に対する配慮のなさは、彼女の自分本位な性格が表れています。デカルトは三ヶ月後に風邪をひき、肺炎を起こして亡くなります。クリスティーナはデカルトが（ローマ教会の）信仰告白をして亡くなったことに大きな印象を受けました。

退位と改宗

デカルトが死んだ年、一六五〇年の一〇月、戦争と財政困窮のために延期されていたクリスティーナの戴冠式が行われました。そして翌年の一〇月、退位を表明し、王位をカール・グスタフへ譲ることを議会で告げますが、宰相オクセンシェルナの説得に胸を打たれて翻意しました。

一六五一年末、クリスティーナは、宮廷の歴史記述家アーノルド・ヨハン・メッセニウスとその息子を処刑します。父親は斬首、息子は残酷な車輪刑でした。息子が反クリスティーナの風刺詩を書いたことが謀反とされ、拷問による自白の末のことでした。無惨な遺体は車輪の上に置かれたまま十字路にさらされ、勇気ある牧師が説教壇から女王の非道さを非難しました。君主は時に冷酷になることも必要ですが、クリスティーナの場合は、強情で一度思い込むと聞く耳を持たず、自尊心が傷つけられると過剰に反応する傾向がありました。

クリスティーナは政務過多でたびたび病に臥しますが、一六五二年二月、フランス人医師ブールドロの治療で元気になりました。ところが政務にも学問にも身が入らなくなり、フランス趣味の宮廷で享楽的な毎日を送るようになります。財政危機とメッセニウス親子の処刑で女王の人気はすでに下落していましたが、さらに国民の顰蹙《ひんしゅく》を買うことになりました。

一六五四年二月、クリスティーナは再び退位を表明し、六月に退位式典を行います。そして、今後の生活を維持するため、年金が二〇万ターレルになるよう自身の領地を保有することを承認させました。在位年数は長かったものの、まだ二八歳でした。

クリスティーナは秘密裏にローマのイエズス会総長やフランス大使シャニュー、スペイン大使ピメンテルと連絡を取りながら改宗の準備を整えていました。ローマ教会側の国々も援助の態勢にありました。スウェーデン女王の改宗はそれほど大きな出来事だったのです。クリスティーナは退位式典を終えると直ちにスウェーデンを脱出します。男装してデンマークへ入り、ハンブルクやアントワープに滞在したのち、一二月初旬にブリュッセルへ招かれ、レオポルト大公の宮殿にある個人礼拝堂で神父を前にローマ教会への信仰告白をします。けれども、この時点で女王の改宗は公にはされませんでした。

一年ほどブリュッセルで享楽的な日々を送ったあと、一六五五年九月、ローマへ向かいます。この年の一月にインノケンティウス一〇世が崩御し、アレクサンデル七世が登位していました。一〇月三〇日、インスブルックでクリスティーナの公式の改宗式が行われます。教皇領に入ってからは各地で花火が打ち上げられ、舞踏会や音楽会や演劇が催されて大歓迎を受けました。

■ローマ入城

クリスティーナの改宗とローマ入城は、対抗宗教改革の最中にあったローマ教会にとって勝利のトロフィーでした。彼女は一二月一九日にローマへ入り、公式のローマ入城まで例外的措置としてヴァティカン宮殿に滞在します。一二月二三日、公式入城時のクリスティーナは、灰色の乗馬服にジャケット、その上に短いマントをはおり、金モールの羽根帽子をかぶった騎馬姿でした。スイス衛兵に囲まれてベルニーニが装飾したポポロ門から入り、枢機卿たちと合流してサン・ピエトロ大聖堂へ向かいました。沿道では窓やバルコニーからタペストリーが垂らされ、ローマ中が歓喜の声を上げて歓迎しました。

一二月二五日、サン・ピエトロ大聖堂で堅信式が執り行われ、クリスティーナは教皇アレクサンデル七世の手から初めて聖体を拝領します。そして教皇の名にちなんだマリア・アレクサンドラという洗礼名を拝受しました。ファルネーゼ宮殿が女王の住居として提供され、教皇庁から女王に一日一〇〇〇スクーディの生活費が三ヶ月間支給されることになりました。ローマの貴族たちもクリスティーナを歓待し、豪華な歓迎式典、祝祭や演劇、音楽会、舞踏会が次々に開催されました。

退位後も「女王」を名乗り続けたクリスティーナは、世間の慣習には順応しない、非常に個性的な女性でした。彼女の高い学識と教養には誰もが感嘆するものの、服装は風変わりで、立ち振る舞いは傍若無人でした。教皇は模範的な改宗者として彼女が修道院に入ることを期待していましたが、彼女は宗教的談話を好まず、聖遺物や聖人に対しても皮肉をいい、嫌いな説教には耳を傾けようともしませんでした。高慢な彼女は、イル・ジェズ聖堂で自分に十分な敬意が払われなかったと怒り、世話になったイエズス会とも不仲になります。歓待したローマ貴族に対しても、それが当然のことだと尊大な態度を取りました。貴婦人たちとの交流を忌み嫌い、常識的な行動ができないクリスティーナをローマの人々は次第に不快に思うようになります。

生涯の人

クリスティーナはローマで生涯の人に出会います。男装の女王がデコルテのフランス風ドレスを着るようになったほどでした。**アッゾリーノ枢機卿**は高潔な人物で、教養深く、クリスティーナと同じく学問と科学、文学や芸術を愛する同志でもありました。互いに尊敬しあい、最後までクリスティーナのそばにいた男性です。あまりにも親密だったため、愛人関係が疑われましたが、真の友情で結びついた精神的な愛でした。教皇も二人のつきあいを認めています。ただ、二人の間で交わされた膨大な書簡は愛の言葉であふれていることから、根底には恋心があったのでしょう。誰のいうことも聞かないクリスティーナでしたが、アッゾリーノの忠告にだけは素直に従いました。

クリスティーナはいつものごとく財政難にありました。経済観念がなく、高価な書籍や美術品の購入や惜しみなく与える贈り物に限度がないのは、スウェーデン時代も同様でしたが、退位後は収入がありません。スウェーデンはポーランドと戦争を始め、自分の領地から入るはずの年金も当てにできない状況となっていました。財政難で従者たちにも報酬が払えなくなり、彼らの一部が問題も起こしました。アントワープやハンブルクの銀行には大きな負債もありました。アッゾリーノは高潔な人物だっただけにいわゆる貧しい枢機卿で、彼女の生活を援助することはできませんでしたが、様々な形で力になってくれました。

一六五六年、ナポリでペストが発生します。イタリアを離れることにしたクリスティーナは、金策も兼ねてフランス行きを決めました。三〇年戦争中にフランスがスウェーデンに約束していた戦費九〇万ターレルを自分の収入に振り替えるつもりでした。フランスへの旅費は、馬と馬車の売却金、宝石を抵当にした借金、そして教皇からの贈与金でまかないました。

おぞましい事件

クリスティーナは知性と教養を備えた女王だと評されますが、自尊心をくすぐられると乗せられやすく軽率な面がありました。スペインとの戦争を継続中だったフランスは、彼女にスペイン支配下のナポリの王位獲得計画を持ちかけます。退位して現実を思い知ったクリスティーナはナポリの王冠に目が眩んだのでしょうが、なんとも浅はかです。狡猾なフランス宰相マザランがこの計画に本気だったのかどうかは分かりません。おそらく複数の計画を同時進行していたのでしょう。実際、スペインとの戦争は、一六五九年にピレネー条約が締結され、フランス王ルイ一四世とスペイン王女マリア・テレサが結婚することで終結します。

クリスティーナはいったんパリを出てイタリアのペサロでナポリ遠征の司令とフランス軍の到着を待ちます。しかし、その間にフランスの政策は変わり、彼女はすでに好ましくない人物となっていました。パリへ向かおうとした彼女は、フランスに来ないように促されても聞く耳を持たずフォンテーヌブローまで行きます。そして、そこで全ヨーロッパを震撼させるおぞましい事件を起こすのです。

一六五七年一一月、クリスティーナはフォンテーヌブロー宮殿でスウェーデン時代からの側近、イタリア貴族のモナルデスキを処刑しました。その場に呼ばれた修道院長ル・ベルが繰り返し助命嘆願をしましたが、頑なな彼女の心が変わることはありませんでした。彼女はモナルデスキがスペイン側にナポリ計画を密告したと信じていましたが、真相は定かではありません。ル・ベル修道院長とクリスティーナの従者チェーザレ・カピトーネの証言が残っており、彼女の負の部分が伝わる史料となっています。

フランスという異国で、司法の手に委ねずに凄惨な処刑が行われたことにヨーロッパ中が衝撃を受けます。フランスではクリスティーナが野蛮で気味が悪いという評判が立ち、誰もが避けるようになります。それはローマでも同じでした。

教皇は「残忍で好ましくない人物」として、クリスティーナにローマへ戻らないように伝えますが、それを素直に聞くクリスティーナではありません。しかしローマに戻っても以前のファルネジーナ宮殿は与えられず、彼女は宰相マザランの私邸に滞在することになりました。マザランはローマ出身のイタリア人枢機卿だったのです。

こんな状況にもかかわらず、アッゾリーノは力を尽くしてクリスティーナと教皇の関係修復に努めました。さらに賃貸物件を探して、トラステヴェレ地区にあるリアーリオ宮殿（現在のコルシーニ宮殿）の契約を彼女の名前を出さずに行いました。

問題児クリスティーナ

一六六二年二月、クリスティーナの後継者スウェーデン国王カール一〇世が戦地で亡くなります。三八歳という若さでした。彼の息子はまだ五歳で、王妃の後見の下で寡頭政治が始まりました。クリスティーナはまたもや借金をして旅費を作り、スウェーデンへ向かいます。自身の退位協定の更新と未成年の国王が後継者なしで死んだ場合、自分の王位継承権を認めてもらうためでした。グスタフ二世アドルフの娘という栄光がまだ通じると思っていたのです。

一〇月、ストックホルムに入ったクリスティーナは現実を知ることになります。退位協定は更新されましたが、王位継承権が認められるはずもなく、冷ややかな対応をされるだけでした。しかし年金問題が解決しないため、いったんハンブルクへ戻ったあと、交渉のため再びスウェーデンを訪れます。故国は背教者クリスティーナに冷たく、彼女は再び屈辱を受けました。

一六六二年より四年ほどローマで幸せに過ごしたあと、再度スウェーデンへ行き、ハンブルク滞在中の一六六七年、クリスティーナはまたもや問題を起こします。アレクサンデル七世が崩御したあとクレメンス九世が教皇に登位したことを知り、プロテスタントの地で派手な祝宴を開催して、それが暴動につながり、八名の死者と多数の負傷者を出してしまうのです。また、翌年、ヴァーサ家出身のポーランド王ヤン二世が退位した時には、国王自由選挙に立候補します。これも失敗に終わりました。

退位後のクリスティーナは聡明な女性とは思えないような言動を続けますが、結局のところ、彼女には、知識人と交流しながら好きな学問や科学、芸術や文学を楽しみ、ローマの社交生活を楽しむほうが似合っていたのでしょう。突き詰めれば、彼女の退位もそういう人文主義者的な生活を望んだからかもしれません。一六六九年以降のローマでは、豊かで平穏な日々が始まります。

バロックの女王

失意のクリスティーナをローマは温かく迎えました。クレメンス九世は、ネポティズムの廃止に取り組む、稀にみる高貴な精神を持つ人物でした。教皇はアッゾリーノの進言でクリスティーナに一二〇〇〇スクーディの年金を与えることにします。年金問題でスウェーデンと合意に達していなかった彼女にはありがたい支援でした。

一六六三年一月から居住していたリアーリオ宮殿は、スウェーデンから運んでいた父ルドルフ二世の戦利品を中心とする彫像や絵画で飾られ、ラファエッロ、ティツィアーノ、ルーベンスなどの作品もありました。タペストリー、メダル、コインのコレクション、蔵書を収める三つの図書館、玉座の間、当時の流行だった錬金術を行う実験室もありました。美しい噴水のある広大な庭があり、二九の馬車、一六頭の乗馬用の馬、八頭のラバを所有していました。学者には惜しみない援助をし、天文学者や数学者も迎え、芸術家では特にベルニーニと親しくつきあいました。一六七四年には文学を研究するアカデミーも創設しました。宮殿には学者や科学者、芸術家や音楽家が常に出入りし、舞踏会や音楽会、演劇が開催される数少ないローマの社交場の一つとなりました。相変わらず経済的には困窮していましたが。

クリスティーナは、歳を重ねるうちに人間も丸くなりました。トラステヴェレ地区の住民に愛され「我々の女王様」と呼ばれ、リアーリオ宮殿は娼婦や犯罪者が逃げ込む避難所になりますが、何よりもローマを訪れる旅人たちが必ず訪れる名所中の名所となりました。

図23　クリスティーナが亡くなった寝室
リアーリオ宮殿（コルシーニ宮殿）　ローマ
撮影／上野真弓

ローマという舞台で最後まで女王の役割を演じたクリスティーナは、実にバロック的な劇場型人生を送ったといえるでしょう。「バロックの女王」をいびつな形をした「バロック真珠」と呼んだら、クリスティーナは怒るでしょうか。

一六八九年四月、バロックの女王は、最愛の友アッゾリーノに看取られて、六二歳で亡くなりました（**図23**）。

第6章 イタリアの近代、そして現代へ

おおよその人口推移　10万～286万人
(2019年)

19世紀、イタリア王国の首都となるローマの人口は20万人。20世紀初頭のムッソリーニ登場時に70万人、第二次世界大戦終了後は150万人を超え、その後も増え続ける。イタリア統一、ファシズム、世界大戦を経て現在に至るローマ。

ヴィットリオ・エマヌエーレ二世
(1820～1878年)
統一国家イタリア王国の初代国王。女性に弱い。品性には欠けるが、政治的決断力があり、何をすべきかを見極める能力がある。

ムッソリーニ(1883～1945年)
ファシスト党の創立者。一党独裁制を確立し、国民を統制する。経済政策やインフラ整備で一定の評価もあるが、第二次世界大戦は悲惨な内戦と化し、戦後処刑される。

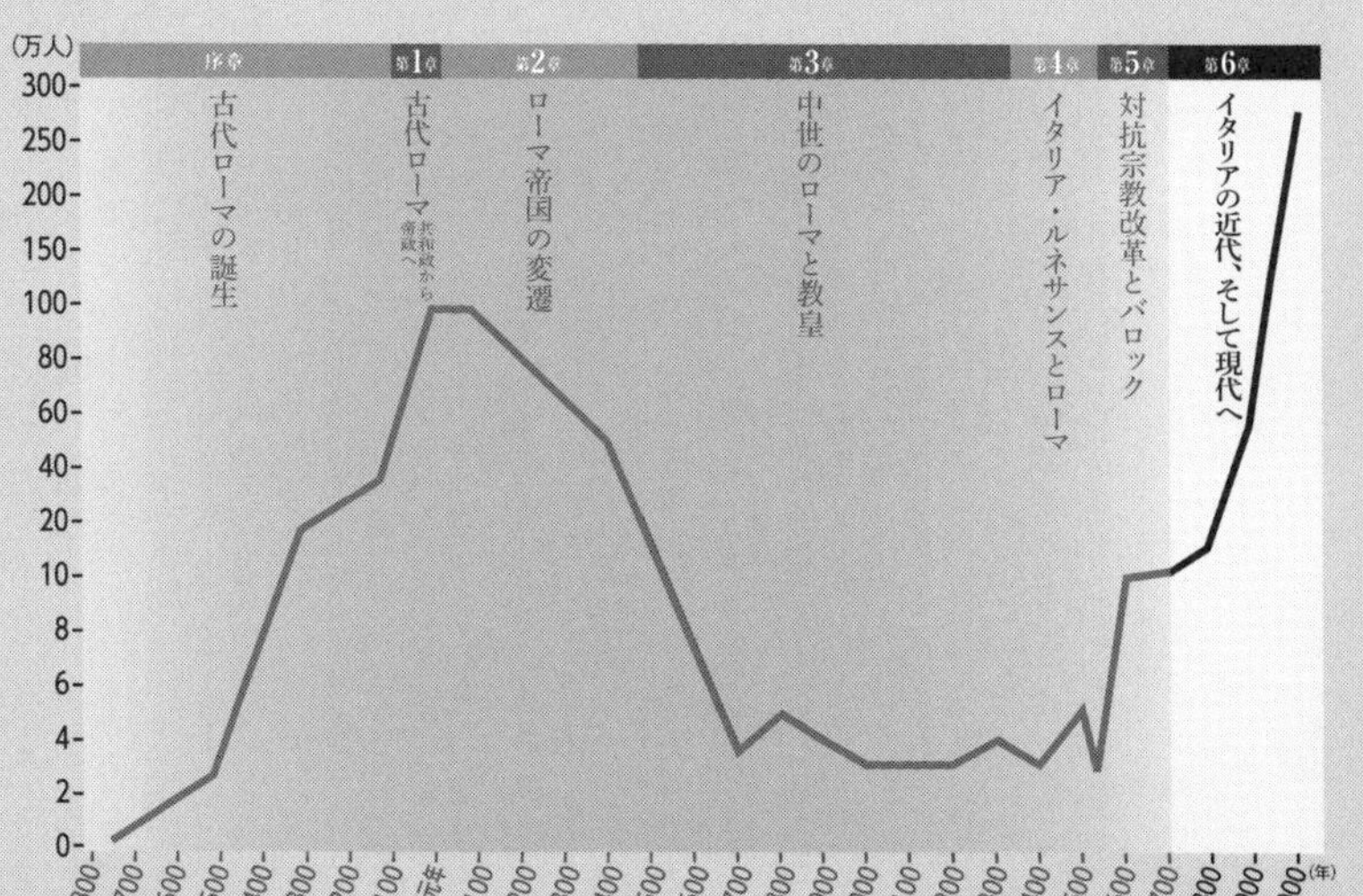

この時代のローマ

■ヨーロッパの勢力図の変遷

三〇年戦争（２３６ページ）で敗北したオーストリア・ハプスブルク家の神聖ローマ帝国は、実質的所領がオーストリアとハンガリーだけとなり、かつての勢いをなくしました。ドイツではブランデンブルク選帝侯国と結びついたプロイセン公国が急成長を始めます。フランス・スペイン戦争で敗北したスペインも落ちぶれ、代わって覇者となったフランスでは太陽王ルイ一四世が絶対王政を確立し、ヴェルサイユ宮殿を建造して宮廷文化の花を咲かせます。一六六五年、ベルニーニもルーヴル宮殿改築計画でフランス宮廷に招聘されましたが、実現には至りませんでした。

ネーデルラント、イングランド、フランスなどヨーロッパ諸国が主権国家を確立し、重商主義政策で富国に努める中、イタリア半島は都市国家に分裂したままでした。ミラノ公国やナポリ王国、シチリア王国はスペイン支配下にあり、最強の海軍を誇ったヴェネツィア共和国もオスマン帝国に敗れて弱体化し、ローマ教会は宗教的権威を保ちながらも政治力は弱まっていました。唯一フランスとの国境にあるピエモンテのサヴォイア公国だけがヨーロッパ列強の狭間で独立を保っていました。

スペイン継承戦争

一七世紀末、スペイン王カルロス二世は死の淵にありました。血族結婚を繰り返したスペイン・ハプスブルク家最後の王には先天性疾患があり、子どもはいませんでした。この家系が途絶えるとヨーロッパに混乱が生じるのは目に見えていました。スペインは、スペイン本土の他、ナポリ王国やシチリア王国、サルデーニャ王国、ミラノ公国、ベルギー、植民地の中南米など広大な領土を有していたのです。これを列強の一つが手にしたら、ヨーロッパの勢力均衡は崩れてしまいます。

相続権を主張できるのは、縁戚関係にあるオーストリア・ハプスブルク家と、カルロス二世の異母姉マリア・テレサがルイ一四世の王妃となっていたフランスでした。一七〇〇年、カルロス二世は遺言でルイ一四世の孫フィリップを後継者に指名して崩御します。フィリップはフェリペ五世として即位し、現在に続くスペイン・ブルボン朝が始まりました（**図24**）。

オーストリア、イングランド、ネーデルラントは、ヨーロッパ最強のフランスがスペインを手にしたことに危機感を抱き、対仏同盟を結んで戦争を始めます（**スペイン継承戦争**、一七〇一～一四年）。オーストリアの神聖ローマ皇帝レオポルト一世はドイツのプロイセン公に援軍を要請し、その代わりプロイセン王位を授けました。こうしてプロイセン王国が誕生します。

同じ頃、東ヨーロッパでは、北方戦争（一七〇〇～二一年）が始まっていました。バルト帝国スウェーデンで年少のカール一二世が王位に就いたため、ロシアのピョートル大帝はポーランドとデン

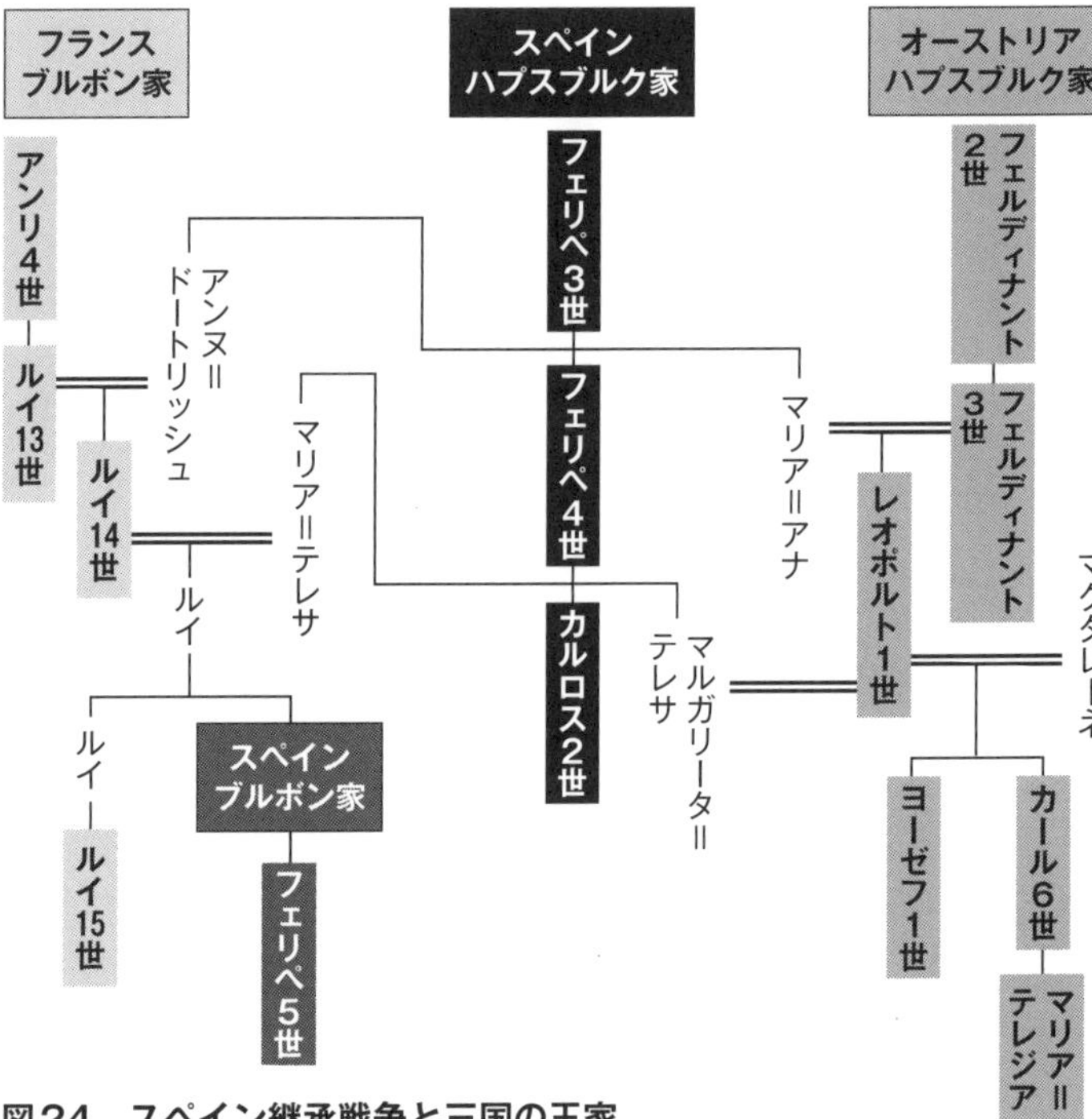

図24　スペイン継承戦争と三国の王家

マークと結んでスウェーデンを攻撃したのです。最初はスウェーデンが優勢でしたが、最終的にロシアがバルト海の覇者となり、強国の一翼を担うようになります。

なお、スペイン継承戦争中の一七〇七年、イングランドとスコットランドが合併しました。

■ユトレヒト条約とサヴォイア公国

スペイン継承戦争でサヴォイア公国は密接な関係にあったフランスから寝返って反仏同盟側につきました。孤立して苦境に陥ったフランスは各国と和平交渉を始め、一七一三年、**ユトレヒト条約**が結ばれてスペイン継承戦争は終わります。これによってフェリペ五世のスペイン王位は認められましたが、フランスの王位継承権は放棄させられました。

講和条約では、オーストリアにベルギーとミラノ公国、ナポリ王国、サルデーニャ王国を、サヴォイア公国にシチリア王国を、イングランドにはジブラルタルとメノルカ島を割譲します。イングランドはフランスから北米の植民地の多くとアシエントも得ました。アシエントとはアメリカ大陸スペイン領にアフリカの黒人奴隷を売り込む権利のことで、これを手にしたイングランドは奴隷貿易を独占することになり、のちのヨーロッパ覇権につながっていきます。

また、シチリア王位を得たサヴォイア公国のヴィットリオ・アメデーオ二世は、一七二〇年にオーストリアと、シチリアとサルデーニャの交換を果たしてサルデーニャ王となります。**このサルデーニャ王国がのちのイタリア王国です。**

■グランドツアー

一八世紀のヨーロッパは戦争で幕を開けましたが、自然科学の研究が進み、合理的な知を重んじる啓蒙思想が広がった時代でした。イングランド、フランス、オーストリア、プロイセン、ロシアが列強として台頭し、富国に努め、近代化を進めました。

ローマは、平和の中に眠っていました。一七世紀より始まった都市整備を続け、スペイン階段やトレヴィの泉が作られたのもこの頃です。一七五〇年には一五万人ほどの人口となり、行政区の再編成をして教区を定め、社会事業の構築にも努めました。

古代ローマの遺跡が残り、ルネサンス、バロックの美しい建造物や芸術品であふれるローマは、イングランドの上流階級の師弟が古典的教養を習得するために長期滞在する**グランドツアー**の目的地として賑わっていました。グランドツアーは一九世紀初頭まで続き、フランスやドイツ、北欧からも多くの文筆家や芸術家が訪れます。

ローマのコンドッティ通りにあるカフェ・グレコは一七六〇年創業の老舗で、優れた紀行文を残したスタンダールやゲーテ、バイロンやキーツ、アンデルセンなどの文人たち、彫刻家のトルヴァルセン、音楽家のフランツ・リストやメンデルスゾーンが通ったことでも知られています。

ナポレオン戦争

一七八九年、**フランス革命**が起こります。九三年には国王ルイ一六世と王妃マリー・アントワネットが処刑台の露と消え、ヨーロッパ全土を震撼させます。この少し前の一七七六年七月四日にはアメリカ合衆国が独立宣言を行い、同じ頃、イングランドでは産業革命が起こっていました。

一七九六年、フランス革命政府の司令官**ナポレオン**がオーストリア攻略の一環で北イタリアへ侵攻します。自由・平等・友愛という、フランス革命の理念拡大を大義名分にしていましたが、周辺諸国にとっては侵略戦争以外の何ものでもありませんでした。

ナポレオンは、トリノ、ミラノ、教皇領のエミリア・ロマーニャ地方を次々に攻略し、ヴェネツィア共和国を滅ぼします。九八年にはローマへ侵攻してローマ共和国を樹立し、捕虜となった教皇ピウス六世はフランスで失意のうちに亡くなります。次の教皇ピウス七世が登位すると、一八〇一年、ナポレオンはコンコルダート（政教条約）を結んで、教皇国家が復活します。なお、同じ年に、イングランドにアイルランドが加わって連合王国となりました。

一八〇四年、ナポレオンがフランス皇帝となると、ナポリ王国を兄ジョゼフ（のちに妹婿のミュラ）に委ね、教皇の破門も意に介さずローマも占領し、ピウス七世は捕えられました。こうしてイタリア半島を完全に掌握し、自らイタリア王位に就きます。

ナポレオンはイタリアのみならず、ヨーロッパの大半を征服しますが、それでも落日の時が訪れます。まず、スペインの反乱の鎮圧でつまずき、大陸封鎖令で失敗し、さらにロシア遠征で大敗し、失脚するのです。一八一三年、ヨーロッパ諸国連合軍がパリへ入城し、翌年、ナポレオンはエルバ島へ送られます。その後、脱出して一時的に復権しますが（百日天下）、ワーテルローの戦いで敗北を喫し、一八一五年、絶海の孤島セントヘレナ島へ流刑となりました。

ナポレオンの登場は近代化への移行ととらえられています。ナポレオン法典は、法の前の平等、私的所有権、経済活動の自由、信教の自由など近代的な価値観を取り入れた民法典で、近代社会の法の基盤となりました。また、フランス革命で生まれた国民国家（ネーションステート）の意識を広め、国民軍を誕生させました。封建的な旧支配体制を脱する第一歩を示したのです。

ところでナポレオンはヨーロッパ各国から美術品を略奪しましたが、最も被害を受けたのはイタリアで、その数は五〇六点にのぼりました。一八〇二年、新古典主義の巨匠、彫刻家のカノーヴァが外交使節としてパリへ渡り、一五年に古代彫刻「ベルヴェデーレのアポロン」や「ラオコーン」、ラファエッロの「キリストの変容」を含む半数を取り戻しましたが、いまだに残りの半数はパリのルーヴル美術館に所蔵されたままとなっています。イタリアにとってナポレオンは侵略者であっただけでなく、大泥棒でもあったのです。

リソルジメント（イタリア統一運動）

ナポレオン失脚後のウィーン会議で、ヨーロッパの地図は元に戻りますが、政治も旧体制に戻ってしまいます。フランスではブルボン朝の王政が復活し、イタリアは再び都市国家に分裂し、ヴェネツィア共和国やミラノ公国はオーストリアの属国に戻りました。

やがてウィーン体制に対して自由を求める運動がヨーロッパ各地で起こり始めます。イタリア半島でもイタリア統一、独立、自由への意識が強くなってきます。急進派の共和主義者マッツィーニやガリバルディ、穏健派の自由主義者カヴール、この三人がイタリア統一に大きな貢献をすることになります。このイタリア統一運動をリソルジメントといいます。

一八四八年革命（ヨーロッパ各地でウィーン体制の崩壊を招いた革命の総称。一八四八年は諸国民の春、あるいはヨーロッパ革命の年とも呼ばれる）が起こると、イタリアでもヴェネツィアとミラノがオーストリアに反乱を起こし、サルデーニャ王国もこれを援護して軍事介入をします。しかし反乱は鎮圧され、サルデーニャ王国軍も敗北します。敗戦の責任をとって国王カルロ・アルベルトは退位し、長男のヴィットリオ・エマヌエーレ二世に王位を譲ります。そんな中、ローマでは急進派共和主義者らがローマ共和国を樹立します。しかしこれも、教皇庁の独立を守ろうとしたフランスの軍事介入で失敗に終わります。結局、この時にヨーロッパやイタリアで起こった革命は実を結びませんでした。

ヴィットリオ・エマヌエーレ二世は、卓越した政治家**カヴール**を宰相とし、急進派共和主義者の**ガリバルディ**らも巧みに利用しながら、イタリア統一を着実に進めていきます。一八五八年、サルデーニャ王国はフランスと結んでオーストリアを攻撃し、ロンバルディアを奪還し、さらにイタリア中部の併合にも成功します。その際、フランスにサヴォワとニースを割譲しました。

一八六〇年、ガリバルディが一〇〇〇人の義勇兵（赤シャツ隊）を率いてシチリアに上陸し、両シチリア王国（一八一六年よりブルボン王家の同君連合下にあったシチリア王国とナポリ王国）を軍事占領しました。そして、イタリア統一のため自らが占領した地域をサルデーニャ王ヴィットリオ・エマヌエーレ二世に献上したのです。

イタリア王国の成立

一八六一年、統一国家**イタリア王国**が誕生しますが、まだヴェネツィアとローマが欠けていました。六六年のプロイセン・オーストリア戦争でプロイセン側についたイタリアは戦勝国としてヴェネツィアを手に入れます。七〇年にはプロイセン・フランス戦争が起こったため、教皇庁を守っていたフランス軍がローマから撤退しました。これを機にイタリア王国軍はローマへ進軍して占領します。教皇領は廃止され、翌七一年、ローマはイタリア王国の首都となりました。同年、ドイツが統一され、フランスとの戦争に勝ったプロイセン国王がドイツ帝国の皇帝を兼任することになりました。

教皇領とローマを失ったピウス九世（在位一八四六～七八年）は、イタリア政府と国交を断絶します。そして、自らを「ヴァティカンの囚人」と呼び、ヴァティカン宮殿に閉じこもるのでした。この問題は、一九二九年にファシスト政権下のムッソリーニが教皇庁とラテラーノ条約を締結するまで続きます。

未回収のイタリアと第一次世界大戦

国家統一を果たしたイタリアは、首都ローマの整備に努めます。しかし工業が発達した北部に比べて南部は貧しく、経済格差は開くばかりでした。また、**未回収のイタリア**問題もありました。イタリアが自国の領土と主張する地域、南ティロルとトレンティーノ、トリエステとイストリア半島、ダルマティア地方（クロアティアのアドリア海沿岸部）などはオーストリア領内に残っていたのです。イタリアはドイツ、オーストリアと三国同盟を結んでいましたが、国民の間には反オーストリア感情が根強く残っていました。

一九一四年六月、オーストリア・ハンガリー帝国の帝位継承者フランツ・フェルディナント夫妻がサラエヴォでセルビア人の民族主義者に暗殺され、これが世界中を巻き込む**第一次世界大戦**（一九一四〜一八年）に発展していきます。オーストリアがセルビアに宣戦布告すると、多くの国が同盟・協商関係に従って参戦しました。オーストリア、ドイツ、オスマン帝国の中央同盟国側と、セルビア、ロシア、フランス、大英帝国の連合国（協商国）側に分かれて戦いました。のちに、日英同盟を結んでいた日本やアメリカ合衆国も連合国側で参戦することになります。本来は中央同盟国側のイタリアは、最初は中立の立場をとっていましたが、翌年、ロンドン密約で「未回収のイタリア」の返還を約束され、連合国側で参戦します。

第一次世界大戦は、初の総力戦でした。各国が全国力を戦争に向け、政府が軍需優先の労働力と兵士の動員、食糧配給制など国民生活のすべてを統制したのです。航空機や潜水艦、戦車、化学兵器などが使用され、死者は一〇〇〇万人を超えたともいわれます。また、戦争末期の一八年からは**スペイン風邪**が流行し、死亡者数は世界中で四〇〇〇万人以上であったと推定されています。なお、一九一七年には**ロシア革命**でロマノフ王朝が倒され、世界初の社会主義国が生まれ、一八年にはドイツ革命で帝政から共和政へ変わり、ヴァイマル共和国となりました。この大戦で、ドイツ、オーストリア・ハンガリー、オスマン、ロシアの四帝国が崩壊し、アメリカ合衆国大統領ウィルソン提唱の民族自決主義による新しい国々が生まれました。イタリアは戦勝国となり、未回収地のほとんどを取り戻しますが、ダルマティア地方は新しい国ユーゴスラヴィアの中に組み込まれてしまいました。

ムッソリーニとファシズム

第一次世界大戦後のイタリアは、インフレで国民生活が困窮し、経済危機にありました。工場労働者は、社会党の指導でストライキを起こして工場を占拠し、貧しい小作農は地主に反乱を起こして土地を占拠していました。これに危機感を抱いた支配者層は、社会党を除名された**ムッソリーニ**が創設した暴力的な「戦闘ファッシ」（一九二一年にファシスト党と改名）と連携するようになります。

一九二二年、ムッソリーニは政権獲得のため、ファシスト党による「ローマ進軍」を組織して政府に圧力をかけ、国王ヴィットリオ・エマヌエーレ三世から首相に任命されました。その後、二八年にはファシズム代表議会を正式な国家機関として権力を集中させると、一党独裁体制を確立しました。

ムッソリーニは、国民の自由や人権を無視して強権的に国家を統合する全体主義をとりますが、その一方で社会福祉事業や干拓事業、首都整備を行い、二九年には断交していたローマ教皇庁と**ラテラーノ条約**を結んで和解します。

二九年に世界恐慌が始まり、三〇年代になると、ドイツにヒトラーがナチス政権を確立し、日本も全体主義的国家体制をとるようになります。三七年、イタリアはドイツや日本と日独伊防共協定（のちの日独伊三国同盟）を結び、**三国枢軸**を作りました。

第二次世界大戦

一九三九年、ドイツのポーランド侵攻で、大英帝国とフランスはドイツに宣戦布告します。こうして再び戦争が始まりました。四〇年にはイタリアもドイツに呼応して参戦します。ヒトラーはヨーロッパ大陸の大部分を支配するようになり、占領地から工業資源や食料を奪い、数百万の外国人を強制労働させ、人種差別主義で多数のユダヤ人やスラブ人を強制収容所に送って殺害しました。

フランスがドイツに敗北すると、日本はフランス領インドシナ侵攻を開始しました。アメリカは日本の南方進出を牽制するため石油供給を停止し、これに大英帝国も同調します。四一年一二月、日本はハワイの真珠湾にある米海軍基地を奇襲攻撃して太平洋戦争を始めました。こうしてファシズム陣営の枢軸国と反ファシズム陣営の連合国との戦いは世界規模へと拡大したのです（**第二次世界大戦**）。

一九四三年七月、連合軍がシチリアへ上陸すると、ムッソリーニは失脚して幽閉されます。新政権のバドリオが連合軍と休戦交渉を始めると、ドイツ軍は速やかにイタリアへ侵攻して軍事占領し、さらにムッソリーニを救出して北イタリアにドイツの傀儡政権を成立させます。

イタリア本土は、連合軍とドイツ軍の戦場となってしまいます。ドイツ軍占領下で**パルティザン**は果敢なレジスタンス活動を展開しました。イタリアは南から順次解放されていきますが、過酷な戦いが続きました。

一九四五年四月二五日、パルティザンがミラノを解放し、拘束されたムッソリーニは処刑されました。翌四六年六月、ファシスト政権を許した国王の責任を問う国民投票で王政廃止が決定し、**イタリア王家は国外追放となり、イタリアは共和政に移行しました。**

13 ヴィットリオ・エマヌエーレ二世

行け、想いよ、黄金の翼に乗って

フランス革命で生まれた自由・平等・友愛という理念は、ナポレオン一世の帝政を経ても、ウィーン体制という保守反動が生じても、消え去ることはありませんでした。ヨーロッパ各地で自由のための運動や革命を目指す地下組織が誕生します。

ジュゼッペ・マッツィーニ（一八〇五～七二年）もその一人でした。彼はカルボナーリという秘密結社に所属していましたが、組織に限界を感じ、一八三一年、亡命先のマルセイユで「青年イタリア」を結成しました。民衆の蜂起によってイタリア半島を統一して共和国を作ることを目的としていました。しかし、三三年のピエモンテでの蜂起も三四年のジェノヴァでの蜂起も失敗します。ジェノヴァでの蜂起にはジュゼッペ・ガリバルディ（一八〇七～八三年）も参加し、彼は欠席裁判で死刑判決を受けて南米に逃亡しました。また、北イタリアのオーストリアからの独立を模索する穏健派ナショナリストも台頭し、やがてカヴール（一八一〇～六一年）も登場することになります。

中世以来、都市国家が乱立し、フランスやスペイン、その後オーストリアの支配で分断された状態が続くイタリアで、統一国家を持つことは夢でした。その夢は、**リソルジメント**（イタリア統一運動）で大きな役割を果たすマッツィーニ、ガリバルディ、カヴールによって、ヴィットリオ・エマヌエーレ二世（在位：サルデーニャ王一八四九〜六一年、イタリア王一八六一〜七八年）の治世下で果たされることになります。

一八四二年三月九日、ミラノのスカラ座で若き音楽家ヴェルディのオペラ「ナブッコ」が初演を迎えました。ナブッコは、ネブカドネザルというバビロニア王のことで、ユダ王国を属国としてユダヤ人をバビロンに連行した旧約聖書の挿話「バビロン捕囚」をもとに作られたオペラです。聴衆は、祖国を奪われたユダヤ人にオーストリアに支配された自分たちを重ねて舞台に見入りました。そして、第三幕二場の合唱曲**「行け、想いよ、黄金の翼に乗って」**が始まり、「おお、失ってしまった美しき我が祖国よ！」の部分に達すると、観客の興奮は最高潮に達します。イタリア統一への思いとともに、「行け、想いよ、黄金の翼に乗って」がイタリア人の第二の国歌となった瞬間でした。

■ヴィットリオ・エマヌエーレ二世の都市伝説

スペイン継承戦争（275ページ）後、サルデーニャ王位を得たサヴォイア家は、イタリア北西部、現在のヴァッレ・ダオスタ州とピエモンテ州、フランス東部ニース、サヴォア、スイスのフランス語圏を領土に持ち、首都をトリノに置いていました。

サルデーニャ王国三代目の国王ヴィットリオ・アメデーオ三世の息子たちは男子に恵まれず、兄弟間で王位継承したのち六代目のカルロ・フェリーチェ（在位一八二一～三一年）でサヴォイア本家は断絶してしまいます。代わって即位したのが傍系サヴォイア・カリニャーノ家のカルロ・アルベルト（在位一八三一～四九年）でした。トスカーナ大公（トスカーナ・ハプスブルク家）フェルディナンド三世の娘マリア・テレサと結婚し、二人の間に生まれたのが、のちに祖国の父と呼ばれる**ヴィットリオ・エマヌエーレ二世**です。

実は、ヴィットリオ・エマヌエーレ二世の素性については都市伝説があります。一八二二年九月一六日、二歳だったヴィットリオは母方の実家フィレンツェのピッティ宮殿でゆりかごの中で眠っていました。その時、乳母はロウソクの火で蚊を追い払っていましたが、これが火事を誘発してしまうのです。ゆりかごの蚊帳に火が燃え移り、ゆりかごは焼けてしまいました。乳母の必死の救出でヴィットリオは無傷で助かったといわれますが、彼女自身は重傷の火傷を負って数日後に亡くなります。

ここに、ヴィットリオは焼け死んで、身代わりの子どもが立てられたのではないかという都市伝説が生まれました。父カルロ・アルベルトが一九〇センチを超える長身で白い肌に金髪で上品な風情だったのに、ヴィットリオが父親とは似ても似つかない容貌で、外見も中身も庶民的だったことから、火事と同じ日に突然姿を消した肉屋の子どもではないかというもっともらしい噂が広がっていきました。この噂は断固として否定されましたが、当時の火事の調書を調べて、乳母は死んだのに幼児だけが無傷で助かったのは無理があると、替え玉説をとる研究者もいまだに存在します。

確かにヴィットリオ・エマヌエーレ二世は粗野で品もありませんでしたが、当時、母マリア・テレサは第二子を懐妊中で、二ヶ月後には弟も生まれています。もし替え玉なら、替え玉の子孫がサヴォイア王家を継承することを避けるため、何らかの手段を使うはずです。それがなかったということは、やはりヴィットリオは本当の子どもだったのではないでしょうか。

一八四八年革命とイタリア

一八四八年、全ヨーロッパで革命の嵐が吹き荒れます。フランスでは二月革命が起こり、王政復古していた国王ルイ・フィリップを倒して共和政が宣言され、サルデーニャ王国も、三月四日、国王カルロ・アルベルトがトリノ市民の要求に応えて憲法を公布し、立憲君主制となります。その数日後にはオーストリアで三月革命が勃発して宰相メッテルニヒを亡命に追い込みます。このニュースが伝わると、オーストリア支配下のロンバルディアとヴェネトで反乱が広がります。ヴェネツィアで独立共和国が宣言され、ミラノのオーストリア駐留軍も撤退します。

この事態に急進派の共和主義者**マッツィーニ**と**ガリバルディ**も亡命先からイタリアへ戻って戦います。穏健派もカルロ・アルベルトに軍事介入を求め、**第一次イタリア独立戦争**が始まりました。イタリア半島各地から義勇兵が集まり、教皇ピウス九世も援軍を送ったほどでしたが、教皇はすぐに手を引きます。オーストリア国民もローマ教会の信徒であり、一つの民族に肩入れすることはできないというのがその理由でした。そこには、教皇領のあるイタリアに強力な統一国家はいらないというローマ教会の伝統的政策もあったのでしょう。

オーストリアは国内の動乱を収拾すると北イタリアへ援軍を送り、七月にはサルデーニャ王国軍を破り、八月に休戦となります。翌年三月、カルロ・アルベルトは戦争を再開しますが、三日後にはノヴァラの戦いで完敗を喫し、敗戦の責任をとって退位します。そして長男のヴィットオ・エマヌエーレ二世に王位を譲ると、ポルトガルへ亡命しました。

いっぽうローマでは、四九年二月、マッツィーニら急進派の共和主義者がローマ共和国を樹立しますが、フランスで大統領に就任したルイ・ナポレオン（ナポレオンの甥でのちの皇帝ナポレオン三世）が教皇庁の独立を守るため軍事介入します。この時、ルイ・ナポレオン軍がジャニコロの丘から放った大砲がコロンナ宮殿に命中しました。大砲弾は歴史の証人として今も宮殿の大広間の階段にそのまま残されています。その後、フランス軍はローマに駐留することになりました。

八月には共和国を宣言していたヴェネツィアもオーストリアに降伏しました。結局、イタリアにおける一八四八年革命は失敗に終わりましたが、サルデーニャ王国は新国王のもとで立憲君主制を維持し、イタリア統一へ向かう中心軸となります。

宰相カヴール

イタリア統一運動で大きな役割を果たした宰相**カヴール**の本名はカミッロ・ベンソで、カヴールは伯爵の爵位名です。イタリア統一の夢を持つ自由主義者で、急進派のマッツィーニや武闘派のガリバルディとは分かり合えない仲でした。また、反教権主義者（ローマ教皇の権力を認めない立場）でもありました。一八五〇年に政界に入ってからは、サルデーニャ国王ヴィットリオ・エマヌエーレ二世とことごとく対立しましたが、卓越した政治力と外交術を持つカヴールに匹敵する政治家は他にいなかったため、一八五二年に宰相になって以来、半年間の空白以外は、死ぬまでその地位にいました。

一八五三年、ロシアとオスマン帝国が戦争を始めると、ロシアの南下を危険視したフランスと連合王国がオスマン側に参戦し、クリミア戦争に発展します。カヴールはこれをイタリア統一への支援を得る好機ととらえ、英仏側での参戦を国王に求めます。これに同意した国王は英仏支援の遠征軍を派遣して勝利に貢献しますが、その後のロシア側の奇襲攻撃で、明確な戦勝国はなくなってしまいました。しかしカヴールは、五六年のパリの講和条約でイタリア問題をヨーロッパ全体の問題にすることに成功しました。

オーストリア支配下にあるロンバルディアとヴェネトを奪還するためにはフランスからの軍事支援が必要でした。一八五八年七月、カヴールは、成功のあかつきにはサヴォアとニースをフランスに割譲する密約をナポレオン三世と結びます。これだけではありません。国王も同意の上で、女性をうまく利用するのです。まず、先の講和条約の前に当時ヨーロッパ一の美女として有名だったカヴールの従姉妹、カスティリオーネ伯爵夫人をパリへ送りこみました。彼女はナポレオン三世の愛妾となり、スパイのような役割を果たし、フランスのイタリア政策に影響を与えたといわれています。女性に目がなかった国王も、のちに短期間ですが彼女と愛人関係を結んでいます。さらに、五九年一月には国王の娘、一六歳のマリア・クロティルデを二〇歳も年上のナポレオン三世の従兄弟、ナポレオン・

ジョゼフと政略結婚させました。

■ヴィヴァ・ヴェルディ（ヴェルディ、ばんざい）！

いっぽう音楽家**ヴェルディ**は、いつの間にかサルデーニャ王によるイタリア統一のシンボルとなっていました。「ヴェルディ」（**VERDI**）という名字が、偶然とはいえ、「イタリア王ヴィットリオ・エマヌエーレ」（**V**ittorio **E**manuele **R**e **D**i **I**talia）の頭文字となっていたのです。一八五九年二月、ローマのアポロ劇場で新作オペラ「仮面舞踏会」を披露した時、観客は熱狂して、「ヴィヴァ・ヴェルディ（ヴェルディ、ばんざい）！」を繰り返しました。もちろん素晴らしい作品を作ったヴェルディを讃えるためでしたが、そこにはイタリア統一を目指すサルデーニャ国王ヴィットリオ・エマヌエーレ二世に重ねる想いもあったのです。

「ヴィヴァ・ヴェルディ！」という言葉は、「行け、想いよ、黄金の翼に乗って」の歌のように、イタリア国民に愛され、誰もが口にするようになりました。

一八五九年四月、対オーストリア戦（**第二次イタリア独立戦争**）が始まり、サルデーニャ王国はロンバルディアを奪還しますが、七月、フランスがオーストリアと単独講和を結んだため、ヴェネツィア奪還はなりませんでした。翌一八六〇年、イタリア中部の都市国家、トスカーナ、モデナ、パルマが住民投票によりサルデーニャ王国への合併を表明します。フランスはこれを承認することで、密約のニースとサヴォアを手に入れました。

同年、両シチリア王国で起こった反乱を機に、ガリバルディは義勇兵を集めて千人隊（赤シャツ隊）を結成しました。そしてジェノヴァからシチリアへ上陸し、各地の反乱軍を吸収しながら進軍し、シチリアの大部分を手中に収めたのです。ナポリへ入城すると、共和勢力拡大を恐れたサルデーニャ王国軍も南下し、ガリバルディ軍とともに決戦に臨みました。

ガリバルディは共和主義者で、生まれ故郷のニースをフランスに割譲したカヴールの外交政策に反感を持っていました。けれども共和派と王党派で対立するよりも、サルデーニャ王国のイタリア統一に力を貸すことを選びます。そして、自らが占領した地域をすべてヴォットリオ・エマヌエーレ二世に献上したのです。

一八六一年三月、ヴィットリオ・エマヌエーレ二世を初代国王とする**イタリア王国**が誕生しました。ヴェルディは政治にはまったく興味はありませんでしたが、カヴールの度重なる要請で国会議員となりました。しかしカヴールはイタリア王国初代首相に就任すると、三ヶ月後に亡くなります。

英雄、色を好む？

ヴィットリオ・エマヌエーレ二世は、若い頃から乗馬と狩りに熱中し、文化的なことには興味がありませんでした。けれども君主としては、知的で洗練されていた父カルロ・アルベルトよりはるかに有能でした。父王には憲法を公布したという功績はありましたが、ぐずぐずした性格で、確固たる信念を持たず次から次へと方針を変えました。いっぽうヴィットリオは品性には欠けるものの社交的でユーモアがあり、決断力がありました。政治において、自分の考えは横に置いても、何をすればいいか、何を民衆が望んでいるかを見極める能力がありました。たとえば、気の合わない宰相カヴールと何度もぶつかりましたが、彼以上の政治家がいないことを知っていたため、喧嘩しながらも宰相を任せ続けました。同様に、イタリア統一という目的のためには、主義主張がまったく異なるマッツィーニやガリバルディもうまく利用することができました。また、父から王位を継いだ時、彼は二九歳という若さで、サルデーニャ王国はオーストリアに敗戦して最悪の状態でした。それにもかかわらず独立と立憲君主制を守り抜いたのです。これだけでも名君と呼ばれる理由になるでしょう。

ヴィットリオは二二歳の時に従姉妹のマリア・アデライデ（ハプスブルク・ロートリンゲン家）と結婚しますが、病的なほどの好色家でした。彼ほど性的に放縦だった君主もそういないでしょう。愛人を持つだけでなく、ふと出会った女性、友人や政府関係者の妻、あらゆる階層のあらゆる種類の女性たちと性愛を楽しみ、落胤と称する者が次々に現れたといいます。正妻にも八人の子どもを産ませ、もともと身体の弱かった彼女は八人目を産んだあと亡くなっています。

当時のサヴォイア宮廷はとても地味で退屈でした。母マリア・テレサと妻マリア・アデライデは敬虔なローマ教会の信徒で、晩餐のあとは祈りを捧げる日々だったのです。

ヴィットリオは多くの愛人を抱えていましたが、その中で特別な存在が一人だけいました。一八四七年、まだサルデーニャ王位に就く前の二七歳の時に出会ったローザ・ヴェルチェッラーナ、通称**ロジータ**です。当時の彼女は一四歳だったため、サルデーニャ王国の法律（一六歳以下の女性を家族から引き離すことを禁止）に触れ、父王にも反対されましたが、ヴィットリオは意にも介さず、狩猟用のストゥピジニ宮殿に彼女を囲います。彼はすでにラウラ・ボンという有名な美しい女優を愛妾にしていましたが、彼女はしばらくの間ロジータの存在に気がつきませんでした。

ロジータは文盲で粗野な女性でしたが、ヴィットリオは、自分と同じように大食いで、下品な言葉を平気で使い、ベッドの上で大騒ぎをする彼女がまさに好みのタイプだったようです。ロジータとの間に子どもが二人生まれ、それを知った気の毒なラウラは激しいショックを受けます。のちに彼女も娘を一人産みますが、結局別れることになり、彼女は贈られたすべての宝石類を返し、慰謝料や娘の養育費も拒否します。

正妻マリア・アデライデはすべてを知った上で粛々と過ごしていました。ロジータたちに宮殿で出会うこともあったようで、子どもたちが「あの婦人の連れている子どもはパパの子どもなんだって」と、母に話すようなありさまでした。マリア・アデライデは女優の愛妾ラウラが慰謝料も受け取らずミラノへ戻ることになった時、彼女の娘を引き取って責任を持って淑女として育てることを提案したほど優しい女性でした。いっぽうラウラとロジータは正反対の性格をしていました。ラウラはロジータの存在を知って以来、めそめそと悲しげに嘆いてばかりでしたが、ロジータはラウラに対する嫉妬とヴィットリオに対する怒りをありのままにぶつけて大喧嘩を繰り返し、そのあとベッドで和解するような女性だったのです。

図25　1860年代のヴィットリオとロジータと子どもたち

カヴールは、国王とロジータを別れさせようと様々な計略を図りますが、その度に失敗します。ヴィットリオは、一八五五年に妻を亡くしたあと、ロジータと再婚しようとしますが、この時もカヴールの大反対で見送っています。けれども五九年、ロジータに継承可能な爵位と城を与え、さらに六九年には教会で結婚します。しかし、この頃はまだ教会婚に法的効力はありませんでした（図25）。

■イタリア統一

イタリア王国は成立しましたが、イタリア半島の統一にはまだヴェネツィアとローマが欠けていました。一八六六年六月、プロイセンがオーストリアと戦争を始めると（**普墺戦争**）、これをヴェネツィア奪還の好機と考えたイタリアはプロイセン側で参戦します（**第三次イタリア独立戦争**）。イタリア軍はオーストリア軍に敗れますが、この戦争に参加したガリバルディの義勇兵団はオーストリア軍を打ち破って進軍しました。プロイセン軍は勝ち進み、決戦に勝つと、プロイセン首相ビスマルクはオーストリアと休戦協定を結びます。イタリア軍の働きはそれほど大きくありませんでしたが、約束通り、悲願のヴェネツィアを手に入れました。けれども南ティロルとトレンティーノ、トリエステとイストリア半島、ダルマティア地方などはオーストリア領内に残されたままでした（**未回収のイタリア**）。ローマでは、教皇領の大半を奪われ、ローマさえ失いかねない状況にあったピウス九世が一八六四年にすべての近代思想や文化を誤りだとするシラブス（誤謬表）を公布していました。

一八七〇年七月、フランスとプロイセンが戦争を始めます（**普仏戦争**）。ナポレオン三世も自ら戦地に赴きますが、九月には惨敗し捕虜となります。これによってフランスの第二帝政は崩壊し、第三共和政が始まります。この時、ローマに駐留していたフランス軍はすでに撤退していたため、イタリア王国軍はローマへの進軍を開始します。ヴィットリオ・エマヌエーレ二世は、事前に教皇へ使者を送り、教皇の保護を名目とする進軍を提案しましたが、ピウス九世はこれを拒否していました。イタリア王国軍はアウレリアヌスの城壁にあるミケランジェロ設計のピア門からローマ入城を果たし、一八七〇年九月二〇日、永遠の都を占領しました。

ピウス九世は、国王をはじめとする政府関係者を破門に処し、イタリア政府と国交を断絶しました。教皇は、就任当初は近代化に理解があり、歴代教皇が拒否した鉄道の開設も認めたほどでしたが、教皇領を奪い取られて以来、頑迷となって、自らを**「ヴァティカンの囚人」**と呼び、残りの人生をヴァティカン宮殿に閉じこもって過ごしました。

一八七〇年一〇月、住民投票が行われ、その結果を受けてローマはイタリア王国へ併合されました。そして七一年七月一日には、ローマを首都と定めます。初代国王ヴィットリオ・エマヌエーレ二世は、クイリナーレ宮殿をサヴォイア王宮として、ロジータには離宮を与えました。

一八七七年、ヴィットリオはロジータと正式な貴賤結婚（身分の低い女性が夫の身分や財産を継承しない約束で交わす結婚）をしますが、決してクイリナーレ宮殿には入れませんでした。その点ではきちんと線引きできる人でありました。

首都建設

イタリア王国の首都となった当時のローマは人口が二〇万人を超えるくらいで、バロック期のシクストゥス五世が整備した町並みがそのまま残っていました。アウレリアヌスの城壁の内側は、三分の一が市街地で、三分の二は美しい庭園やブドウ畑を併設した貴族の別邸や田園でした。フォロ・ロマーノは「雌牛の野」と呼ばれ、遺跡が半分埋もれた野原に牛が放牧されていました。古代遺跡や美しい聖堂や芸術品で飾られたローマは、のどかな風情もあわせ持つ独特の美しい都だったのです。

首都として都市整備をするために急ピッチでローマの破壊と建設が始まりました。国を運営する役人や軍人が大勢やってくると、役所や官舎を確保しなければならず、また、世俗の高等学校や大学などの教育施設の整備も不可欠です。貴族の宮殿や修道院も転用されましたが、とても足りない状態でした。また、氾濫の多いテヴェレ川の護岸工事も始まりました。鉄道に関してはピウス九世によってテルミニ駅を中心とする路線が一八六七年に開通していました。

美しい庭園やブドウ畑を破壊して、ナツィオナーレ通り、ヴィットリオ通り、ヴェネト通りなどの主要な大通りが建設され、その周辺には官庁や政府高官の邸宅が築かれました。建設現場で働くためにイタリア南部から貧しい農民たちもやってきました。彼らは建設現場での寝泊まりやバラック小屋での生活を余儀なくされました。首都の建設には約三〇年、護岸工事には五〇年の歳月を要することになります。

一八七八年一月九日、ヴィットリオ・エマヌエーレ二世は、五七歳で崩御します。サヴォイア家の霊廟はフランスのサヴォア、オートコンブ修道院にありましたが、ローマ教会との対立から埋葬を行うことができませんでした。そこで、古代ローマの万神殿パンテオンに埋葬されることになりました。その七年後に亡くなったロジータは王妃でなかったためパンテオンに眠ることができず、子どもたちがトリノにパンテオンを小さくした墓廟を建設しています。

ウンベルト一世とヴィットリオ・エマヌエーレ二世記念堂

息子のウンベルト一世（在位一八七八～一九〇〇年）が即位してまもなくすると、通称ヴィットリアーノと呼ばれるヴィットリオ・エマヌエーレ二世記念堂の建設が始まります。ローマっ子が醜悪な建造物、ウエディングケーキと揶揄する白亜の殿堂です。この建造物は、カンピドリオの丘を背後にしてヴェネツィア広場に位置していますが、そもそも、この一帯はローマの心臓部で中世以降の美しい建物が密集していました。それが記念堂建設のためにすべて破壊されたのです。その中には有名なトルロニア宮殿やミケランジェロの暮らした家もありました。カンピドリオの丘にあったアラチェーリ修道院も破壊されました。この計画には当然ながらローマ市長をはじめ大勢の文化人が反対しましたが、政府は近代的な首都のイメージと統一後のイタリアの誇りを示すため、この計画を遂行しました。記念堂は一九一一年に落成し、第一次世界大戦後には無名戦士を祀った「祖国の祭壇」が作られることになります。

ウンベルト一世は、オーストリア、ドイツと三国同盟を結び、これを基軸とした外交政策を展開させました。そして出遅れていた植民地獲得を積極的に進めます。一八八五年、エリトリア戦争を起こして初めての植民地を得ます。さらにエチオピアにも侵入しましたが、九六年のアドワの戦いで敗れました。ローマ教会とは絶縁したままで、父と同じく強硬路線を取りましたが、教皇レオ一三世は一八九一年にレールム・ノヴァールムという教書を発表しています。ピウス九世の『誤謬表』以来、ローマ教会には近代社会と相容れないイメージがつきまとったため、信仰と近代思想や科学が共存し得ることを表明したのです。しかし、「ヴァティカンの囚人」の立場は崩しませんでした。

統一間もないイタリアには問題が山積みでした。**近代国家を目指して急成長する中で、工業化は北部に集中し、南部は取り残され、格差は広がるばかりでした。**また、王制の廃止を求める共和派だけでなく、社会主義者や共産主義者、無政府主義者、多くの反体制派も出てきました。一九〇〇年七月二九日、ウンベルト一世は、モンツァで無政府主義者の銃撃を受けて暗殺されます。

イタリアは悲願の国家統一を果たしましたが、激動の二〇世紀が始まろうとしていました。

14　ムッソリーニ

■二〇世紀の始まり

二〇世紀前夜にウンベルト一世が暗殺され、ヴィットリオ・エマヌエーレ三世（在位一九〇〇～四六年）が三〇歳で即位しました。そして、二〇世紀に入った一九〇一年一月には、イタリア統一の象徴でもあったヴェルディが死去しました。イタリア各地で追悼式典が行われ、ミラノではトスカニーニの指揮で八二〇人の合唱隊が「行け、想いよ、黄金の翼に乗って」を歌って大勢の市民がその死を悼みました。いっぽうロマーニャ地方のフォルリンポポリという小さな町では、市民劇場で師範学校の推薦を受けた一七歳のベニート・ムッソリーニがヴェルディの追悼演説を行いました。翌日の社会党機関紙『アヴァンティ！』には追悼演説を巧みな政治演説に変えた少年ムッソリーニを称賛する記事が出て、少年とその父親を喜ばせました。

ベニート・ムッソリーニが生まれたのは一八八三年七月二九日、中世以来ローマ教皇領だったロマーニャ州フォルリのプレダッピオ村ドヴィア集落でした。統一国家となったばかりのイタリアが急ピッチで近代化を進めていた頃です。近代化には莫大な支出を要し、増税という形で国民を苦しめていました。特に国民の大半を占める農民層の貧困は深刻でした。封建的な大地主制は変わらず、工業に従事する労働者階級の待遇だけが改善される傾向にありました。

ロマーニャ州は何世紀にもわたってローマ教皇領でした。その反動から社会主義思想を受け入れる土壌があり、実際、社会主義者としてイタリア初の国会議員となって一八九二年にイタリア革命社会党を創設したのは、ロマーニャ州イモラ出身のアンドレア・コスタでした。ムッソリーニの父アレッサンドロは鍛冶屋を営む熱心な社会主義者で、ムッソリーニのベニートという名前も、当時のメキシコの革命家ベニート・ファアレスにあやかったものです。家計を支えていたのは小学校の教員だった母ローザでした。

ムッソリーニは父と同じく無神論者で社会主義に傾倒し、一三歳で社会党に入党しました。学業が優秀だったため義務教育終了後、ファエンツァのサレジオ修道会が運営する寄宿学校に進学しますが、この学校の学費は生徒の階層によって異なり、貴族と金持ちの子は、その他の子とは区別され、部屋や食事の待遇にも差がありました。ムッソリーニは社会の不平等さを身をもって感じ、学校で様々な問題行動を起こします。そして貴族の子弟をナイフで刺してしまうのです。退学処分となったムッソリーニは、宗教色のないフォルリンポポリの寄宿学校へ移り、そのあと師範学校へ進学します。そして最終学年時に成績優秀な学校代表としてヴェルディの追悼式で演説をしたのです。

正義と暴力

その年の夏、ムッソリーニは師範学校を卒業して教員資格を得ました。小さな町の小学校で一年教えたあと、一九〇二年七月、スイスへ行きます。スイスでは肉体労働に従事するいっぽうで、亡命中のロシアの革命家アンジェリカ・バラバーノフと出会い、彼女からマルクス・レーニン主義を徹底的に学び、様々な思想や哲学の書物を読んで勉強しました。この時期にフランス語やドイツ語なども身につけています。そして、イタリア人労働組合の書記長を務め、ストや暴動を起こしたり小さな新聞記事を書いたりしていました。

ムッソリーニは兵役義務年齢に国外にいたことで、母国の欠席裁判で有罪となっていました。一九〇四年一一月、サヴォイア王家に皇太子ウンベルト二世が誕生して恩赦が行われ、それを機にイタリアへ戻ります。自ら兵役に就きますが、その間に最愛の母を亡くしました。除隊後は、フランス語の教員資格も得て再び教職に就き、反体制の新聞に記事も書き続けました。

一九〇八年、故郷のプレダッピオに戻ると、地主と農民が対立する危機的状況を目にしました。彼は、フォルリンポポリの学生時代、農民が徒党を組んで地主を襲い、農機具や食料を奪うのを何度も目撃していました。**「労働者ファッショ」**と呼ばれた運動でした。「ファッショ」は斧の周りに木の束を結びつけたもので、古代ローマのファスケス（高位公職者の護衛官リクトルが捧げ持った束桿）に由来します。斧は権力、木の束は団結する人々を象徴し、団結や結束を意味しました。

農民の権利が改善されるどころか、より深刻なものとなっているのを見て、ムッソリーニは故郷の農民のために立ち上がります。得意の演説で農民を扇動し、ストライキを起こして地主に暴力行為も行使しました。「正義のための暴力」だと正当化しながら。ムッソリーニは逮捕されて有罪判決を受けました。そして出獄後は、農民団体と社会党から若きリーダーとして賛辞されるようになったのです。

未回収のイタリア

一九〇九年、トレンティーノの労働組合の書記長に抜擢され、『労働者の未来』という新聞の編集長を務めます。

トレンティーノは、イタリアが自国の領土と主張する**「未回収のイタリア」**の一部でした。

ムッソリーニは、州都トレントで未回収地回復運動をする愛国者チェーザレ・バッティスティと出会って薫陶を受け、愛国者として目覚めます。バッティスティが編集長を務める『イル・ポポロ（人民）』紙でも記事を書くようになり、反オーストリアの過激な論調で煽るムッソリーニは、ついにオーストリア政府から国外追放処分を受けます。

ところで未回収地回復運動には、三島由紀夫も多大な影響を受けた文学者ガブリエーレ・ダンヌンツィオも熱心に取り組んでいました。耽美主義文学の象徴だった彼は愛国主義者でもあり、のちに未回収地フィウーメを軍事占領することになります。

社会党の新星

故郷の県都フォルリに戻ると、ムッソリーニは社会党ロマーニャ州の代表となり、機関紙『ラ・

ロッタ・ディ・クラッセ（階級闘争）』を立ち上げます。この頃、互いの親の反対を押し切って恋人のラケーレと結婚しています。一九一一年、イタリアがオスマン帝国領リビアへ侵略戦争を始めると、政治集会が開かれ、ムッソリーニは演説で「ゼネストばんざい！　くたばれ戦争！」と訴えました。そして数日後には同志のネンニ率いる三〇〇〇人あまりのデモ隊とともにフォルリ駅周辺に集まり、兵隊輸送の鉄道線路を破壊し、逮捕されます。一年の禁固刑を受けますが、五ヶ月半で出所しました。

そのあと開催された社会党全国大会で、彼は巧みな演説で党内の穏健派を攻撃し、反王政、反教会、反軍国主義の革命の必要性を説きます。一二年に社会党の全国機関紙『アヴァンティ！』の編集長に抜擢され、得意の攻撃的な文章で平均発行部数を五万部までに伸ばします。さらに一三年のイタリア総選挙で急進派主導の社会党が約百万票を集めて五三の議席を得る成功を収めると、ムッソリーニの党内での立場はますます強くなりました。

第一次世界大戦とムッソリーニ

一九一四年、**第一次世界大戦**（282ページ）が始まり、多くの国がオーストリア側の中央同盟国とセルビア側の連合国に分かれて戦います。

一八八二年以来、イタリアはドイツ、オーストリアと同盟関係にありましたが、「未回収のイタリア」問題でオーストリアと対立していたため、最初は中立の立場をとっていました。しかし未回収地をこの際奪還しようという参戦派が増え、世論は二分されつつありました。

社会党は反戦の立場をとり、ムッソリーニも反戦を看板にしてきた急進派だったため、紙面で「反戦に立ち上がれ！」と訴えます。しかし数ヶ月後には「絶対的中立から実践的中立へ」というタイトルで、絶対的中立が社会党にもたらす政治的孤立の危険性を説き、つまるところ参戦しろという記事を書くのです。二日後、ムッソリーニは編集長を罷免されますが、直ちに自分の新聞『イル・ポポロ・ディタリア（イタリアの人民）』を発行します。これは絶大な成功を収め、あっという間に発行部数は三万部から八万部までに伸びます。ムッソリーニは社会党から除名処分を受けます。

ムッソリーニが反戦から参戦へ変わったのはなぜでしょう。社会党の政治路線をすべて支持していたわけではなかったとか、さまざまな思想体系を取り入れる政治的立場（政治的シンクレティズム）をとっていたとかいわれますが、歴史家のデ・フェリーチェによると二つの要因があるそうです。一つは、ドイツが中立国ベルギーを攻撃したことで、ムッソリーニが絶対的中立の弱さを認識して現実的に政治を見つめるようになったこと。もう一つは、参戦派が、大衆に絶大な人気を誇っていたムッソリーニを取り込もうと口説いていたことです。実際、ムッソリーニがすぐに自分の新聞を発行することができたのも、参戦によって利益が生じる財界や産業界から資金援助を受けたからでした。

一九一五年、イタリアは「未回収のイタリア」の返還を約束する英仏とロンドン密約を交わし、連合国側で参戦します。愛国主義者の詩人ダンヌンツィオもムッソリーニも持論の責任を果たすため従軍しました。ムッソリーニは塹壕内で爆発した榴散弾で負傷し、入院中にヴィットリオ・エマヌエーレ三世の訪問を受けています。

戦後の混乱と戦闘ファッシの誕生

誕生して半世紀の新興国イタリアは、大戦で大きな代償を払いました。多くの人命を失い、経済も社会も壊滅状態でした。軍需産業だけが繁栄し、民需産業は落ち込み、さらに軍事産業を優先するあまり工場労働者が優遇され、農村から多くの若者が召集されて戦死していました。地主対農民、資本家対労働者の対立だけでなく、工場労働者と農業労働者の反目も生まれていました。そして失業者の増大です。帰還兵の半数は失業者となり、大学を出た若者に仕事はありませんでした。工場労働者の賃上げ要求のストは、仕事のない帰還兵からすると贅沢に映り、彼らは突撃隊を結成して労働者のデモやストを襲うようになります。

イタリアは、戦後のヴェルサイユ条約で大半の未回収地域を取り戻しましたが、最も大切なフィウーメを含むダルマティアの獲得には至りませんでした。戦勝国とは名ばかりの結果に国民の政府不信は高まる一方でした。

ヨーロッパ列強に比べると、そもそもイタリアとドイツは後発国でした。戦勝国となっても社会・経済が壊滅状態にあったイタリア。アルザス・ロレーヌという資源地帯をフランスに割譲し、かつ天文学的な巨額の賠償金を支払わなければならなかった敗戦国のドイツ。**この二つの国は、戦後の立場は違ってもゼロからの出発を強いられたのです。ここに、全体主義のファシズムとナチズムが生まれる土壌があったのでしょう。**

一九一九年三月、ムッソリーニは政治グループ**「戦闘ファッシ」**を創設します。新聞で参加者を募集すると、戦時中の突撃隊員や学生など多彩な人たちが集まり、その中には世界的に有名な芸術家マリネッティや指揮者トスカニーニもいました。戦闘ファッシの突撃隊は社会党が主導する労働者のストが起こるたびに、暴力で介入して乱闘を起こしました。

同じ年の夏、愛国の詩人ダンヌンツィオが義勇軍を率いてフィウーメ占領事件を起こします。外交問題にまで発展し、結局フィウーメは自治都市となりますが、ダンヌンツィオの撤退まで一年以上を要しました。のちにムッソリーニはこの派手な手法をまねることになります。

一一月には大戦後初の総選挙がありました。ムッソリーニは戦闘ファッシの政界進出を目論み、マリネッティやトスカニーニという著名人の候補者を立てますが、惨敗に終わり、一議席も取れませんでした。結果は社会党の圧勝で、第二党が人民党でした。しかし、この選挙結果はムッソリーニに大きな機会を与えるのです。

保守政党のファシズム支援

社会党は反教権主義（ローマ教皇の権力を否定する考え）で、人民党はローマ教会を後ろ盾にしていました。したがって両者は連立することはできません。しかし、いずれの政党もサヴォイア家の王制を認めないという点では一致していました。そのため、**これらの党の躍進は、これまで政治を主導してきた自由主義勢力や支配者層・中間層に危機感を与えました。**これが、サヴォイア家や自由主義の政治家がムッソリーニに近づいていく動きを作ったのです。また、目的のためには手段を選ばないムッソリーニも、のちに反教権主義や反王制の立場を変えていきます。

ムッソリーニは、労働者による工場の占拠や小作農による農地強奪に対してファシスト行動隊による「懲罰遠征」を行うようになります。そして農村で自作農が自衛のために作った私的民兵組織をファシスト行動隊として取り込んでいきます。

ムッソリーニの戦闘ファッシには地主や企業経営者が資金を提供するようになり、暴力行為が正当化される行動隊への入隊を志願する若者も多くなります。当時の首相ジョリッティは、社会党指導の労働争議や農民の暴動に悩まされ続け、社会党を弱体化するためには、左派から転向して社会党に暴力で対峙するムッソリーニを取り込むことが武器になると考えたのです。

■黒シャツ隊

一九二一年一月、社会党も分裂します。最左派勢力が離党してイタリア共産党を結成し、二二年には穏健派も、労使協力を訴えた社会党最右派のジャコモ・マッテオッティらがコミンテルン（国際共産主義運動の指導組織）の批判を受けて除名処分され、統一社会党を結成しました。

かつて社会主義者だったムッソリーニはますます極右的立場をとり、資本主義を擁護します。戦闘ファッシの武装集団は、社会党や共産党の支部や左派の労働組合などの襲撃を続けます。二一年五月、総選挙が行われ、ジョリッティの要請でムッソリーニの戦闘ファッシも与党の統一会派、国民ブロックに加わりました。結果は、国民ブロックが過半数を制し、ムッソリーニも他二四名のファシストと一緒に当選しました。このときムッソリーニは三八歳でした。

しかしムッソリーニはジョリッティの期待を裏切り、政権与党には入りませんでした。五度も首相を務めたジョリッティは政界の支配的立場にありました。ファシストの暴力を許したのも政局に利用するためで、ファシストの暴力は正式な政党となれば収まるだろうと考えていました。ムッソリーニを軽視し過ぎていたのです。選挙の二ヶ月後、首相はジョリッティからボノーミに変わりました。

同年一一月、戦闘ファッシは**ファシスト党**と改名します。そして、かつてダンヌンツィオがガリバルディの赤シャツ隊にヒントを得て義勇兵に黒シャツを着せていたことをまねて、黒シャツをファシスト党の制服にします。ファシスト党員であれば自己の利益につながる、そんな理由で党員はどんどん増えていきました。

■ローマ進軍

黒シャツを着たファシスト党の私兵組織は**黒シャツ隊**と呼ばれ、その行動はイタリア各地でエスカレートしていきました。労働者のストを邪魔するだけにとどまらず、社共系の労働組合がゼネストに入ると、死傷者を出すほどの攻撃をし、ミラノやジェノヴァなど多くの都市の市役所の占拠まで行います。もはや政府は無力でした。ファシスト党を抑えきれないボノーミ首相は退任し、ファクタ政権に代わりますが、この時ムッソリーニは政権を獲得するためのクーデターを計画します。作戦本部をイタリア中部のペルージャに置き、イタリア各地から武装蜂起した黒シャツ隊がローマへ進軍しながら主要都市の県庁、警察、郵便局、放送局などを占拠し、ローマ占拠後、ムッソリーニを首相とする計画でした。政府もこの計画を察知していましたが、閣僚や軍部の意見が分かれ、右往左往するばかりで正しい対策を取ることができませんでした。

一九二二年一〇月二八日早朝、**「ローマ進軍」**が開始されます。ムッソリーニはミラノの党本部から指揮をし、イタリア各地からトラックや列車、あるいは自転車や徒歩で数万人の黒シャツ隊がローマを目指しました。進軍が始まると、ファクタ首相は緊急閣議で戒厳令の発動を決めます。それを知ったムッソリーニや党幹部は、失敗を覚悟しました。もしローマの正規軍と正面衝突したら勝つ見込みはないからです。

ところが事態は急変します。**ヴィットリオ・エマヌエーレ三世**が戒厳令の発動を拒否して、布告令に署名しなかったのです。さらに**国王はムッソリーニを首相に任命して組閣を命じます。**この時、なぜ国王はムッソリーニを選んだのでしょう。ファシズム支持者の従兄弟アオスタ公による王位剝奪の動きを懸念したとも、ファシスト党寄りのディアス陸軍参謀総長やディ・レヴェル海軍提督に説得されたともいわれますが、真相は今も不明です。第一次世界大戦後のロマノフ王朝のような運命を避けたかったのでしょう。しかし、彼がファシズム政権の台頭を許したことは間違いありません。

ファシズム政権誕生

ムッソリーニはドゥーチェ（統帥：ラテン語に由来する指導者という意味）と呼ばれ、二〇年以上にわたるファシスト政権が開始します。首相官邸はヴェネツィア宮殿です。翌年、ヴァイマル共和政下のドイツでアドルフ・ヒトラーがローマ進軍を参考にしてミュンヘン一揆を起こしますが、このクーデターは未遂に終わります。

政権の座に就いたムッソリーニは首相、内相、外相を兼任します。新閣僚には、先の陸軍参謀総長と海軍提督をそれぞれ陸、海相に、他はファシスト党だけでなく、自由党や人民党、社会民主党などの他政党からも任命し、連立体制を取ります。しかし、着々と一党独裁の礎を築いていくのです。

一九二二年一二月にはファシスト党の政策を一元化して調整するファシズム大評議会が設立されます。二三年二月には、黒シャツ隊を国防義勇軍とすることが決まり、ファシストの武力集団が公的組織となり、武器や給料が支給されるようになりました。これにより、ファシスト体制が強化され、反対する者への懲罰は激化していきます。

また比例代表制の改革でアチェルボ法が定められます。これは、最も得票数が多く全体の二五パーセント以上を獲得した政党に下院議席の三分の二を与え、残りの三分の一を野党に比例配分するというものでした。この法案審議にあたって、議会の傍聴席には多くの黒シャツ隊が待機して無言の圧力をかけました。

二四年の総選挙では、黒シャツ隊が野党の政治家や反ファシズムの言論人を襲撃し、投票日には反ファシストに投票用紙を渡さないなど、様々な妨害と不正工作を行いました。投票結果はファシスト側の大勝でした。

■マッテオッティ事件

いつの時代にも自分の命をかけて正義を貫く人がいるものですが、統一社会党の書記長**ジャコモ・マッテオッティ**はそんな一人でした**（図26）**。二四年五月三〇日の議会で彼は証拠を挙げながらファシスト党が暴力的手法で行った不正を糾弾し、総選挙の無効とやり直しを求めました。一時間の演説予定はファシストの野次と罵声で四時間にまで延びました。怒号が飛び交う中で演説が終わると、マッテオッティは同じ党の仲間に「いいたいことは全部いった。僕の追悼演説を考えておいてくれ」といいました。

図26　ジャコモ・マッテオッティ（写真中央）

そしてそれは、その通りになりました。六月一〇日、下院へ向かう途中、テヴェレ川沿いの道でマッテオッティは拉致されます。車内で殺害され、ローマ郊外の森の中に埋められました。ムッソリーニはマッテオッティの失踪事件を闇に葬るつもりでした。しかし拉致現場近くの住民が、長時間停車している車を不審に思って控えていた車両ナンバーを警察に伝え、これによって車の所有者が分かり、関係者が逮捕されたのです。犯行はチェカと呼ばれる元ミラノの突撃隊のドゥミニ一味でした。

流れは一気に反ファシストへと進みます。一二七人の議員が、不正選挙で成立した議会の解散かムッソリーニの解任を求めて議会を欠席するアヴェンティーノ運動を始めました。これは古代ローマ時代に平民が貴族に対して起こした聖山事件（17ページ）にならったものです。失踪から二ヶ月後、マッテオッティの遺体が発見されました。この時点で国民のファシスト支持は地に落ち、ムッソリーニは総辞職するかしないかの瀬戸際にありました。ところが、**ここで再び国王がファシスト政権の議会を容認するのです。こうしてムッソリーニは息を吹き返し、ファシストの勢いは止まらなくなってしまいます。**

民主主義の終わり

議会の内外からファシスト政権への批判は続いていましたが、年が明けた一九二五年一月、議会の再開演説でムッソリーニは独裁制に移行することを宣言します。イタリア全土で国防義勇軍（黒シャツ隊）による反ファシスト狩りが始まり、逮捕、投獄、関連施設などの閉鎖、各報道機関への監視を強化しました。暗殺や逮捕を恐れた反ファシストの政治家たちは亡命を始めます。

二五年一二月、ムッソリーニは従来の首相より権限の強い「政府首班および国務長官職」を創設すると自ら就任し、執行権と立法権を得ます。反ファシストの公務員を解雇できるようにし、反ファシストのジャーナリスト排除と言論の統制も始めます。二六年には、政府首班の立法権が拡大され、これ以降ムッソリーニの決めたことが法律となります。地方自治体の首長は選挙ではなく中央からの任命で選ばれることになり、労働組合も労使の一体化と協調が図られストライキを違法としました。さらに国家防衛法によってファシスト党以外の他政党を非合法化し、一党独裁制を確立させます。そして二八年には、党の最高諮問機関にすぎなかったファシズム大評議会を正式な国家最高機関とし、ファシズム独裁体制を完成させたのです。

ムッソリーニはいいこともした？

二〇年代前半のイタリア経済は自由経済路線で全般的には好調で、ローマの人口も七〇万人を超えていました。国民所得が増えて失業者も激減しましたが、後半はインフレと貿易赤字が増え、農作物の不作もあり、行き詰まってきました。そこで経済面でも政府の統制が始まりました。

労使の一体化と協調で、労災、疾病、年金などの保険制度を整え、出生率を上げるため報奨金も出しました。農業では食料の自給自足を目指し、小麦の耕地面積を拡張するため干拓事業を進めます。ローマの南にはマラリアの原因ともなる沼地が広がり、古来、干拓事業に取り組んでは失敗していましたが、ムッソリーニはこれに成功し、一九三三年には小麦の自給自足という目標を達成します。

図27　四角いコロッセウムーイタリア文明宮
ローマ　撮影／上野真弓

これに伴って道路や高速道路も拡充させ、労働者のために多くの公共住宅も建設しました。古代ローマの栄光を夢見たムッソリーニは、古代遺跡の発掘と整備もしています。アウグストゥスの霊廟やアラ・パキス（平和の祭壇）を整備し、三三年にはヴェネツィア広場のヴィットリオ・エマヌエーレ二世記念堂からコロッセウムまで諸皇帝の大通りを開通させます。この時の工事でまたもや中世の町並みは破壊されましたが、その下から多くの古代遺跡が発見されました。

ローマ郊外では新都心**EUR（エウル）**の建設にも着手します。エウルとは四二年に開催予定で第二次世界大戦の勃発で中止となったローマ万国博覧会の略称で、万博会場として築いた地区です。一般的にファシズム時代の建築は無機質で威圧感があり醜悪とされますが、エウルの合理主義建築群は古典趣味が入った美しい建築といえるでしょう。特に四角いコロッセウムと呼ばれる**イタリア文明宮（図27）**は一見の価値があります。また、国立映画撮影所**チネチッタ**も設立しました。

ムッソリーニはマフィアなどの犯罪組織を徹底的に取り締まったことでも知られています。犯罪組織はイタリア経済の障害となり、特にマフィアはシチリアの分離主義運動に結びついていたため、国家警察によってほとんど壊滅状態にまでしています。

これらのことから、イタリアでは今も彼を評価する声があるのです。しかし、個を国家という枠組みに閉じ込める全体主義を肯定することはできません。

■ナチス・ドイツとの結びつき

一九二九年二月、イタリアは断交していたローマ教皇庁と**ラテラーノ条約**を結び、和解しました。教皇庁が教皇領の廃止を受け入れてイタリア王国を承認する代わりに、イタリアは巨額の補償金を教皇庁に支払い、ヴァティカン市国が独立した国であることを承認しました。

同年、ニューヨーク株式市場で株価が暴落し、世界恐慌が始まります。イタリアでも大企業が倒産の危機に瀕し、失業者が増大します。その対策として、三三年、ムッソリーニはイタリア産業復興公社を設立します。政府の出資で破産寸前となった銀行を救済し、国の基幹産業の国有化で経済の立て直しを図ったのです。また、対外侵略で国力を増大させようと、三五年、エチオピアに侵攻しました。

三六年の征服後、エチオピア帝国の帝位はサヴォイア家が兼ねることになり、三八年、ムッソリーニは大元帥職を創設して国王と共同で就任し、それまでは国王のみが持っていた統帥権（軍の最高指揮権）を持つことになりました。

ドイツでは三三年にヒトラーがナチス政権を確立しました。ヴェルサイユ条約で定められていた軍備制限を破って軍備の拡張を始め、三六年にはフランスとの国境にある非武装地帯ラインラントに進駐しました。同年、スペインでは内戦が始まります。左派の人民戦線政府とフランコを中心とする右派の反乱軍の戦いです。人民戦線側はソ連が支援し、欧米の知識人が義勇兵として参戦し、ファシズム陣営のフランコ側にはドイツとイタリアが直接参戦しました。ピカソは、ドイツ空軍によるゲルニカ村への無差別爆撃の惨状を「ゲルニカ」に描いています。

民主主義国家と対立しながらファシズムとナチズムという二つの全体主義国家が勢いを増していく中で、ヒトラーとムッソリーニは、三六年にローマ・ベルリン枢軸を成立させ、翌三七年にはローマ・ベルリン・東京の**日独伊防共協定**（のちの日独伊三国同盟。イタリアでは三都市の頭文字をとってロベルトと呼ばれます）を結びました。これを記念してイタリアは三八年にメス狼のブロンズ像を日本へ贈ったのでした。

第二次世界大戦

一九三八年、ヒトラーはオーストリアを併合します。ウィルソン提唱の民族自決論を持ち出して同じ民族の統合だと正当化しました。そしてチェコスロヴァキアも併合（東半分に保護国、西半分を保護領）します。これを見たイタリアもアルバニアに軍事侵攻し、併合しました。三九年九月、ヒトラーがポーランド侵攻を始めると、大英帝国とフランスはドイツに宣戦布告し、**第二次世界大戦**（一九三九～四五年）が始まります。

四〇年、ヒトラーはデンマーク・ノルウェー、ネーデルラント・ベルギー、フランスへ侵攻し、勝ち進んでいきます。この快進撃を見てムッソリーニは短期間で戦争は終わるという見通しを立て、勝ち馬に乗ろうとドイツ側で参戦します**（図28）**。

図28　ムッソリーニ（左）とヒトラー

四一年六月、ドイツとイタリアはソ連へ侵攻します。同年一二月、日中戦争をしていた日本もインドシナ問題（285ページ）で追い詰められ、ハワイの真珠湾を奇襲攻撃し、アメリカとの全面戦争に突入します。こうして枢軸国（ドイツ、イタリア、日本）と連合国（大英帝国、アメリカ合衆国、フランス、ソ連、中国）との世界大戦となっていきました。

この大戦がどれだけ悲惨だったかはいうまでもないことです。ナチスの組織的なユダヤ人殺戮（ホロコースト）、日本への原子爆弾の投下など、倫理的にあってはならないことも起こりました。

■ムッソリーニ失脚とレジスタンス

一九四三年春、北アフリカ戦線でイタリアの敗北が決定的になると、厭戦ムードが一気に高まります。それでなくともイタリア国内は壊滅的状態にありました。爆撃による工場操業停止、資源の枯渇、食糧難に加え、兵士の士気も低下していました。七月一〇日、連合軍がシチリアへ上陸すると、イタリア国王と軍部、そしてファシスト党幹部はムッソリーニを排除することを決め、準備します。二四日のファシズム大評議会でムッソリーニの統帥権を国王へ返却することが決議され、翌日、ムッソリーニは、ヴィットリオ・エマヌエーレ三世に報告のため謁見すると、その場で身柄を拘束されました。国王は陸軍のバドリオ元帥を首相に任命しました。

九月八日、連合軍と休戦交渉中であることが明るみになると、ドイツ軍は速やかにローマ以北のイタリア半島を軍事占領します。バドリオ政権とサヴォイア王家は南へ逃げ、この時イタリア軍に何の指示も与えなかったため、取り残された彼らは連合軍に合流するのかドイツ軍と一緒に戦うのかが分からず、混乱に陥ってしまいます。

九月一三日、近づくのが困難な場所に幽閉されていたムッソリーニはドイツ軍特殊部隊により救出されました。もはやムッソリーニはヒトラーのいいなりで、北イタリアにドイツの傀儡政権、イタリア社会共和国を成立させます。

こうしてイタリアは悲惨な内戦へ入っていきます。南部から上陸した連合軍と北部から進軍したドイツ軍の戦いがイタリア本土で始まるのです。そこにイタリア軍やファシスト傀儡政権軍、レジスタンス運動のパルティザンも絡まります。

連合軍は南から順次解放していきますが、ドイツ軍占領下にある地域ではパルティザンが命もかえりみずに勇敢に戦いました。パルティザンは社会党や共産党など左派の傘下にある組織で、軍人ではなく、銃を持つ普通の市民でした。元共産党員の映画監督ルキノ・ヴィスコンティや戦後大統領となったペルティーニもパルティザンでした。ヴィスコンティはローマで刑務所に入り処刑される寸前で助かるという経験もしています。この頃のローマの様子は、ロベルト・ロッセリーニ監督の傑作『無防備都市』に描かれています。

四四年三月二四日、ドイツ占領下のローマで**「アルデアティーネの虐殺」**が起こります。前日にトレヴィの泉近くでパルティザンの仕掛けた爆弾により三三名のドイツ兵が死亡したことへの報復で、ドイツ軍が無作為に選んだ三三五名の民間人と政治犯をアルデアティーネ・ポゾラン採掘場で虐殺したのです。うち七五名はユダヤ人でした。

ローマは、ヴァティカンを抱え、貴重な古代遺跡や芸術品が多かったため、休戦交渉で無防備都市宣言をしましたが、駐留のドイツ軍が武装解除しなかったため連合軍に認められず、五一回の爆撃を受けました。それでも永遠の都がほぼ無傷で残ったのは奇跡のようなことでした。

新たな旅立ち

一九四五年四月二五日、ついにドイツ軍占領下の最後の都市ミラノがパルティザンによって解放されました。したがって、この日がイタリアの解放記念日（終戦記念日）となっています。拘束されたムッソリーニは、最後まで一緒にいた若い愛人のクララ・ペタッチや側近とともに公開処刑されます。その後、ロレート広場でクララの遺体もムッソリーニの隣で逆さ吊りにされましたが、一緒にいた愛人というだけで一般人だった女性まで銃殺し、逆さ吊りにして見せ物にする必要はあったのでしょうか。憎しみは憎しみしか生まないというのが戦争なのでしょう。

余談になりますが、ムッソリーニの家族は一人も処刑されていません。息子の一人、ロマーノ・ムッソリーニはジャズピアニストとして活躍し、ソフィア・ローレンの妹と最初の結婚をしました。彼女との間の娘はのちにネオファシスト「イタリア社会運動」（一九九五年に党名変更）の国会議員となりました（二〇二〇年に政界を引退）。また、二番目の妻との間の娘も二〇一六年にネオファシスト「イタリアの同胞」のローマ市会議員となっています。

一九四六年五月、ファシスト党と協調関係にあった国王の責任を問う国民投票の話が出ると、ヴィットリオ・エマヌエーレ三世は王制を守るために退位し、息子のウンベルト二世を即位させます。しかし翌月、六月二日の国民投票で王制廃止が決定し、イタリア王家全員が国外追放となりました。

その後イタリアは共和政に移行します。この時、ローマの人口は一五〇万人を超えていました。

■これから

イタリアは、五〇年代から六〇年代にかけて奇跡の経済成長を遂げて復興し、一九七一年のローマの人口は二七〇万人に到達しました。しかし、七〇年代後半から八〇年代初頭にかけて、「赤い旅団」と呼ばれる極左テロ組織によるテロ事件が頻発するようになり、一九七八年にはキリスト教民主党の党首アルド・モーロ元首相が誘拐され殺害されました。この時代のことを**「鉛の時代」**と呼んでいます。

二一世紀に入ってからも、世界のどこかで紛争や戦争が続き、貧富の差は拡大し、アフリカからヨーロッパを目指す移民や難民の姿はあとを絶ちません。環境問題は切羽詰まり、コロナウィルスによるパンデミックも発生し、イタリアはロックダウンという未曾有の経験もしました。

これからどんな世界を作って、どう生きていくかを決めるのは私たち一人一人の意思にかかっています。

二〇二二年九月のイタリア総選挙ではネオファシスト「イタリアの同胞」が第一党となりました。古代からあらゆる政治形態が生まれては消えていったイタリアはどこへ行くのでしょう。長い歴史を見つめてきた永遠の都は、懲りない人間たちを笑っていることでしょう。

おわりに

子どもの頃から本を読むのが好きでした。ジャンルは問わず何でも読みましたが、トロイアやミケーネを発掘したシュリーマンやクレタ島のクノッソス宮殿を発掘したエヴァンスの物語を読んでからは、西洋文明に憧れ、ギリシア神話の遠い世界に想いを馳せるようになりました。中学生になるとレオナルド・ダ・ヴィンチの画集で西洋絵画に出会い、大学では西洋美術史を学びました。

イタリア美術は私の専門ではありませんでしたが、ローマで出会ったバロック芸術に衝撃を受けて以来、イタリア語とイタリア美術史を学び、この地に暮らして早くも三九年目に入りました。

古代、中世、ルネサンス、バロック、近代の建造物や芸術品が共存し、過去が現在につながって生き続けるローマは、世界のどこにもない類まれな美を織りなしています。尽きない魅力を放つローマ三〇〇〇年の歴史を、立命館アジア太平洋大学（APU）学長の出口治明さんとともに語ることができて、本当に幸せです。

本書は、出口治明さんと世界文化社の中野俊一さんと私の三人四脚で出来上がったものです。お二人に出会わなければ、この本は生まれませんでした。また、中野さんと出会うきっかけを作って下さった東京藝術大学教授の佐藤直樹先生、都市ローマの人口について的確な書物をご紹介して下さった成城大学名誉教授の石鍋真澄先生、そして、カラヴァッジョに関していつも親身なご意見を下さる神戸大学教授の宮下規久朗先生、恩師である成城大学名誉教授の千足伸行先生、六人の皆さまに心からの感謝を申し上げます。

この本を通して、私の暮らす「永遠の都ローマ」の魅力を少しでも多くの方々にお伝えできるなら、これほど嬉しいことはありません。

ローマにて　上野真弓

M. Fini, *Nerone*, Marsilio Editori, 2013

J. Morwood/Trad. B.Forino, *Adriano*, il Mulino, 2015

R. Toppetta, *AURELIANO L'IMPERATORE SOLDATO*, Edizioni Chillemi, 2021

Mons. Carlo Castiglioni, *STORIA DEI PAPI I, II,* Tipografia Sociale Torinese, 1965

Dante Alighieri, *LA DIVINA COMMEDIA*, Einaudi, 1954

G. Boccaccio, *Trattatello in laude di Dante*, Garzanti, 2021

I. Montanelli/R. Gervaso, *L'Italia dei secoli bui*, Rizzoli, 1966-2011

I. Montanelli/R. Gervaso, *L'Italia dei comuni*, Rizzoli, 1966-2011

G. C. Argan, *Storia dell'arte italiana I, II, III*, Sansoni, 1975

G. Vasari, *Le vite dei piu eccellenti pittori, scultori e architetti,* Newton Compton Editori, 2011

A. Condivi, *Vita di Michelangelo Buonarroti*, Forgotten Books, 2018

C. D'Orazio, *Michelangelo. Io sono fuoco*, Sperling & Kupfer, 2016

M. Minozzi, *Le sculture di Bernini*, Gebart s.r.l

La repubblica archivio, *Urvano VIII e la nipote Giulia Così Bernini rappresentò la vita*, 26 marzo 2000

D. Pizzagalli, *La Regina di Roma*, Rizzoli, 2002

V. Buckley/Trad. J. Peregalli/C. Pierrottet, *Cristina Regina di Svezia*, Mondadori, 2006

G. Seri, *Cristina di Svezia nella Roma Barocca*, Tipheret, 2017

S. Bertoldi, *Il Re che fece l'Italia*, Rizzoli, 2002

A. Viarengo, *Vittorio Emanuele II*, Salerno Editrice, 2017

R. De Felice, *Mussolini il rivoluzionario*, Einaudi, 2019

R. De Felice, *Mussolini il Fascista*, Einaudi, 2019

R. De Felice, *Mussolini il Duce*, Einaudi, 2019

R. De Felice, *Breve storia del Fascismo*, Einaudi, 2019

M. Gallo, *Vita di Mussolini*, Laterza, 1974

F. Filippi, *Mussolini ha fatto anche cose buone*, Bollati Boringhieri, 2019

主な参考文献

出口治明著『全世界史　上巻・下巻』新潮文庫、2018 年

出口治明著『人類 5000 年史Ⅰ・Ⅱ・Ⅲ・Ⅳ』ちくま新書、2017 ~ 2022 年

スエトニウス著 / 国原吉之助訳『ローマ皇帝伝（上）（下）』岩波文庫、1986 年

タキトゥス著 / 国原吉之助訳『年代記（上）（下）』岩波文庫、1981 年

E. ギボン著 / 中野好夫訳『ローマ帝国衰亡史 1・2・3』ちくま学芸文庫、1995 ~ 1996 年

西本晃二著『ルネッサンス史』東京大学出版会、2015 年

ブルクハルト著 / 柴田治三郎訳『イタリア・ルネサンスの文化（上）（下）』中公文庫、1994 年

C. ドラッツィオ著 / 上野真弓訳『レオナルド・ダ・ヴィンチの秘密』河出書房新社、2016 年

C. ドラッツィオ著 / 上野真弓訳『ラファエッロの秘密』河出書房新社、2019 年

石鍋真澄著『教皇たちのローマ』平凡社、2020 年

石鍋真澄著『ベルニーニ』吉川弘文館、2010 年

A. Delpirou/E. Canepari/S. Parent/E. Rosso/M. Pagliano/Trad. L. Lanza/P. Vicentini, *ROMA in 100 MAPPE*, LEG Edizioni, 2019

I. Morris, *Why the West Rules - for Now*, Profile Books, 2011

Cerchai/Mainardis/Manodori/Matera/Zaccaria, *STORIA DI ROMA ANTICA*, Newton Compton Editori, 2014

L. Gatto, *STORIA DI ROMA NEL MEDIOEVO*, Newton Compton Editori, 2014

S. Airoldi, *res publica Corso di storia 1, 2*, Edizioni Scolastiche Bruno Mondadori, 2000

M. Beard, *SPQR A History of Ancient Rome*, Reprint edition, 2016

Epitome de Caesaribus, 4th century

A. Fraschetti, *Augusto*, Laterza, 2013

A. Fraschetti, *Giulio Cesare*, Laterza, 2013

L. Canfora, *GIULIO CESARE*, Laterza, 2006

装丁・レイアウト | 三木和彦、林みよ子（アンパサンド・ワークス）
校　正 | 天川佳代子
編　集 | 中野俊一（世界文化社）
カバー人物撮影 | 坂本正行（世界文化ホールディングス）

基礎から身につく「大人の教養」
教養としてのローマ史入門

発行日　2023年2月25日　初版第1刷発行

著　者　出口治明
　　　　上野真弓
発行者　秋山和輝
発　行　株式会社世界文化社
〒102-8187　東京都千代田区九段北4-2-29
電話03-3262-5124（編集部）
　　03-3262-5115（販売部）
印刷・製本　中央精版印刷株式会社

ISBN978-4-418-22231-5